Mietz/Kefrig/Stoll

Tauchreiseführer Rotes Meer

Christian Mietz/Udo Kefrig/Claus Peter Stoll

Tauchreiseführer Rotes Meer

Tauchregionen
Tiere und Pflanzen, Reisetips

Naturbuch Verlag

Unseren Partnerinnen Monika, Vera und Birgit

Bildnachweis
K. Becker: Seite 25, 30, 34, 36; G. Binanzer: Seite 71, 72, 73 oben, 74; D. Denne: Seite 193 oben und unten, 194; C. P. Stoll: Seite 17; Okapia/Wanecek: Seite 18; Okapia/J. A. L. Cooke: Seite 19; Okapia/Hilgert: Seite 31; Okapia/F. Krahmer: Seite 38; Okapia/Schwenck: Seite 39 oben links und rechts; Okapia/Nuridsany: Seite 39 unten links; Okapia/Delacour: Seite 39 unten rechts, 43; Okapia/Synatzschke: Seite 40 oben links; Okapia/Vock: Seite 40 unten links; Okapia/Da-Costa: Seite 40 oben rechts; Okapia/Switak: Seite 40 Mitte; Okapia/Foot: Seite 42; Okapia/McHugh: Seite 44, 49; W. Persinger: Seite 55 oben rechts und links; PhotoPress: Rordorf Seite 20, 45; Köck Seite 21 unten; Brucker Seite 23, 24; Sève Seite 33; Rogler Seite 46
Alle anderen: Udo Kefrig

Es ist nicht gestattet, Abbildungen dieses Buches zu scannen, in PCs oder auf CDs zu speichern oder in PCs/Computern zu verändern oder einzeln oder zusammen mit anderen Bildvorlagen zu manipulieren, es sei denn mit schriftlicher Genehmigung des Verlages.

> Die Deutsche Bibliothek – CIP-Eiheitsaufnahme
>
> **Tauchreiseführer Rotes Meer :**
> Tauchregionen, Tiere und Pflanzen, Reisetips / Christian Mietz/
> Udo Kefrig/C. Peter Stoll. – Augsburg : Naturbuch-Verl., 1996
>
> ISBN 3-89440-183-4
> NE: Mietz, Christian; Kefrig, Udo; Stoll, C. Peter

Gedruckt auf chlorfrei gebleichtem Papier

Naturbuch Verlag
© 1996 Weltbild Verlag GmbH, Augsburg
Alle Rechte vorbehalten
Satz und Layout: Gesetzt aus 9/11p Stone Sans von
Vera Faßbender, Naturbuch Verlag, Augsburg
Illustrationen: Anna Aizenchtat
Umschlaggestaltung: Parzhuber & Partner, München
Umschlagfotos: Udo Kefrig
Reproduktion: Lito Service, I-Bozen
Druck und Bindung: Interdruck Graphischer Großbetrieb GmbH
Printed in Germany

ISBN 3-89440-183-4

Inhaltsverzeichnis

Einleitung 7

Allgemeines zum Reisegebiet 13

Klima 14
Klimabedingungen in
antiker Zeit 16
Lebenselixier Wasser 17
Landschafts- und
Vegatationsformen 21
Tauchen in Ägypten 25
Vorschriften zum Schutz
der Riffe 26

Streifzug durch die Natur 27

Korallenriffe - Entstehung
und Formen 27
Die Pflanzenwelt 28
Ägypten 29
Arabische Halbinsel 30
Nutzpflanzen 33
Die Tierwelt im Einzugsgebiet
des Roten Meers 38

Leben im Meer 53

Tropische Meeresfische 53
Tropische Wirbellose im
Roten Meer 61

Tauchplätze am Roten Meer 67

Jordanien 67
Israel 71
Ägypten - Nuweiba
(nördlicher Sinai) 75
Die Riffe der Straße von Tiran 84
Sinai 91
Sha´ab Mahmud 115
Sha´ab Ali, Sha´ab Danaba,
Shag Rock 116
Bluff Point 120
Die Straße von Gubal 121
Sha´ab Abu Nuhas 124
Hurghada 135
Safaga 163

Inhaltsverzeichnis

Tauchplätze zwischen Marsa Alam
und Berenice 184
Sudan 192

**Ägypten - Allgemeine
Informationen** 197

Einreise 197
Währung/Devisen 197
Gesundheit/Impfungen 197
Sprache 198
Stromspannung 198
Zeitverschiebung 198
Bekleidung 198
Essen und Trinken 198
Ramadan 198
Bakschisch 199
Tips für Fotografen 199
Botschaften in Ägypten 199
Tauchschulen 199
Tauchreiseveranstalter 203

Literaturverzeichnis 204
Danksagung 205
Register 206

Einleitung

Das Rote Meer liegt – einem Binnenmeer gleich – zwischen der Arabischen Halbinsel und dem afrikanischen Kontinent. Die Entstehung dieses Meeres als Bestandteil des Ostafrikanischen Grabensystems reicht in die Zeit des Tertiär, also etwa 40 Millionen Jahre zurück, als die afro-arabische Landmasse zerfiel und durch Rotationsprozesse in nordöstliche Richtung driftete. Dabei drehte sich das arabische Bruchstück schneller als das afrikanische. Gleichzeitig schob sich ein drittes großes Bruchstück, die somalische Platte, nach Osten. Durch die Drehung der Platten entstand ein großer Riß, in den Wasser aus dem Indischen Ozean eindrang. So entstand das Rote Meer, ein Vorgang der mehrere Millionen Jahre dauerte.

Dieser syrisch-afrikanische Grabenbruch stoppte am Anfang des Golfs von Suez, der selbst kein Bestandteil dieses Grabenbruchsystems ist. Durch die schnellere Drehbewegung des arabischen Schildes und die Reibung der tektonischen Platten zerbrach die Landmasse erneut und es

Der Felsen von Ras Muhamed ist die südlichste Spitze der Sinai-Halbinsel

Einleitung

Beduinen leben als Nomaden in der Wüste

entstand ein zweiter, tiefer Graben, der in seiner Struktur dem eigentlichen Roten Meer sehr ähnelt, der Golf von Aqaba. Dieser beginnt in der Straße von Tiran und erstreckt sich bis nach Eilat, bzw. Aqaba. Auf dem Festland führt der Einbruch weiter über das Arava-Tal und das Tal des Toten Meeres bis nach Syrien (Grabenbruch des Toten Meeres).

Die Länge des Roten Meeres beträgt etwa 2 300 km und die breiteste Stelle mißt 350 km. Die Durchschnittsbreite liegt bei etwa 200 km. Seine engste Stelle ist die 27 Kilometer breite Meerenge von »Bab el Mandeb«, dem »Tor der Tränen«. Dort vereint sich das Rote Meer mit dem Arabischen Meer bzw. dem Indischen Ozean.

Das Meeresprofil weist bis in eine Tiefe von 500 m einen schmalen Schelfsockel entlang der Küsten auf, danach fällt der Meeresboden weiter auf 1 000 m und mehr ab. Die durchschnittliche Tiefe des Roten Meeres liegt bei 900 m. Die tiefste Stelle wird mit 2 604 m auf der Höhe von Port Sudan gemessen. Zwischen dem Jemen auf der Arabischen Halbinsel und den beiden afrikanischen Ländern Äthiopien und Somalia steigt das Schelf wieder bis auf 120 m Wassertiefe an. Diese Barriere und der Engpaß am »Bab el Mandeb« sind der Grund für den geringen Wasseraustausch zwischen den Meeren. Infolge des geringen Nährstoffangebotes im Roten Meer bildet sich wenig Plankton, was zur Freude der Taucher hervorragende Sichtverhältnisse gewährleistet. Hinzu kommt, daß auch vom Festland so gut wie keine Nährstoffe über Flüsse ins Meer gelangen.

Einleitung

Im Norden teilt die Sinai-Halbinsel das Rote Meer in zwei Nebenmeere auf: westlich liegt der Golf von Suez und östlich der Golf von Aqaba. Der Golf von Suez ist ein flaches Schelfmeer mit einer Durchschnittstiefe von etwa 40 bis 50 m, die Maximaltiefe liegt bei 80 m. Der flache, sandige Boden im nördlichen Abschnitt wird oft durch Stürme aufgewühlt, Strömungen tragen weiter mit zu schlechten Sichtverhältnissen bei, wie zum Beispiel am Wrack der »Rosalie Moller« in der Straße von Gubal. Im Winter kommen aufgrund der geringen Tiefe niedrige Wassertemperaturen hinzu (17 °C). Diese Umgebung ist für ein Korallenwachstum äußerst ungünstig, daher zählen Korallenriffe in dieser nördlichen Region um Suez nicht zu den Höhepunkten des sonst an Attraktionen reichen Roten Meeres. Anders hingegen sieht es im Golf von Aqaba aus. Dieser Nebenarm, ca. 200 km lang und 25 km breit, besitzt eine maximale Tiefe von 1 830 m. Hier dominieren Felsabbrüche, Steilabfälle, vielfältigste Korallenriffe, interessante Uferstrukturen und eine Fülle von Fischen die Szenerie. Nicht ohne Grund hat sich die Ostküste des Sinais von Aqaba bis Sharm el Sheikh zu einem Dorado für Sporttaucher entwickelt. Die gegenüberliegende, arabische Seite ist nur im Süden von Aqaba bis zur Saudi-Arabischen Grenze zu betauchen. Politik und Religion versperren den Zugang zu vermutlich traumhaften und völlig unberührten Tauchplätzen entlang der arabischen Rotmeerküste.

Die Wassertemperaturen im Roten Meer sind erstaunlich hoch; selbst in 100 m Tiefe werden im Sommer noch 20 °C gemessen. Ein konstanter Temperaturabfall, wie in anderen Meeren üblich, ist hier nicht gegeben. Im Sommer kann das Wasser auf den Riffdächern ohne weiteres 32 °C warm sein. Strömungen und Zirkulationen entstehen neben dem Windeinfluß vor allem durch den Austausch von Tiefen- und Oberflächenwasser. Das heiße Wüstenklima und der fehlende Frischwasserzulauf durch Flüsse und Niederschlag fördern die Verdunstung. Der Salzgehalt des Oberflächenwassers nimmt dabei zu; es wird dichter und folglich schwerer und sinkt ab. Während das Tiefenwasser zum Indischen Ozean fließt, strömt im Gegenzug von dort leichteres, salzärmeres Wasser in das Rote Meer zurück. Der Salzgehalt des Roten Meeres liegt mit etwa 42 ‰ weit über dem aller anderen Meere – extrem salzhaltige Binnenseen ausgenommen, die nur etwa 32 ‰ aufweisen können. Für Taucher bedeutet dies, daß sie mehr Blei benötigen. Gezeiten sind in dieser Region mit etwa einem 1/2 m sehr schwach ausgeprägt und nur als ein sanftes Mitschwingen des großen Tidenhubs des Indischen Ozeans zu verstehen.

Das Rote Meer zeigt sich im Sommer stets von seiner freundlichen, oft sehr heißen Seite. Die Lufttemperaturen liegen von Mai bis September über der 30 °C Marke; bisweilen können im Hochsommer auch 40 °C und mehr erreicht werden. Allerdings ist diese trockene Hitze weit verträglicher, als Schwüle und hohe Luftfeuchtigkeit, die in dieser Region nicht vorkommen. Im Sommer ist leichte, lockere Kleidung angeraten.

Das Rote Meer hat aber noch ein anderes Gesicht, denn es kann auch sehr ungemütlich sein. Dies trifft vor allem auf den Winter zu, wenn die von den Bergen und vom Mittelmeerbecken her beständig wehenden Winde aus Nord und Nordost auffrischen und zu Sturmstärke

Einleitung

heranwachsen. In dieser Zeit – von November bis März – liegt die Lufttemperatur oft unter der Wassertemperatur und warme Bekleidung sowie ein dickerer Tauchanzug sind dringend angeraten. Die Wassertemperaturen können dann durchaus nur noch 18 bis 20 °C betragen. Auf längeren Bootsfahrten können Taucher kräftig durchgeschaukelt werden und Seefestigkeit ist angesagt. Einige Stellen lassen sich dann wegen des Wellengangs und des Windes gar nicht erst anlaufen. Das ist aber nicht weiter schlimm, da die Vielzahl schöner Tauchplätze zu jeder Zeit erlebnisreiche Tauchalternativen bieten.

Mit Hans Hass beginnt die Geschichte des modernen Tauchens am Roten Meer. Bereits vor dem Zweiten Weltkrieg filmte und fotografierte er in der Region und wurde durch seine Unterwasserdokumentationen weltbekannt. Seine Ausrüstung bestand damals aus Sauerstoffkreislaufgeräten, denn Preßluftgeräte in ihrer heutigen Form waren noch nicht erfunden. Im Jahre 1949 kehrte das Ehepaar Hans und Lotte Hass an das Rote Meer zurück, um weitere Filme zu drehen und UW-Aufnahmen zu machen. Eine bewundernswerte Leistung angesichts der spärlichen Technik, die zu jener Zeit zur Verfügung stand! Ein anderer Tauch-

Unzählige Kolonien von Anemonen sind an der Steilwand vom Panoramariff bei Safaga anzutreffen

Einleitung

pionier, der in den frühen fünfziger Jahren dem Roten Meer mit der »Calypso« die Aufwartung machte, war Kommandant Jacques Yves Cousteau. Seine Filme, Bücher und Berichte sowie seine im Jahr 1963 durchgeführten Experimente mit dem Unterwasser-Wohn- und Arbeitsprojekt »Precontinent II am »Sha'ab Rumi« bei Port Sudan » machten ihn weltberühmt. Neben Cousteau und Hass arbeitete in Hurghada die ebenfalls weltbekannte Wissenschaftlerin Dr. Eugenie Clark, deren Publikationen mit den Bildern von David Doubilet die Region einem immer größeren Publikum vorstellte.

Hurghada entwickelte sich schnell zur Keimzelle des Tauchens auf dem ägyptischen Festland. Die ersten Individualtaucher kamen bereits in den späten fünfziger und frühen sechziger Jahren. Unter ihnen waren so bekannte UW-Fotografen wie Ludwig Sillner oder Gerhardt Lauckner, die mit ihren Artikeln in der damaligen Tauchzeitschrift »Delphin« den Bekanntheitsgrad des Roten Meeres in Deutschland weiter steigerten. Das deutsche Taucherpaar Helga und Peter Kopp betrieb schon in den sechziger Jahren in Hurghada eine kleine Tauchbasis, lange bevor der Sinai als neue Destination bekannt wurde. Doch die große Politik bereitete allen Anfängen ein jähes Ende. In Folge des Sechstage-Krieges von 1967 kam das Tauchen in Hurghada völlig zum Erliegen, der Ort wurde für Touristen und Taucher gesperrt. Der Yom-Kippur-Krieg trug 1973 sein weiteres dazu bei, so daß die Tauchplätze entlang der ägyptischen Festlandsküste in einen Dornröschenschlaf verfielen. Auf der israelisch besetzten Sinai-Halbinsel setzte nun eine gegenläufige Entwicklung ein.

Schnell hatte man hier erkannt, welche Schönheiten sich unter der Wasseroberfläche an der Ostseite des Sinais von Nuweiba über Dahab bis nach Sharm el Sheikh und weiter bis zum Ras Mohamed verbargen. Die ersten organisierten Tauchtrips starteten von Israel und führten entlang der Sinaiküste zu damals noch unberührten Tauchgebieten. Mühselig waren diese Touren allemal, denn man konnte nur von Land aus Tauchen. Komfortable Boote, wie sie heute für Tauchtouristen selbstverständlich sind, waren nicht einmal am Horizont zu erahnen. Die Safaris sorgten aber daheim für genügend Furore und immer mehr Taucher reisten in Richtung Sinai und »Red Sea«. Unter den Tauchern der ersten Stunde war auch der Deutsche Rolf Schmidt, für den die Tauchplätze auf dem Sinai eine »Liebe auf den ersten Blick« bedeuteten. Zusammen mit seiner Lebensgefährtin Petra Röglin baute er in Sharm el Sheikh seine erste Tauchschule auf. Ganz klein und bescheiden, nur mit einem Jeep und einem Tauchboot ausgestattet, lief man von dieser damals noch völlig verschlafenen Siedlung zwischen Wüste und Meer die ersten festen Tauchpunkte entlang der Küste an. Parallel dazu wurden weiter Safaris und für ganz Unentwegte Action-Touren angeboten, auf denen völlig unbekannte Tauchreviere erkundet wurden – Tauchen wie zu den Pionierzeiten! Man hatte sich gerade etabliert und das Tauchen auf dem Sinai schien eine große Zukunft zu haben, als die Weltpolitik wieder einmal alles auf den Kopf stellte. Das Abkommen von Camp David bedeutete die Rückgabe des Sinais an Ägypten und damit erst einmal das Aus für ausländische Basen. Bereits zwei Jahre später, im Jahr 1976,

Einleitung

Über Generationen haben sich Mensch und Tier an den Lebensraum Wüste angepaßt

war es wieder die Politik, die dann eine Wende einleitete. Der Frieden in der Region erschien greifbar, Hurghada öffnete erneut für Taucher seine Tore. Einer der ersten und heute angesehensten Tauchbasisbetreiber in Hurghada war der Deutsche Rüdiger Kneip, der sich mit viel Mühe eine Basis und eine Schiffsflotte aufbaute, die in der Region heute ihresgleichen sucht. Seine Tauchschule ist nicht nur eine der größten und ältesten vor Ort, sie ist taucherisches Urgestein und wurde zum Inbegriff einer neuen Tauchära auf dem ägyptischen Festland. Auch auf dem Sinai waren Taucher nun wieder gefragt. Als einer der ersten kehrte Rolf Schmidt zurück. Den Ägyptern wurde bald klar, daß diese Region und auch die Destinationen auf dem Festland mit ihren Tauchgewässern ein gewaltiges touristisches Potential darstellen, nur sie waren damals kaum in der Lage, die Erschließung für den Tourismus richtig zu betreiben. Die Pioniere von einst waren nun als wichtige Berater und als Motor des aufkeimenden Tourismusgeschäfts gefragt.

Heute ist der Tauchtourismus in Ägypten ein nicht mehr wegzudenkender Wirtschaftsfaktor, der ganze Regionen geprägt und verändert hat und auch in Zukunft noch weitere Küstenabschnitte beeinflussen wird. Tausende von Ägyptern leben mit ihren Familien direkt oder indirekt vom Tauchtourismus. Die Expansion neuer Hotels und Tauchbasen in den Süden des Landes verspricht eine weitere Steigerung der Besucherzahlen und des wirtschaftlichen Stellenwertes des Tauchtourismus' im Land der Pyramiden.

Allgemeines zum Reisegebiet

Ägypten besteht im Westen aus einem flachen Tafelland mit sanft Richtung Norden abfallenden Schichten. In die überwiegend aus Geröll bestehenden, an der Grenze zu Libyen auch von Dünenzügen bedeckten Plateaus sind Senken eingebettet, die teilweise mehr als 100 m unter dem Meeresspiegel liegen. Das Tafelland setzt sich nach Süden in den nördlichen Bereich des Sudan fort, der ebenfalls an das Rote Meer grenzt. An der sudanesischen Küste erhebt sich dazu ein bis zu 1 000 m hohes Bergland. Eritrea ist im Norden von Ausläufern des Äthiopischen Hochlandes durchzogen, das hier 2 000-3 000 m hohe Gipfel bildet. Im Norden grenzt nur ein schmaler, wüstenhafter Küstenstreifen ans Rote Meer, der sich im Süden des Landes zu einem breiten Tiefland weitet.

Etwa 1 Million. km^2 Ägyptens sind von Wüsten bedeckt. Nur eine Fläche von nur etwa 35 000 km^2, nämlich der Talraum und das Delta des Nils, sind kultivierbar. Der Nil ist die Lebensader Ägyptens. Die Hochkultur des Alten Ägypten ist ohne den Fluß nicht denkbar. Auch heute noch ist er die Lebensader des Landes und Grundlage für die Versorgung von 40 Millionen Menschen. Er durchströmt das Land auf 1 200 km Strecke am Ostrand des Libyschen Wüstenschildes und führt

Viele Küstenstreifen des Roten Meeres sind von bis zu 3000 m hohen Gebirgsformationen umgeben

als »Fremdlingsfluß« Wasser aus den regenreichen Gebieten Zentral- und Ostafrikas ins Mittelmeer. Nördlich von Kairo teilt der Nil sich in ein weit gefächertes Mündungsdelta auf. Ansonsten bilden nur noch einige Oasen in den großen Senken des Westens grüne Inseln in einer kargen Wüstenei. Eine kümmerliche Steppenvegetation überzieht den Boden in Gebieten, die etwas Regen erhalten. Südlich von Kairo und im Zentrum der Arabischen Halbinsel befinden sich ausschließlich ausgedehnte Wüsten oder Wüstensteppen. Niederschläge und Grundwasservorräte sind hier extrem knapp, so daß kleine Siedlungen und Oasenkulturen nur an wenigen isolierten Orten existieren können. Die oberflächliche Bewässerung des Wüstenbodens durch Regen ist nur sehr kurzweilig. Das Wasser reicht lediglich für einige noch dazu kurzlebige, spezialisierte Pflanzen. Andere Pflanzen sind auf eine länger vorhaltende Bodenfeuchtigkeit angewiesen. Sie können nur gedeihen, wenn Feuchtigkeit über Regen oder unterirdischen Zustrom in tiefere Bodenschichten gelangt. Die Arabische Halbinsel ist ebenfalls ein flaches Tafelland, aber es gibt auch einige Gebirge. Dies sind isolierte Gebirgsinseln, die sich als schroffe Schichtstufen, langgestreckte breite Bergrücken oder Aufwölbungen aus dem Flachland erheben. Das Sinai-Gebirge ist bis zu 2 640 m hoch. Der höchste Gipfel, ein 3 760 m hoher Vulkankegel, ragt im Jemen empor. Der Arabische Schild östlich des Roten Meeres wurde im Laufe des Erdmittelalters und der Erdneuzeit immer wieder von flachen Meeren überflutet. Oberhalb des Wasserspiegels liegendes Festland war vielfach der Verwitterung und Erosion in einem rauhen Wüstenklima ausgesetzt.

Klima

Das Rote Meer liegt inmitten des subtropischen Trockengürtels der Alten Welt. Die Wüstenregion erstreckt sich mit der Sahara von Nordafrika am Atlantik über die Sinai-Halbinsel bis zur Negev-Wüste am Roten Meer und darüber hinaus über Arabien. Diese Landschaften bilden das größte Wüstengebiet der Erde.
Die Lage des Trockengürtels wird durch großräumige Luftzirkulationen in der Erdatmosphäre bestimmt. Passatwinde transportieren zwischen 0° und 25° nördlicher und südlicher Breite feuchte Luft zum Äquator. Diese Luftmassen treffen sich an der innertropischen Konvergenz, wo sie aufsteigen und dabei abkühlen. Als Folge bilden sich mächtige Gewitterwolken. Der heftigste Regen setzt dort ein, wo die Sonne senkrecht am Himmel steht

Esel sind nach den Kamelen die häufigsten Lastentiere

Klima

Traumhaft schöne Sonnenaufgänge im Sinai-Gebirge locken Tausende auf den Mt. Sinai

(Zenitalregen). Die nunmehr trockene Luft strömt in großen Höhen polwärts, kühlt dabei ab und sinkt langsam wieder zur Erdoberfläche hinab. Dabei erwärmt sie sich je 1 000 Höhenmeter um 10 °C. Tiefere Wolken lösen sich auf, denn die sich erwärmende Luft nimmt viel Feuchtigkeit auf. Zwischen dem 25. und 30. Breitengrad, den subtropischen Breiten, bildet sich ein stabiler Hochdruckgürtel mit sehr trockener Luft. Diese Zonen heißen Roßbreiten. In den Roßbreiten liegen die großen Trockengebiete der Erde. Die bodennahe Luft strömt hier wieder Richtung Äquator, wobei sie weitere Feuchtigkeit vom Boden aufnimmt.

Dabei trocknet die Erdoberfläche aus, zumal sie zusätzlich einer starken Sonneneinstrahlung ausgesetzt ist. In den bodennahen Schichten heizt sich die Luft auf und steigt in dünnen Strömen empor. Deshalb flimmert in der Wüste die Luft kurz nach Sonnenaufgang und es kommt im Verlauf des Tages zu intensiven Luftspiegelungen. Aus den gemäßigten Breiten dringt selten feuchte Luft in die Roßbreiten ein, weil die Luft dort wiederum in eigenständigen Zirkulationssystemen gebunden ist. Polwärts der Subtropen werden Niederschläge durch Westwinde ausgelöst, die ringförmig um Polarwirbel liegen. Zu Niederschlägen kommt es in

Wüstengebieten nur, wenn Feuchtluft aus Nachbargebieten eindringt, im Sommer aus der tropischen Regenzone oder im Winter von den außertropischen Gebieten. Im Sommer treten sporadische, heftige Gewitterschauer auf, während im Winter länger anhaltende Regenfälle vorkommen. Jahre mit reichlich Niederschlag gibt es nur in unvorhersehbaren Zeitabständen. Außer der Mittelmeerküste, der Südostseite des Sinai, der Südwestspitze der Arabischen Halbinsel sowie dem südlichen Küstengebiet des Sudan und Eritreas beträgt der durchschnittliche Jahresniederschlag um das Rote Meer weniger als 100 mm. Größere Niederschlagsmengen mit 500-1000 mm regnen nur im Hochland des Jemen und in Bergregionen Eritreas ab. Bei Jahresniederschlägen von 200 bis 250 mm ist gerade noch Regenfeldbau möglich.

Klimabedingungen in antiker Zeit

Seit über 4000 Jahren im Dienst des Menschen: das Dromedar

Ägypten war bereits im Altertum dicht besiedelt. Hier entwickelte sich eine der ersten Hochkulturen der Menschheitsgeschichte. Es ist heute kaum vorstellbar, wie dies unter solchen klimatischen Bedingungen möglich war. Im Verlauf der Erdgeschichte waren die Sahara und die Wüsten Arabiens zeitweilig mit grünen Wäldern überzogen. Innerhalb der vergangenen 300 000 Jahre traten mehrfach kühle, feuchte Perioden auf. Im Paläolithikum (Altsteinzeit), das vor etwa 10 000 Jahren endete, war das Klima noch erheblich günstiger als heute. Die heutigen Wüsten waren damals ein Siedlungsraum für viele Menschen. Das belegen zahlreiche Werkzeugfunde.

Im Verlauf der Altsteinzeit gingen die Niederschläge allmählich zurück und die Menschen wanderten aus der Wüste ins Niltal. Vor etwa 18 000 Jahren setzte das vollaride Trockenklima ein. Dichter Baumbestand drängte sich auf Sumpfgebiete, Flußufer und Dämme (Galeriewälder) zusammen. Nur dort überlebte reichlich Jagdwild für die Bevölkerung, die sich aber auch von Fischen und Weichtieren ernährte. Zwischen 7000 und 2300 v. Chr. stellte sich wieder feuchtes Klima ein und die Wüsten ergrünten.

Klimabedingungen in antiker Zeit

Viele der Täler waren sogar bewaldet. 7000 Jahre alte Höhlenzeichnungen in der Sahara deuten auf dichte Bestände von Giraffen, Elefanten, Leoparden sowie auf andere Savannen- und Waldtiere in der Region hin. Später, etwa zur Zeit der Einigung des ägyptischen Reiches um 2850 v. Chr. breitete sich erneut das Wüstenklima aus. Um 500 v. Chr. war das Klima wieder extrem trocken. Faunistische Veränderungen dieser Epochen lassen sich hervorragend an Tierdarstellungen altägyptischer Künstler verfolgen. Elefanten, Rhinozerosse und Giraffen fehlten offenbar bereits während des Alten Reiches (2900-2630 v. Chr.). Mähnenschafe und Löwen erscheinen selten in Reliefdarstellungen dieser Periode. Abbildungen aus dem Mittleren und Neuen Reich (2040-1650 v. Chr. bzw. 1551-1075 v. Chr.) zeigen keine Anzeichen mehr von dichter Vegetation. Im Neuen Reich erhielt sich ein Bestand an Großtieren offensichtlich nur noch in Sumpfgebieten. Er setzte sich aus Nilpferden, Krokodilen, dem Ur-Rind und etlichen Vogelarten zusammen. Zwischen 500 und 300 v. Chr. verstärkten sich die Überflutungen des Nils. Damit erreichte die jährliche Ablagerung von fruchtbarem Flußschlamm einen Höhepunkt. In dieser Periode herrschten günstige Bedingungen für den Ackerbau, obwohl die Klimabedingungen insgesamt nicht günstiger als heute waren. Offenbar änderte sich das Klima seit der Antike nur geringfügig. Das Fortschreiten der Wüste ist neben der Trockenheit wohl auch zu einem beträchtlichen Anteil auf Abschlagen von Gehölzen und Überweidung zurückzuführen. Das Nilkrokodil (*Crocodilus niloticus*) sucht man ebenso wie das Nilpferd (*Hippopotamus*) am Unterlauf des Nils vergeblich. Sie wichen vor dem Menschen in unzugängliche Sumpf- und Süßwassergebiete Ostafrikas zurück.

Lebenselixier Wasser

Leben in der Wüste bedeutet den permanenten Kampf um Wasser. Tiere können sich immerhin noch vor der Hitze verbergen oder zu Wasserstellen wandern, doch Pflanzen sind an ihrem Standort den unwirtlichen Bedingungen unweigerlich ausgesetzt. Vielen Arten gelingt es nur aufgrund spezieller Anpassungen in Wüstengebieten zu existieren. Tief in den Grund reichende Pfahlwurzeln ermögli-

Beduine beim Wasserschöpfen am Brunnen

Allgemeines

Geringe Oberfläche durch Reduktion der Blätter schützt vor Wasserverlust

Pflanzen benötigen Sonnenlicht für die Photosynthese. Das ist die Produktion von Zucker aus Kohlendioxid und Wasser mit Licht als Energiequelle. Die Blätter übernehmen dabei die Lichtaufnahme und den Gasaustausch (Kohlendioxid, Sauerstoff). Das Licht wird von dem in bestimmten Zellorganellen (Chloroplasten) liegenden Farbstoff absorbiert, dem Chlorophyll. Mit dessen Hilfe wird die Lichtenergie in chemisch gebundene Energie in Form von Zucker umgewandelt. Hierbei wird Sauerstoff freigesetzt. In Wüstengebieten sind Licht und Kohlendioxid zwar in Hülle und Fülle vorhanden, doch Wasser ist ein knappes und kostbares Gut. Große Blattflächen eignen sich zwar optimal, um Sonnenlicht einzufangen, bedeuten aber hohe Verdunstungsverluste, die in heißen, trockenen Gebieten nicht mehr ausgleichbar sind. Typischerweise haben die Pflanzen hier kleine Blätter mit geringer Oberfläche. Eine andere Möglichkeit, Wasserverlust vorzubeugen, ist das Überziehen der Blattoberflächen mit einer dicke Wachsschicht, die für Wasserdampf nahezu undurchlässig ist. Reduktion von Blattflächen, die Ausbildung von Blatt- oder Sproßdornen und die Verlagerung des Chlorophylls in Äste und Stämme, die deshalb grün erscheinen, sind daher ein ganz typisches Merkmal von Wüstenpflanzen.

Der Gasaustausch erfolgt bei Pflanzen über Spaltöffnungen. Dies sind kleine, verschließbare Poren, die bei Wüstenpflanzen an der Blattunterseite liegen. Tagsüber, bei brütender Hitze, sind sie gerade so weit geöffnet, daß die Atmung sichergestellt ist. Aber für die zur Photosynthese notwendige Kohlendioxidaufnahme reichen die kleinen Öffnungen

chen es den Wüstenpflanzen, Feuchtigkeit aus tiefen Bodenschichten zu nutzen. Wasserspeichernde Gewebe stellen eine Anpassung an sporadische Niederschläge dar. Wasserspeicher werden vielfach in den Blättern oder Sproßachsen ausgebildet. Solche Pflanzen erhielten wegen ihres fleischigen Aussehens den Namen Sukkulenten. Das klassische Beispiel sind die südamerikanischen Kakteen, doch haben unabhängig voneinander viele Pflanzenfamilien wie Wolfsmilchgewächse (Euphorbiaceae), Korbblüter (Compositae) und Seidenpflanzengewächse (Asclepiadaceae) sukkulente Formen entwickelt. Im heißen Wüstenklima müssen Pflanzen ihre Wasserverluste so gering wie möglich halten. Dicke Borken, Wachsüberzüge und dichte Haarpolster dienen dabei als Schutz. Das Verholzen der Blätter, also die Einlagerung von Festigungselementen, zählt ebenfalls zu den Anpassungen an permanente Trockenheit.

nicht aus. Nachts, wenn es kühl wird, öffnen sich die Poren dagegen vollständig. Kohlendioxid wird nun aufgenommen und zunächst an organische Säuren gebunden, denn ohne Licht funktioniert die Photosynthese nicht. Dadurch verfügt die Pflanze über einen immensen Vorrat an Kohlendioxid, ohne es in der Gluthitze aufnehmen zu müssen. Tagsüber wird es dann in der Pflanze freigesetzt.

Samen von Wüstenpflanzen sind in der Regel hartschalig und extrem wasserarm. Sie können vielfach Jahre überdauern, um dann bei einem plötzlichen Regenguß schnell auszukeimen. Gleiches gilt für unterirdische Sproßteile. Trostlose Wüstenflächen verwandeln sich nach einem Regenguß innerhalb weniger Tage in einen bunten Blütenteppich. Dieser verschwindet anschließend so rasch, wie er verblüht ist.

Auch Tiere müssen sich vor Austrocknung und Hitze schützen. Viele Arten verbergen sich tagsüber in unterirdischen Verstecken. Gliedertieren (Insekten, Skorpionen, Spinnen) und Echsen hilft zudem ein wasserundurchlässiger Chitin- oder Hornschuppenpanzer. Mit der Atmung verbundene Wasserverluste werden durch spezielle, »sparsame« Atemtechniken ausgeglichen, weitere Wasserverluste über die Ausscheidung durch die Produktion von extrem wasserarmem Urin und Kot vermieden. Die größten Flüssigkeitsverluste entstehen beim Ausatmen. Wüstensäuger verbringen deshalb die Zeit der größten Hitze in unterirdischen Gängen, wo die Luftfeuchtigkeit generell höher als an der Oberfläche ist. Zudem reduzieren sie Wasserverluste, indem sie durch die Nase ein- und ausatmen. So gelangt warme, trockene Luft über die Nasenschleimhäute in die Lunge.

Mit den Flügeldecken sammelt der Schwarzkäfer Tautropfen

Auf diesem Weg erwärmt sich die Luft, bis sie Körpertemperatur erreicht (38 °C), und die Schleimhäute kühlen sich ab. Beim Ausatmen streicht die Luft wieder über die Nasenschleimhäute, die nunmehr kühler als die Luft sind. Dabei kondensiert die Feuchtigkeit der ausgeatmeten Luft und scheidet sich ab. Bei der doppelten Nasenpassage können die Tiere so trockenere Luft abgeben als bei einer Nasen-Mundatmung. Wüstensäuger können zudem zusätzlich auf im Fettstoffwechsel anfallendes Oxidationswasser zurückgreifen, das beim Abbau von Fettreserven anfällt.

In Gebieten, die fernab von Quellen liegen, stellt der Morgentau oft die einzige externe Wasserquelle dar. Dies nutzen beispielsweise einige Schwarzkäferarten (Tenebrionidae), die am Morgen regungslos auf dem Kamm einer Düne sitzen und mit ihren Flügeldecken kleine Tautropfen sammmeln. Die Flüssigkeit rinnt von dort zur Mundöffnung.

Allgemeines

Erg - Kalk- und Gipskrusten auf dem Sand

Landschafts- und Vegetationsformen

Im Allgemeinen bestimmt die Verfügbarkeit von Wasser und die Bildung von organischem Material die Bodenbildung. Beides ist aber in Wüstengebieten Mangelware. In Wüsten gibt es deshalb vor allem Rohböden, die aus an der Gesteinsoberfläche liegendem Verwitterungsmaterial bestehen. Nur die Schwerkraft und der Wind schichten den Boden um. Tiere und Pflanzen spielen dabei kaum eine Rolle. Humusschichten sind nur in geringem Maß ausgebildet.

Scharfe Temperaturunterschiede zwischen Tag und Nacht und durch Wind erzeugte Sandstrahlgebläse sowie Wasser sind hauptverantwortlich für Verwitterungsprozeße. Erosion tritt auch auf, wenn bei Anfeuchtung mariner Gesteine Salze gelöst werden, die beim erneuten Eintrocknen in feinen Rissen auskristallisieren. Trotz geringer Niederschlagsmengen haben Regenfälle für die Landschaftsgestaltung in Wüsten eine enorme Bedeutung. Das Wasser dringt nur wenig in den Untergrund ein und sammelt sich an der Oberfläche, wo es in reissenden Strömen abfließt und dabei tiefe Erosionsrinnen hinterläßt. Selbst wenige Millimeter Niederschlag führen lokal zu heftigen Flutwellen. Oftmals schiebt sich eine breiige Masse aus Steinen, Kies, Sand und Staub voran, die im versiegenden Strom nach und nach abgelagert wird.

Subtropische Wüsten, wie die um das Rote Meer, unterscheiden sich in der Art der abgelagerten Verwitterungsmaterialien. In **Steinwüsten** (arabisch: **Hamada**) liegen Gesteinsbrocken an der Oberfläche. Feiner Sand und Staub werden vom Wind

Oben: Auch in der Wüste gedeihen Pflanzen und Bäume

Unten: Wüste Negev

abgetragen. An der Oberfläche entstehen regelrechte Steinpflaster. Kochsalzkrusten und Gipsschnüre reichern sich in der darunter liegenden Staubschicht an, weil der wenige Niederschlag nicht ausreicht, Salze auszuwaschen. Hamadas sind weitgehend vegetationslos.

Allgemeines

Kümmerlicher Pflanzenwuchs findet sich lediglich in Felsspalten und Klüften von Gebieten mit schwacher Regenzeit. Steinwüsten sind hauptsächlich auf Tafelbergrücken verbreitet. Eine Besonderheit ist die Bildung von Wüstenlack. Er entsteht durch Kondenswasser auf Gestein und überzieht bevorzugt harte Felsoberflächen. An seiner Bildung sind Bakterien, Blaualgen (Cyanobakterien) und Pilze beteiligt. Die Organismen bewirken die Ablagerung von Mangan-, Eisen- oder Siliciumoxiden auf der Gesteinsoberfläche. Die schwarzen Mineralkrusten können 1-5 µm dick werden. Wüstenlackschichten entwickeln sich langsam und über Jahrhunderte hinweg.

Kieswüsten (Serir) entstehen entweder aus ausgewehten, erodierten Konglomeraten (Muttergestein bildet ein Gemisch aus verschiedenen Gesteinsarten) oder aus fossilem Schwemmland mit abgeschliffenen, runden Steinen, wie beispielsweise im Nilgebiet. An der Oberfläche reichert sich Kies an, während Feinmaterialien weggeweht werden. Unterhalb der Kiesschicht befinden sich oft Gipslagen. Gelegentlich lagern die einzelnen Kiesel so dicht beieinander, daß Pflanzenwurzeln sie nicht durchdringen können. Vegetation stellt sich daher normalerweise nur dort ein, wo eine Sanddecke vorhanden ist. Sand sammelt sich bevorzugt an windgeschützten Hängen oder in Senken.

Als **Sandwüsten (Areg, Erg)** bezeichnet man Sandflächen, die mit verstreuter Vegetation bedeckt sind, aber auch vom Wind zusammengetragene, vegetationsfreie Dünen. Ergs sind riesige Dünenflächen, die ein Sandmeer formen. Eine mächtige, festliegende Sanddecke ermöglicht die Speicherung von Wasser, welches von tief wurzelnden Pflanzen erreicht werden kann. Das Gras *Aristida pungens* gehört mit seinen harten, stachelspitzigen Blättern zu den Charakterarten solcher Standorte. Weitere

Felsformationen im Wadi Rum / Jordanien

Spärlicher Strauchwuchs in der Wüste

Landschaftsformen

Wadi Doan / Südjemen

typische Vertreter sind der Saharaginster *(Genista saharae)* und der Meerträubel *(Ephedra alata)*, der zu den Rutensträuchern zählt. Beides sind nacktsamige Pflanzen mit grünen, stark verzweigten Sproßachsen und kleinen, schuppenförmigen Blättern. Bewegliche Dünen werden fortwährend umgelagert und sind deshalb restlos ausgetrocknet und vegetationslos.

Tonwüsten (Dayas) bilden sich in Senken, in denen feine Tonpartikel sedimentieren. An durchfeuchteten, nicht versalzten Stellen gedeihen Gehölze wie Pistazien *(Pistacia)*, Zilla *(Zilla spinosa)* und Jujube *(Ziziphus)*. In **Salzwüsten (Sebkhas)** bilden sich mehr oder weniger dicke Salzkrusten aus Salzen, die mit der Bodenfeuchtigkeit über Kapillarkräfte an die Oberfläche gelangen. Je nach Salzgehalt und Feuchtigkeit stellen sich rasch unterschiedlich salztolerante Pflanzen wie Jochblätter *(Zygophyllum)*, Soden *(Suaeda)*, Salzmelden *(Atriplex)* oder Queller *(Salicornia)* ein. Schließlich gibt es noch die sogenannten **Staubwüsten**, die als Extremwüsten gelten.

Erosionstäler (**Wadis, Oueds**) sind von angeschwemmtem Lockermaterial geprägt. Solche tief eingeschnittenen Erosionsrinnen und -täler durchziehen Stein- und Kieswüsten. Diverse Akazienarten, ein Hirsegras *(Panicum turgidum)* und Zilla-Büsche gelten als typische Pflanzen in Wadis. Ganz besondere Bedingungen herrschen im Wadi Natrum, nord-

Allgemeines

Oasengarten mit Bewässerungskanal in Nordafrika

westlich von Kairo, vor. Es handelt sich um eine 160 km lange und 5-20 km breite Senke, die bis zu 23 m unter dem Meeresspiegel liegt. In diesem Wadi befinden sich mehrere Salzseen, die über unterirdische Zuflüsse Wasser vom Nil erhalten. Auf dem Weg vom Nil reichert sich das Wasser dabei leicht mit Salz an. An der Austrittstelle gedeihen Rohrkolben (*Typha latifolia*), Schilf (*Phragmites australis*) und die Binse *Juncus acutus*. Freie Flächen sind hingegen mit Salzkrusten überzogen. Die Süßwassersumpfpflanzen entgehen dem Salz nur dadurch, daß sie in tiefen, kaum versalzten Bodenschichten wurzeln. In solchen Seen und Tümpeln ohne Abfluß kristallisiert in der Trockenzeit Salz aus (Koch-, Glaubersalz und Soda). Nur extrem salztolerante Pflanzen (Halophyten) können auf derartig salzigen, feuchten Flächen gedeihen. Völlig ausgetrocknete, mit Salz überkrustete Böden sind dagegen vegetationslos. Sie bilden eine echte Sebkha. Von der ursprünglichen Vegetation des einst dicht bevölkerten Wadis Natrum sind heute nur noch kleine Überreste erhalten. Humusreiche Böden finden sich nur in **Oasen** mit Süßwasserquellen. Hier wachsen Laichkräuter (*Potamogeton*), Wasserschlauch (*Utricularia*) und Wasserlinsen (*Lemna*) ebenso wie Röhrichtpflanzen, z. B. Schilf, Rohrkolben und Binsen, lauter Pflanzengattungen, die auch aus unseren Breiten bekannt sind. Ursprünglich setzte sich die Oasenflora aus Dumpalmen (*Hyphaene thebaica*), Akazien (z. B. *Acacia alba*), Sodomsapfel-Arten (*Calotropis*) und Kaperngewächsen zusammen (Kapern sind Blütenknospen von *Capparis spinosa*, einem kleinen Felsenstrauch aus dem Mittelmeerraum). Die natürliche Vegetation wich aber einer

Tauchen in Ägypten

Vielzahl heute vorherrschender Kulturpflanzen, wie der Dattelpalme (*Phoenix dactylifera*), der bekanntesten Nutzpflanze der Region. Kasuarinen (*Casuarina equisetifolia*), Hülsenfrüchte (*Prosopis*) und Eukalyptus (*Eucalyptus rostrata*) werden als Windschutz gepflanzt. Luzerne (*Medicago sativa*), Alexandriner Klee, Weizen, Gerste, Ackerbohnen (*Vicia faba*), Rizinus (*Ricinus*) und Baumwolle (*Gossypium*) ertragen ohne Sonnenschutz mittlere Sommertemperaturen von über 30 °C. An windgeschützten Stellen können Ölbäume (*Olea*), Zitrusfrüchte, Wein, Aprikosen (*Prunus armeniaca*), Mandeln (*P. amygdalus*), Guajaven (*Pisidium guajava*) und Feigen angebaut werden. Unter dem schützenden Dach der Dattelpalmen gedeihen sogar Granatäpfel (*Punica granatum*), Bananen (*Musa*) und Papaya (*Carica papaya*). Je weiter die Anbaugebiete vom feuchten Zentrum der Oase entfernt sind, umso intensiver muß künstlich bewässert werden. Bei ausreichender Bewässerung lassen sich selbst in extremsten Wüstengebieten fast alle bedeutenden tropischen Nutzpflanzen kultivieren, z. B. Kakao, Mango, Kokospalmen, Brotfrucht und Kaffee. Kitchener-Island bei Assuan bietet sogar einen grünen Tropenwald aus angepflanzten Bäumen.

Tauchen in Ägypten – Tips zum Umweltschutz

Ein Hauptgrund für die Beliebtheit des Roten Meeres bei Tauchern sind die einmaligen Korallenriffe mit ihrer üppigen Flora und Fauna. Deren Existenz ist jedoch abhängig von dem komplizierten Zusammenspiel zwischen Riff und Meeresbewohnern, die im Normalfall einen Gleichgewichtszustand bilden. Doch gerade diese empfindlichen Meeresschönheiten sind verschiedenen schädigenden Einflüssen ausgesetzt. Neben der Bedrohung durch Verschmutzung, Raubbau und andere Einwirkungen gefährdet auch die wachsende Zahl von Tauchern den Fortbestand dieses einzigartigen Lebensraumes.

Jeder Taucher sollte daher bemüht sein, die Belastung für die Korallenriffe so gering wie möglich zu halten. Selbst kleinste Beschädigungen der Riffstruktur, z. B. durch zu starken Flossenschlag, unbeabsichtigtes Ab- oder Anstoßen oder das Aufwirbeln von Sedimentwolken, können schon schwerwiegende Folgen haben, besonders wenn man bedenkt, daß das

In den geschätzten Oasen gedeiht eine Vielzahl von Kulturpflanzen, wie z. B. Granatäpfel (Punica granatum)

Allgemeines

Nachwachsen eines einzigen kleinen Korallenzweiges mehrere Jahre dauert.

Oft stören Unbesonnenheiten das biologische Gleichgewicht, die bei einem gewissenhafterem Umgang mit der Umwelt hätten vermieden werden können. Auch geringe Taucherfahrung ist in diesem Fall keine Entschuldigung. Verantwortungsvolles Verhalten in Korallenriffen sollte für jeden selbstverständlich sein. Maßnahmen hierzu können sein:
- Tauchen mit möglichst wenig Blei, um eine Feintarierung und ein müheloses Manövrieren zu ermöglichen.
- Kein unkontrollierter Flossenschlag in unmittelbarer Nähe zu Korallen, sondern durch geschicktes Tarieren allmählich aufsteigen.
- Jede Berührung des Riffs vermeiden. Nur unbewachsene, tote Stellen am Felsen sollten zum Festhalten gewählt werden.
- Die Ausrüstung sollte möglichst eng anliegen, um nirgends hängenzubleiben oder durch schleifende Gerätschaften (Konsolen) den Bewuchs zu schädigen.

Grundsätzlich gilt, daß der Taucher nicht in das Leben der Meeresbewohner eingreifen darf, sondern sich nur als Besucher ansehen sollte. Jegliches Verhalten, daß bei den Meerestieren Streß auslösen kann, muß vermieden werden. Auch der Erwerb von »Riff-Souveniren« trägt letztlich mit zur Zerstörung der Natur bei.

Dementsprechend hat die ägyptische Regierung 1983 ein Gesetz (102) zum Schutz des Riffs erlassen. Nach und nach wurden bestimmte Küstenregionen zu Nationalparks bzw. Naturschutzgebieten erklärt. Zu diesen Bereichen zählen: Ras Mohammed, Tiran, Senafir, Sha'ab Mahmud, Sharm el Sheikh, Ras Nasrani und Ras Abu Galum.

Vorschriften zum Schutz der Riffe

1. Das Mitnehmen von Riff-Souveniren, wie z. B. Fische, Fossilien, Korallen, Muscheln und Pflanzen ist streng verboten.
2. An allen Stränden gilt, daß Kraftfahrzeuge nicht außerhalb der markierten Fahrspuren fahren dürfen.
3. Camping ist nur in den dafür ausgewiesenen Gebieten gestattet.
4. Das Wegwerfen von Müll ist verboten.
5. Geschlossene Zonen dürfen auf keinen Fall betreten werden.
6. Zum Ankern müssen markierte Anlegestellen benutzt werden. Im Riffgebiet ist das Ankern generell verboten, wie auch das »Laufen auf dem Riff«.
7. Das Füttern von Fischen ist zu unterlassen, da dies einen Eingriff in das natürliche Gleichgewicht bedeutet.
8. Im Bereich des Nationalparks ist das Angeln und Speerfischen verboten.
9. Das gesamte Gebiet des Nationalparks ist bis Sonnenuntergang zu verlassen. Dies gilt nicht für Benutzer einer ausgewiesenen Campingfläche.
10. Es wird empfohlen, beim Zugang zu den Tauchplätzen, die dafür vorgesehenen, ausgewiesenen Stellen zu nutzen, so daß der Schaden für das Riff möglichst gering gehalten werden kann.
11. Hinweisschilder im Bereich des Nationalparks sind zu beachten.
12. Bei Nichtbeachtung der Vorschriften erfolgt eine Ahndung gemäß dem Gesetz 102.

Streifzug durch die Natur

Korallenriffe – Entstehung und Formen

Der Grund, weshalb Taucher tropische Meere bereisen, liegt schlichtweg in der Faszination, die von der Farben- und Formenvielfalt der Korallen ausgeht. Die winzigen, kaum sichtbaren Baumeister benötigen eine Wassertemperatur von mindestens 20 °C und einen gewissen Salzgehalt. Diese Voraussetzungen finden sie geographisch zwischen dem nördlichen und dem südlichen Wendekreis vor. Die nördlichsten Riffgebiete liegen im Golf von Aqaba.

Die Riffbildung selbst ist das Resultat der Arbeit winziger Organismen. Die kleinen Hohltiere entziehen dem Wasser Kalk, die Grundlage für ihr Skelett. Unzählige Tiere schließen sich zu Kolonien zusammen, die Schicht für Schicht in die Höhe wachsen. Daraus entstehen Gebilde von atemberaubender Schönheit – erdgeschichtlich betrachtet ein flinker Vorgang, für das menschliche Auge aber kaum wahrnehmbar langsam. Korallen wachsen im Jahr durchschnittlich nur 1 bis 2 cm. Wachstum und Ausbreitung hängen von geographischen und meteorologischen Gegebenheiten ab. Im Golf von Aqaba bilden Korallen vornehmlich Saumriffe (40 bis 50 m breit), da die Kolonien sich

Typisches Saumriff im Golf von Aqaba

Streifzug durch die Natur

Hartkorallen Stöcke bieten Lebensraum für unzählige Kleinstlebewesen

nur an den Steilwänden ansiedeln und seewärts vorarbeiten können. So entstehen dem Untergrund entsprechend breite Riffdächer, die dann an der Abbruchkante steil ins Meer abfallen. Das strömungs- und lichtbedingte Nahrungsangebot führt dazu, daß an der Abbruchkante die schönsten Korallen wachsen. Die kleinen Baumeister ernähren sich von winzigen vorbeitreibenden Gliederfüßern, die sie mit giftigen Nesselpfeilen ihrer Tentakeln betäuben. Wachsen die Korallen bei günstigen Bedingungen unterschiedlich schnell, so entstehen die von Tauchern viel umschwärmten wunderschönen Riffüberhänge (arabisch Ras) oder Höhlen an der Steilwand. Das durchgängige Saumriff im Golf von Aqaba zeigt nur in Flußmündungsbereichen (Wadis) Lücken. Hier hier ersticken Sedimentablagerungen die Korallenbildung. Mündungsgebiete, an denen Flußwasser die Riffbildung beeinflußt, heißen im Arabischen »Sharm«. Der Begriff »Marsa« steht für eine natürliche Bucht oder einen geschützten Ankerplatz.

Im Golf von Suez und vor Hurghada ist der küstennahe Meeresgrund seichter. Dort bilden sich in den flacheren Zonen Fleckenriffe und einzelne Korallenblöcke. Je nachdem, wie weit die Baumeister sich vorarbeiten, entstehen wieder Saumriffe, wie beispielsweise um die vorgelagerten Inseln in der Straße von Gubal. Im weiteren Verlauf der ägyptischen Festlandküste zieht sich ein durchgehendes Saumriff nach Süden.

Riffe passen ihre Ausbreitung aber nicht nur geologischen Gegebenheiten an, sie sind auch meteorologischen Einflüssen ausgesetzt. Stürme und Brandung setzen den Riffen ebenfalls zu und zerstören diese auf natürlichem Wege. Taucher können dieses Phänomen gut am Fuße vieler Abbruchkanten erkennen. Dort, wo die Steilwand in eine Sandschräge übergeht, liegt häufig der Korallenschutt abgebrochener Überhänge. Der Korallenkalk kann sich schichten oder einen Ansatzpunkt zur weiteren Riffentstehung bilden. Die gleiche Entwicklung vollzieht sich auch im Flachwasser, wo Stürme und Brandung die Korallen knapp unter der Wasseroberfläche beschädigen. Tektonische Verschiebungen können schließlich die Korallenkalkablagerungen ganz aus dem Wasser heben, wobei kleine Inseln entstehen.

Die Pflanzenwelt

Stärke und Verteilung der Niederschläge im Jahresverlauf bestimmen entscheidend die Art der Vegetation. Bei Jahresniederschlägen von weniger als 1 500 mm

Die Pflanzenwelt

und ausgeprägten Trockenperioden lichten sich Waldformationen. Die Stämme sind hier niedriger, die Borken dicker und die Blätter mit mächtigeren Wachsschichten überzogen als in feuchten Regionen. In den niedrigen Breiten findet man in solchen Gebieten **tropische Lockergehölze**. Nur an Flußniederungen entwickeln sich geschlossene **Galeriewälder**. Im Unterwuchs gedeihen gruppenweise überwiegend an Trockenheit angepaßte Gräser und krautige Pflanzen. Auch Baumarten mit wasserspeichernden Stämmen und solche mit schirmförmigem Wuchs, wie Schirmakazien, stehen hier dicht beieinander. Mit Sukkulenten vermischte Lockergehölze mit einem Unterwuchs aus Dorngewächsen bilden sogenannte **Dornbaumgehölze**. Mit Bauminseln bestandene Grasfluren heißen **Savannen**. In den **Dornsavannen** Afrikas und Arabiens fallen besonders Akazien und Gräser ins Auge. Dornsavannen und -gehölze verwandeln sich in Regionen unter 500 mm Jahresniederschlag allmählich in **Halbwüsten**, bei Jahresniederschlägen unter 200 mm letztlich in **Vollwüsten**. In den ans Rote Meer grenzenden Gebieten finden sich sowohl Voll- und Halbwüsten, Trockensavannen, Dornsavannen und kleine Gebiete mit Dorngehölzen (Eritrea) als auch **Hartlaubvegetation** (nördlich des Golfs von Akaba). Letztere entwickelt sich in Gebieten mit milden, regenreichen Wintern und warmen, trockenen Sommern (siehe Mittelmeergebiet). Typisch sind hier immergrüne Gehölze mit kleinen, festen, häufig nadelförmigen oder behaarten Blättern.

Die Grenze zwischen den beiden Florenreichen der Holarktis verläuft durch die zentrale Sahara. Sie umfaßt die außertropischen Landmassen der Nordhalbkugel, und Palätropis, zu der die afrikanische und indomalayische Flora zählt. Mediterrane Arten wie Traganth (*Astragalus*), Reseden (*Reseda*) und Salzkraut (*Salsola*), eine einjährige Salzpflanze, die zu den Gänsefußgewächsen zählt, dringen weit in den saharo-arabischen Raum vor. Umgekehrt breiteten sich im Nilgebiet tropische Arten vom Sudan nach Norden aus. Hierzu zählen Indigo (*Indigofera*), Hibiskus (*Hibiscus*), Spinnenpflanzen (*Cleome*), Akazien (*Acacia*) und das Zyperngras (*Cyperus*).

Ägypten

Die Vegetation in Nordägypten ist im Einflußbereich des Mittelmeerklimas relativ üppig, während die Wüstenregion südlich von Kairo weitgehend vegetationslos erscheint. Doch von Kairo nach Norden tauchen mehr und mehr grüne Inselchen aus Gräsern (*Aristida*, *Panicum*) und Jochkräutern (*Zygophyllum*) auf. Schließlich sprießen aus dem Boden nebst einjährigen Kräutern und Gräsern auch Mittagsblumen (*Mesembryanthemum*) und Beifuß (*Artemisia monosperma*). Zunehmend trifft man auf Halbwüsten mit *Artemisia* und Beständen des mit dem Seidelbast verwandten *Thymelaea hirsuta*. Im Küstengebiet dominieren Malven (*Malva*), Lattich (*Plantago albicans*), Salbei (*Salvia lanigera*) und Hyacinthengewächsen (*Muscari*).

Unmittelbar hinter den Meeresdünen erfreuen bunte Blütenteppiche das Auge, in denen die Chrysantheme *Chrysanthemum coronarium* das vorherrschende Gewächs darstellt.

In Kairo fallen nur selten schwache

Niederschläge, die überwiegend von November bis März abregnen. Die mittlere Niederschlagsmenge liegt bei ungefähr 21 mm pro Jahr. In kalten Winternächten bringt Tau Feuchtigkeit für Pflanzen und Tiere. An sehr heißen Sommertagen sinkt die relative Luftfeuchtigkeit bis auf 4 % herab.

Zwischen Kairo und Suez erstreckt sich in der Kieswüste ein welliges Hügelland. Die kargen Kiesflächen sind hier mit dem Gänsefußgewächs *Hammada salicornica*, dem Hirsegras (*Panicum turgidum*) und stacheligen Zilla-Büschen (*Zilla spinosa*) bedeckt. In feuchteren Trockentälern stehen sogar kleine Akazienbäume (*Acacia raddiana*, *A. tortilis*). Die obersten Bodenschichten erhalten nur in den Wintermonaten ausreichende Niederschläge, die die Lebensgrundlage für kurzlebige (ephemere) Planzen darstellen. Andere Gewächse sind auf Feuchtigkeit in tiefen Bodenschichten angewiesen, die unterirdisch zuströmt und auch in regenlosen Jahre zur Verfügung steht. Hier wachsende mehrjährige Pflanzen bilden meterlange Pfahlwurzeln, die nach Regengüssen besonders rasch in die Tiefe wachsen.

Arabische Halbinsel

Der Grabenbruch des Roten Meeres spaltete während des Tertiärs die Arabische Platte von der Afrikanischen Platte ab. Sie wurde dabei gegen die Asiatische Platte gedrückt, wobei sich der Rand des Grabenbruchs aufwölbte. In der Folge entstand hinter der Küstenebene des Roten Meeres das Hedschas (Hijaz)-Hochland. Im Norden ragen hier die Gipfel bis zu 1 850 m, im Süden (Nordjemen) bis 3 760 m empor. Im Westen steigt das Hochland steil gegen die Küstenebene an und geht im Osten relativ sanft in die hochgelegene Plateaulandschaft des Arabischen Schildes über. Große Gebiete der Halbinsel sind von Sandwüsten bedeckt. Im südlichen Teil liegt das größte zusammenhängende Sandwüstengebiet der Erde, das Rub-al-Khali mit einer Fläche von 650 000 km^2. Diese Wüste ist regenlos. Sommerregen am Rand des Roten Meeres fallen südlich von Djidda, im südwestlichen Hochgebirge und an der Küste zwischen dem Golf von Oman und der Straße von Hormuz. Das Klima in den Regengebieten gleicht den Bedingungen in der Sahelzone südlich der Sahara.

Unregelmäßige Winterregen entstehen durch Aufwinde am Küstengebirge des Roten Meeres und im Norden durch Wol-

Granatäpfel - auch bei uns bekannt und

Die Pflanzenwelt

Mangroven sind extrem salztolerant und können auch am zeitweise überfluteten

kenwirbel aus dem Mittelmeerraum. Die Regenmenge schwankt in manchen Gebieten von Jahr zu Jahr gewaltig. Bisweilen fallen nur 10 mm pro Jahr, dann wieder 230 mm. Dagegen ist die Verdunstung (Evaporation) enorm hoch. Für die Halbinsel von Katar wurde beispielsweise eine potentielle Verdunstungsmenge von jährlich 2 000 mm errechnet.

Im südlichen Teil der Halbinsel findet man von der Küste des Roten Meeres bis ins Inland eine deutliche Zonierung unterschiedlicher Pflanzengesellschaften. Das Küstengebiet ist sehr trocken. Unmittelbar am Strand wachsen salztolerante Pflanzen wie *Halocnemum* und Strandflieder (*Limonium*). Mangrovebäume (*Avicennia marina* und *Rhizophora mucronata*) kommen an überfluteten Stellen vor. An die Strandzone schließt sich eine halophile Wüstenvegetation an. Auf Haufendünen wachsen diverse Gräser (*Panicum*, *Pennisetum*) und Sodomsäpfel (*Calotropis*). Schwemmböden sind mit Soden (*Suaeda monoica*) und Salzkraut bedeckt. Im Küstenhinterland liegen mit Schirmakazien (*Acacia spirocarpa*, *A. ehrenbergiana*), Dumpalmen (*Hyphaene thebaica*), dornigen *Balanites aegyptiaca*-Sträuchern und *Capparis aphylla* bewachsene Grassavannen. In den brackigen Rinnen der Trockenflüsse stehen Tamarisken-Gehölze (*Tamarix*). An den unteren Hangzonen des Berglandes sammelt sich abfließendes Wasser und die Gehölzdichte erhöht sich. Es stellt sich eine Halbwüstenvegetation ein. Dattelpalmen, Kassien (*Cassia*), die Akazie *Acacia seyal*, *Dobera* und *Delonix* (ein Mimosengewächs), das Wolfsmilchgewächs *Euphorbia inarticulata* sowie *Jatropha lobata* finden hier ebenfalls geeignete Bedingungen. Die Flächen am Fuß von Berghängen sind zudem mit den in Ostafrika beheimateten Sukkulenten *Adenium* (Wüstenrose), *Sansevieria*, *Aloë* und Klimmen (*Cissus*-Arten, Lianen) bedeckt. In Abflußtälern stehen Schlucht- und Galeriewälder aus Feigen (*Ficus*), Tamarinden (*Tamarindus indicus*), Jujube, Sumach (*Rhus*), Öl- (*Olea chrysophylla*) und Zürgelbäumen (*Celtis integrifolia*), Paternostererbsen (*Abrus precatorius*) sowie Palmen (*Dracaena*). An felsigen Hängen unter 1 000 m prägen Akazien (*Acacia mellifera* und *A. senega)l* und Arabische Wüstenrosen (*Adenium arabicum*) das Landschaftsbild. Zwischen 1 000 und 1 500 m überwiegen Grassavannen, die ebenfalls mit Akazien (*Acacia asak*, *A. senegal*) und außerdem mit Myrrhe-Arten (*Commiphora myrrha*, *C. abyssinica*), Mekka-Balsam (*Commiphora opobalsamum*), der Rundblättrigen Klimme (*Cissus rot-*

Streifzug durch die Natur

rundifolius) und diversen Feigenarten durchsetzt sind (*Ficus salicifolia, F. sycomorus* = Sykomorenfeige). Die höchsten Lagen des Küstengebirges erhalten verglichen mit Europa zwar wenige Niederschläge, aber es fehlt eine ausgeprägte Trockenzeit, da in jedem Monat Regen niedergeht. Hier gedeihen Hartlaubgewächse wie der Ölbaum *(Olea chrysophylla)*, das Primelgewächs *Myrsina africana*, die Akazienart *Acacia abyssinica* und *Aloë*. Weitere anzutreffende Arten sind *Euryops arabicus*, Nachtschatten (*Solanum*) und *Abutilon*, der bevorzugt an Steilwänden gedeiht. Mit der Wacholderart *Juniperus excelsa* (syn. *procera*), Rosen (*Rosa*) und Beberitzen (*Beberis*) gibt es auch in Europa bekannte Pflanzengattungen.

In den regenreichsten Gebieten des Nordjemens findet man immergrünen tropischen Buschwald mit Zürgelbäumen (*Celtis*), Feigen, *Terminalia brownii* und Lianen. Auf hoch hinter den Hochgebirgen gelegenen Talebenen existieren Halbwüsten mit Akazien, Tamarisken, Wolfsmilch (*Euphorbia*), dem Greiskraut *(Senecio sempervirens)* sowie mediterranen Pflanzen wie Salbei, Lein (*Linum*), Thymian (*Thymus*) und Flockenblumen (*Centaurea*).

Nördlich von Djidda fallen keine Sommerregen, doch die Stärke der Winterregen nimmt nach Norden zu. In den Höhenlagen wachsen *Olea chrysophylla* und Pistazien (*Pistacia atlantica*). In tiefer gelegenen Gebieten überwiegen Akazien. An der Küste findet man typische Salzpflanzengemeinschaften.

Die Pflanzengesellschaften der zentralen, roten Sande in der Nefud-Wüste im Norden und der 1 000 km langen Dahna-Wüste im Zentrum der Arabischen Halbinsel bestehen unter anderem aus dem Hirsegras *Panicum turgidum*, Wüstenbraunwurz (*Scrophularia deserti*), dem Beifuß *Artemisia monosperma* und Meerträubel (*Ephedra alata*). Insgesamt konnten in dem Gebiet 150 Pflanzenarten gefunden werden. Die meisten von ihnen sind kurzlebige Ephemeren und ausdauernde Gräser.

Eine weitere Pflanzengemeinschaft prägt die Rantherium-Halbwüste, die große Gebiete zwischen 25° und 30° N bis zum Persischen Golf bedeckt. Hier ist die dominierende Pflanze ein zu den Korbblütern zählender Halbstrauch, *Rantherium eppaposum*. Er trocknet bei Dürre bis zur Basis aus und treibt nach einem Regenguß wieder aus. Das Federgras *Stipa tortilis* dominiert gemeinsam mit der Rose von Jericho (*Anastatica hierochuntica*) und etlichen ephemeren Gewächsen große Gebiete Zentralarabiens. Aus dem Mittelmeerraum bekannte Ringelblumen (*Calendula*), Luzerne, Malven und Reiherschnabel (*Erodium*) gedeihen in diesem Gebiet ebenfalls. Der Name der Hauptstadt Saudi-Arabiens, Riad, bedeutet aus dem Arabischen übersetzt »Tal der Blumen«, eine Reminiszenz an die gelegentliche Blütenpracht der Wüste.

In Wadis findet man hier eine Strauchvegetation aus *Hammada persicum*, Meerträubel und der Mittagsblume *Mesembryanthemum forskalei*. Der Osten der Halbinsel wird vom Dahna-Wüstengebiet bis nach Kuwait als das »Gebiet der weißen Sande« bezeichnet. Hier wachsen *Panicum turgidum*, das Zyperngras (*Cyperus conglomeratus*), *Hammada salicornica* und *Rantherium*. Auf Salzböden im Küstengebiet des Persischen Golfes sind Salzpflanzen wie *Suaeda vermiculata, Halocnemum strobilaceum* und das Salzkraut *Salsola baryosoma* charakteristisch.

Nutzpflanzen

Die Sinai-Halbinsel reicht vom Suezkanal bis Gaza bzw. Rafah, im Süden bildet der Golf von Akaba die Grenze. Die Halbinsel läßt sich in drei physiogeographische Regionen unterteilen: den Küstenstreifen nach Süden, das Tafelland der Tih-Wüste und das südliche Gebirgsland. Im Küstenstreifen des nördlichen Sinai liegt ein weitläufiges Flugsandgebiet mit 40 bis 50 m hohen Dünen. Die jährlichen Niederschläge liegen in diesem Gebiet mit weniger als 100 mm sehr niedrig. Die Dünen sind vegetationslos, weil der Sand zu häufig durch Wind umgelagert wird. Das spärliche Regenwasser versickert im Dünensand und wird dort gespeichert oder dem Grundwasserstrom zugeführt. Unter der Sanddecke strömt das Wasser Richtung Meer, wo täglich pro Küstenkilometer zwischen 50 und 164 m^3 Wasser einsickern. Das leichtere Süßwasser schiebt sich in Küstennähe über vom Meer eindringendes, spezifisch schwereres Salzwasser. In Dünentälern liegt die Grundwasserschicht nur wenige Meter unter der Oberfläche. In diesen Gebieten werden hauptsächlich Dattelpalmen (*Phoenix dactylifera*) angebaut. Am Strand wachsen diese gelegentlich sehr dicht an der Wasserlinie und Wellen umspülen oftmals ihr Wurzelwerk und ihre Stammbasis.

Liegt das Grundwasser nur wenig unter der Oberfläche, so dringt es durch Kapillarkräfte nach oben. Anhaltende Verdunstung führt dabei zu einer Anreicherung von Salz. In Dünentälern können sogar richtige Salzseen entstehen. Queller, Soden und Binsen *(Juncus acutus)* bilden an den tiefsten Stellen die Vegetationsgrenze. Etwas höher kommen Strandflieder und Tamarisken vor. Jochblätter (*Zygophyllum*) und Seidelbastgewächse

Eine Dattelpalme kann jährlich bis zu 150 kg Datteln liefern

(*Thymelaea*) gedeihen nur dort, wo nur noch geringe Mengen Salz im Boden vorhanden ist.

Nutzpflanzen

Der Ackerbau in den das Roten Meer umgebenden Ländern beschränkt sich weitgehend auf das Niltal, wenige Oasen in der Wüste und auf regenreichere Hochlagen. So wurde im Nordjemen zeitweilig viel Kaffee angebaut. Wie knapp Ackerland ist, zeigt, daß in Ägypten 1 Hektar Anbaufläche rein statistisch ca. 10 Menschen ernähren muß. Wichtige Getreidepflanzen sind Reis, Hirse, Weizen und Gerste. Datteln, Baumwolle, Zuckerrohr, Gemüse und Orangen sind weitere bedeutende Ackerbauprodukte.

Die **Dattelpalme** (*Phoenix dactylifera*) zählt zu den ältesten Kulturpflanzen der Erde. Antike Darstellungen belegen den

Streifzug durch die Natur

Dattelanbau schon vor 3 000 Jahren. Der Ursprung der Dattelpalme liegt in den heißen Trockengebieten des persischen Golfes. Möglicherweise stammt sie von der dort verbreiteten Wildform *Phoenix sylvestris* ab. Die Palme besitzt einen 20-30 m hohen, schlanken Stamm und eine Krone aus 30-40 langen Fiederblättern. Die großen Seitenfiedern sind an der Spitze zweiteilig und am Grund oftmals miteinander verzahnt. Die Blütenstände entspringen in den Blattachseln. Dattelpalmen sind getrenntgeschlechtlich. Weibliche Blüten werden künstlich bestäubt, indem man über einige Monate hinweg männliche Blütenstände mit reifen Pollen in weibliche Palmen hängt. Die Früchte reifen in mehreren Monaten heran. Ein Baum kann jährlich maximal bis zu 150 kg Datteln liefern. Dattelpalmen bringen mit 30 Jahren den höchsten Ertrag und können bis zum 80. Lebensjahr geerntet werden.

Die Dattel selbst ist eine Beerenfrucht. Die pflaumengroßen Früchte leuchten goldgelb oder braunrot. Es gibt zahlreiche Varietäten von Dattelpalmen. In manchen Oasen stehen 40 verschiedene Sorten, die zu unterschiedlichen Zeiten geerntet werden. Die wichtigsten sind die süßen, zuckerreichen Obstdatteln und stärkehaltigen Trockendatteln, die das Grundnahrungsmittel der Wüstenbewohner bilden. Für eine gute Ernte benötigen die Bäume reichlich Grundwasser und oberirdisch hohe Temperaturen. Dattelpalmen wachsen bei einer durchschnittlichen Sommertemperatur von 30 °C besonders gut. Schon geringfügige Niederschläge während der Blütezeit senken die Erträge erheblich. Von Dattelpalmen wird in Arabien gesagt, daß sie »ihren Fuß in das Wasser und ihr Haupt in das Feuer des Himmels tauchen«. Dattelpalmen vertragen salzreiche Böden sehr gut und sind auch deshalb eine ideale Kultur-

Die Baumwolle zählt weltweit zu den bedeutensten Kulturpflanzen. Auch in Ägypten spielt ihr Anbau eine große Rolle

Nutzpflanzen

pflanze für aride Gebiete. Neben den Dattelbeeren dienen die jungen Blätter als Gemüse und die Stämme als Bauholz. Ägypten ist mit 600 000 t pro Jahr der weltgrößte Dattelproduzent. Auch Saudi-Arabien und der Sudan zählen zu den sieben Haupterzeugerländern.

Baumwolle (*Gossypium spp.*) ist eine der bedeutendsten Kulturpflanzen Ägyptens. Der Baumwollanbau begann in 19. Jh. mit der Förderung durch den Vizekönig Muhammed Ali. Der von den Nilfluten bestimmte Rhythmus der Landwirtschaft im Niltal wurde durch die Anlage von Bewässerungssystemen geändert, um auch in der bis dahin ungenutzten Sommerperiode eine Ernte gewinnbringender Industriepflanzen einholen zu können. Für die Bewässerung der Felder legten die Ägypter seit 1835 Stauwehre, Schöpfwerke und Bewässerungskanäle an. Im Winter blieben die Flächen Nahrungspflanzen vorbehalten. Baumwolle benötigt zwischen der Aussaat im Frühjahr und der Ernte im Frühsommer reichlich Bodenfeuchtigkeit, doch in dieser Zeit erreicht der Nil seinen niedrigsten Pegel. Während des amerikanischen Bürgerkriegs von 1861-65 erlebte der Baumwollanbau in Ägypten einen Boom, weil der englische Markt die fehlenden Lieferungen aus Amerika ersetzen mußte. Mit der Errichtung des Assuan-Staudamms im Jahre 1902 konnte sogar auf eine ganzjährige Dauerbewässerung umgestellt werden.

Baumwolle ist eine Weichfaser- und Ölpflanze. Ihre Kultur reicht im Industal bis ins Jahr 3000 v. Chr. und in Peru bis 2500 v. Chr. zurück. Die Gattung *Gossypium* ist heute weltweit zwischen 47° nördlicher und 28° südlicher Breite verbreitet. Ihre Ursprungsform ist unbekannt. Kultivierte Arten haben vermutlich verschiedene Ausgangszentren. In der Alten Welt baut man überwiegend *Gossypium arboreum* und *G. herbaceum* an. Alle Baumwollarten sind frostempfindlich.

In wechselfeuchten Gebieten benötigt Baumwolle während der Frühentwicklung eine gute Wasserversorgung und anschließend trockene Bedingungen. Die 2-3 m in den Boden eindringende Pfahlwurzel beansprucht tiefgründigen, gut durchlüfteten Boden. Zudem darf der Grund nicht zu salzhaltig sein. Baumwollpflanzen sind Stauden mit drei- bzw. fünflappigen oder herzförmigen, ungeteilten Blättern. In den oberen Blattachseln entwickeln sich weiße, gelbe oder purpurrote Blüten. Die Befruchtung erfolgt normalerweise über Selbstbestäubung, gelegentlich auch durch Insekten. Aus den Blüten reifen in etwa vier Wochen Kapselfrüchte heran. In dieser Zeit entwickeln sich an der Samenschale Samenhaare. Diese bestehen zu 90 % aus Zellulose. Aus den bandartig abgeflachten, in sich gedrehten Samenhaaren gewinnt man das Handelsprodukt Baumwolle. Die 40-60 cm langen Haare heißen Lintfasern, kurze Haare bilden die Grundwolle. Die Kapselfächer öffnen sich von der Spitze her und die Samen mit den Fasern treten heraus. In Ägypten werden die Fasern bei guten Ernten mit der Hand gepflückt. Nach der Ernte trennt man die Lintfasern maschinell von der Grundwolle. Lintfasern werden für Kleiderstoff versponnen, Grundwolle dient als Polstermaterial oder als Ausgangsprodukt zur Zellulose-, Papier- und Kunstseidefabrikation. Neben den Samenhaaren werden auch die fett- und eiweißreichen Samen genutzt. Aus ihnen erhält man in der ersten Pressung ein braunes Öl für die Herstellung von

Streifzug durch die Natur

Das aus dem Samen des Rhizinusbaums gewonnene Öl ist Grundlage zahlreicher industrieller und pharmazeutischer Produkte

Margarine. Nachfolgende Pressungen liefern Öl für technische Zwecke (Seifen-, Kosmetik-, Kerzen- und Schmierölproduktion). Das Öl enthält giftiges Gossypol, welches erst durch Erhitzen zerstört wird. Der Preßkuchen wird als hochwertiges Viehfutter verwendet. Derzeit werden weltweit jährlich über 18 Millionen Tonnen Baumwolle und etwa 20 Millionen Tonnen Baumwollsamen verarbeitet. Ägypten und der Sudan gehören mit 520 000 Tonnen bzw. 235 000 Tonnen zu den 10 größten Baumwollproduzenten in der Welt.

Einige **Akazienarten** liefern Gummiverbindungen, z.B. *Acacia senegal*, *A. arabica* und *A. albida*. Das Gummi wird nach einer Verletzung der Sproßachse ausgeschieden. Die rotbraunen oder gelben Gummiklumpen bestehen aus verschiedenen Zuckerverbindungen. Die mit Abstand größte Bedeutung besitzt der Senegalgummibaum (*Acacia senegal*), aus dessen Rinde durch Anritzen Gummi arabicum gewonnen wird. Gummi arabicum wird seit dem 17. Jh. in Europa gehandelt. Ein Baum liefert ungefähr 360 g Gummi pro Erntesaison. Gummi arabicum bildet in Wasser gelöst eine klebrige, schäumende Masse, die als Klebstoff in gummierten Produkten (Briefmarken, Briefumschlägen) und als Emulgier- und Dickungsmittel verwendet wird (Speiseeis, Mayonnaise, Süßwaren, Pillen). Überwiegend wird es aber in der Textilindustrie für Kattundrucke und für Appretive eingesetzt. Zudem dient es in der Tempera-Malerei als Beimischung von Emulsionen. Gummi arabicum wurde in Ägypten bereits 2000 v. Chr. als Bindemittel bei der Herstellung von Farben verwendet. Der Sudan ist heute weltweit der größte Produzent. Über 90 % der Ernte stammen von wild wachsenden Bäumen.

Dünensand enthält nach der Regenzeit kleinere Mengen von Haftwasser, das an Sandkörnern »klebt«. Im Küstengebiet des Sinai nutzt die Bevölkerung dieses Restwasser zum Anbau von **Rizinus** (Wunderbaum, *Ricinus communis*). Er wird als einjährige Kultur angepflanzt. Die Samen werden nach der Regenzeit in den feuchten Sand der dem Meer zugewandten Seite einer Düne ausgesät. Die Wurzeln dringen in immer tiefere, Feuchtigkeit enthaltende Schichten vor. So ist die Versorgung der Pflanzen mit Wasser bis zur Ernte gewährleistet, auch wenn kein

Nutzpflanzen

Regen mehr fällt. Der Strauch bzw. Baum mit seinen großen, handförmig geteilten Blättern stammt aus dem tropischen Afrika. Die Samen enthalten etwa 50 % Öl. Aus dem Samen gewinnt man Rizinusöl. Es findet bei der Herstellung von Synthesefasern, Kunstharzen, Druckfarben und Lippenstiften Verwendung. Außerdem dient es als Schmiermittel für Flugzeugmotoren, da es seine Viskosität (Zähigkeit) über einen großen Temperaturbereich beibehält. In der Medizin wird es als mildes Abführmittel verabreicht. Die Ägypter nutzten das Öl nachweislich bereits 4000 v. Chr.

Die einst für Ägypten charakteristische **Papyruspflanze** (*Cyperus papyrus*) war vor langer Zeit ein Bestandteil des Wappens von Unterägypten. Heute wird sie nur noch auf wenigen Plantagen angebaut. Die Gattung *Cyperus* umfaßt ungefähr 600 Arten, die auf subtropische und tropische Regionen der Erde beschränkt sind. In der Zeit der Pharaonen waren riesige Flächen des Niltales und -deltas mit Papyrus bedeckt. Von hier verbreitete es sich nach Syrien, Kleinasien, Sizilien und Kalabrien. Den Ursprung der Papyruspflanze vermutet man im tropischen Zentralafrika. Papyrus ist ein bis 6 m hoch wachsendes Gras, das zu den Schilfrohren zählt. Die Sprosse erreichen bis zu 10 cm Durchmesser und enden in einen Schopf feiner, hängender Blätter und einer vielstrahligen Blütendolde.

Für die alten Ägypter war sie das Sinnbild der entstehenden Welt und magisches Zepter der Götter. Isis, die Göttin der Natur, und der Gott Horus verbargen sich in einem Papyrusdickicht vor Seth. Moses wurde in ein Körbchen aus Papyrus gelegt. In altägyptischen Tempeln symbolisierte die Form der Säulen diese Pflanze. Seit 4000-3000 v. Chr. fertigten die Ägypter aus dem Stengelmark der Staude Schreibmaterial (Papyrus-Papier) an. Die ältesten erhaltenen Papyri wurden in Sakkara im Grabmahl des Prinzen Hemaka (ca. 2950 v. Chr.) gefunden. Die Technik der Papierherstellung blieb lange Zeit geheim. Papyrus-Papier war damals ausgesprochen begehrt. Die Phoenizier tauschten edles Zedernholz gegen die bis zu 40 m langen Papyrusrollen. Um diese herzustellen, schnitt man das lockere Mark der Sprosse in Streifen und legte diese kreuzweise übereinander, so daß sich die Ränder deckten. Papyruspapier war ungeleimt und konnte deshalb nur einseitig beschrieben werden. Das griechische Wort für Papyrus-Papier lautete »byblos«, das sich in »biblion« (das Buch) erhielt. Nach der Eroberung Ägyptens durch die Araber im 7. Jh. n. Chr. blieb die Papyrusherstellung noch bis ins 9. Jh. erhalten. Erst danach setzte sich die aus China eingeführte Papierherstellung aus Lumpen durch. Nach und nach ging das Wissen um die Technik der Papierherstellung aus Papyrus verloren. Erst 1840 gelang es G. Seyffahrth, Papyrus-Papier in der alten Qualität herzustellen.

Papyrus diente nicht alleine zur Papierfertigung. Die stärkehaltigen Wurzelstöcke galten als. Aus dem Bast der Rinde stellten die Ägypter Seile, Sandalen, Lendenschurze und Körbe her. Aus gebündelten Sprossen flochten sie Fischerboote. Thor Heyerdahl segelte im Jahr 1970 mit einem Papyrusboot, der Ra II, das nach altägyptischen Vorlagen gebaut war, von Nordafrika nach Nordamerika. Das ist ein eindrucksvoller Beweis für die Qualität des Papyrus.

Bereits im Altertum nutzten Ägypter zwei klassische, pflanzliche Räucherharze: **Weihrauch** (*Boswellia carteri*) und **Myrrhe** (*Commiphora myrrha*). Harze wurden in Ägypten zum Einbalsamieren der Mumien verwendet und mit der Einführung von Holzsärgen um 2780 v. Chr. auch als Klebe- und Dichtmittel eingesetzt.

Die Tierwelt im Einzugsbereich des Roten Meeres

Vor allem Vogelarten machen sich an den Küsten bemerkbar. **Hemprich-Möwen** (*Larus hemprichii*) kommen in Arabien und ab Südägypten südwärts vor. Außerhalb der Brutzeit von Juni bis September ziehen sie in Scharen nach Ostafrika, wo sie sich bevorzugt in der Umgebung von Häfen sammeln. In der Brutzeit sind Kopf und Hals kaffeebraun gefärbt. Hemprich-Möwen nisten auf Felsriffen und Bojen. Es sind Allesfresser, die auch im Flug Seeschwalben bedrängen, bis diese ihre

Waldrapp oder Schopfibis

Nahrung herauswürgen. **Rüppell-Seeschwalben** (*Sterna bengalensis*) bewohnen die Nordostküste des Roten Meeres und Somalia. Im Winterkleid haben sie einen gelben Schnabel und einen weißen Scheitel, im Sommer einen roten Schnabel und einen schwarzen Scheitel. Sie jagen Fische, Krebse und Weichtiere. Die Brutzeit dauert von Juni bis Juli. An Sandstränden bauen sie ihre Nester aus Seegras. In den Küstengebieten des östlichen und nördlichen Afrikas sowie in Arabien lebt der **Waldrapp** (*Geronticus eremita*), ein Ibisvogel. Während der Brutzeit haben sie feuerrote Köpfe. Ihre Nester legen sie aus Zweigen und Halmen auf Felsriffen an. In Kolonien beträgt der Abstand zwischen den Nestern mindestens 80 cm, um außerhalb der Schnabelreichweite des Nachbarn zu bleiben. Die Nahrung besteht aus Insekten und Eidechsen, die er an trockenen, sandigen Stellen jagt.

Tagsüber wirkt die Wüste bis auf einige knorrige Pflanzen leblos und ausgestorben. Die Tierwelt der Wüste meidet die Tageshitze. Die Glut der unerbittlich sengenden Sonne erhitzt Felsoberflächen bis auf 90 °C. Für die meisten Tiere beginnt das Leben daher erst in der Dämmerung, um auf Beute- und Partnersuche zu gehen. Nur in der Nacht herrschen in Wüstengebieten erträgliche Temperaturen, die in küstenfernen Festlandsgebieten mitunter sogar bis knapp über den Gefrierpunkt sinken können. Wasser sparen heißt die zentrale Überlebensregel. Die **Wüstenschnecke** *Sphincterochila zonata* weidet in der feuchten Jahreszeit Blaualgen- und Bakterienbeläge auf dem Fels ab. In der trockenen Zeit überdauert sie im Ruhezustand unter Büschen und im Boden. Im Verlauf eines Jahres ist sie ganze 8-27 Tage aktiv. Ruhen-

Die Tierwelt

Oben links: In großen Schwärmen fallen Wanderheuschrecken über Nutzplantagen her
Oben rechts: Auf ihren Rastplätzen fressen Wandeerheuschrecken alles verfügbare Blattwerk ab
Unten links: Portrait der Wanderheuschrecke (Locusta migratoria)
Unten rechts: Der Sahara-Skorpion (Androctonus australis) gehört zu den Spinnentieren

Streifzug durch die Natur

Oben links: Der große Pillendreher, der heilige Skarabäus der Alten Ägyter

Oben rechts: Röhrenspinnen (Eresus niger) bewohnen Wüsten und Halbwüsten

Mitte: Junge Hornvipern schlüpfen nach etwa sieben Wochen aus dem Gelege. Die Eier werden in Gängen abgelegt

Unten: Hornvipern ernähren sich von Kleinsäugern und Echsen. Ihr Biß hat für den Menschen lokale Schwellungen und Schmerzen zur Folge

Die Tierwelt

de Schnecken fallen oft Nagern und Zugvögeln zum Opfer.

Auch etliche Insektenarten eroberten die Wüste als Lebensraum. **Wüstenschaben** (*Hemilepistes*) verlassen ihre Bohrlöcher nur nach Sonnenuntergang und kehren zurück, sobald der Nachttau verdunstet. In ihren Gängen herrscht stets eine angenehme Temperatur von 25 °C, die Luftfeuchtigkeit beträgt hier 95 %. Ein besonderer Tarnkünstler ist die **Manganheuschrecke** (Orthoptera). Sie paßt ihre Färbung dem Wüstenlack an. Wie es ihr gelingt, auf dem glutheißen Gestein zu überleben, ist unbekannt.

Für den Menschen wurden im Lauf der Geschichte immer wieder Wüsten- bzw. **Wanderheuschrecken** (*Locusta, Schistocerca*) zur existentiellen Bedrohung. Riesige Schwärme der farbigen Heuschrecken vernichteten ganze Ernten. Sie leben normalerweise in geringen Dichten in feuchten Tälern, wo sie sich zunehmend vermehren. Ein Weibchen von *Schistocerca gregaria* legt bis zu 10mal pro Jahr ein Eipaket von 40-100 Eiern ab. Nach fünf Häutungen sind die Larven ausgewachsen. Unter besonders günstigen Bedingungen setzt eine Massenvermehrung ein. Larven der 2. Generation entwickeln sich zu sogenannten »Wanderstadien«. Schwarmweise machen sie sich auf den Weg, zunächst am Boden, fliegen immer wieder auf und werden dabei über gewaltige Entfernungen verdriftet, manchmal bis zu einigen tausend Kilometern. Auf ihrem Weg fressen sie an Rastplätzen alles verfügbare Blattwerk ab. Die Araber nennen sie die »Zähne des Windes«. In einem Schwarm können sich bis zu einer Milliarde Tiere befinden. Der Schwarm selbst kann eine Ausdehnung von 10 km^2 haben.

Skorpione sind in der Wüste gefürchtete Räuber. Der **Dickschwanz-Skorpion** (*Androctonus australis*) gehört zu den giftigsten Vertretern seiner Gattung auf der Erde. Sein Gift kann einen erwachsenen Menschen spielend töten. Für Wüstentiere sind besonders wirksame Gifte deshalb notwendig, um möglichst kein Beutetier entkommen zu lassen. Deren Populationsdichten sind bei dem begrenzten Nahrungsangebot in der Wüste nur sehr gering.

Walzenspinnen (Solifugae) sind in der Lage, sogar Mäuse zu überwältigen. Die **Röhrenspinne** *Eresus niger* bewohnt Wüsten, Halbwüsten und Trockensavannen Nordafrikas. Die 1,5 cm langen Tieren graben bis zu 10 cm tiefe, senkrechte Gänge in den Boden, deren Wände sie mit einem Spinnfadengeflecht auskleiden. Am Eingang errichten die Spinnen ein Vordach, von dem aus sie Fangnetze in der Umgebung aufspannen. Röhrenspinnen lauern im Röhreneingang auf Käfer und Heuschrecken. Ihre wichtigsten Feinde sind Eidechsen und Vögel.

Kriegertermiten (*Bellicositermes bellicosus*) errichten bis zu 6 m hohe Bauten aus Speichel, Lehm und Pflanzenresten. Unterirdisch verläuft das verzweigte Gangsystem. Über eine Million Tiere bewohnen einen solchen Bau. Gegründet wird der Termitenstaat von einer flugfähigen Königin und einem Männchen, das sie begattete. Die Königin verliert nach der Begattung die Flügel und legt Eier, aus denen Arbeiterinnen, Soldaten und auch wieder Schwärmstadien schlüpfen. Termiten sind Pflanzenfresser und treten auch als ernstzunehmende Schädlinge in Kulturen auf. Kriegertermiten leben in den Savannen des tropischen und subtropischen Afrika sowie im Westen der Arabischen Halbinsel.

Der **Heilige Pillendreher** (*Scarabaeus sacer*), ein etwa 3 cm langer, schwarzer Dungkäfer, ist sicherlich der bekannteste Käfer der Wüstengebiete Nordafrikas. Pillendreher halten sich in der Nähe von Kamelen, Ziegen oder wildlebenden Huftieren auf, von deren Dung sie sich ernähren. Sie nehmen dessen Geruch über weite Entfernungen wahr. Aus den Exkrementen formt der Pillendreher Kugeln, die seine eigene Körpergröße übertreffen. Die Dungkugel rollt er stets vor sich her. Er muß sie dabei gegen andere Käferarten verteidigen, die ihm seinen Vorrat abjagen wollen. Für die Nachkommen bauen die Weibchen Kugeln aus sehr feinem Kot. Weibliche Pillendreher graben mit ihren mächtigen Vorderfüßen eine Brutbirne unter die Erde. Dorthinein transportieren sie dann die Kotkugel. Anschließend plazieren sie auf der Dungpille ein Ei. Die frisch geschlüpfte Larve bohrt sich in die Kugel ein und entwickelt sich darin bis zur Puppe. Schließlich schlüpft ein Käfer, der noch einige Wochen in der Pille bleibt, bis die Vorderflügel ausgehärtet sind. Erst dann kommt er sie aus der Unterwelt hervor, meistens nach einem Schauer in der Regenzeit, wenn die Hülle der Dungkugel aufweicht. Der Heilige Pillendreher oder Skarabaeus galt im alten Ägypten als Symbol der Wiedergeburt. Die Ägypter bildeten die Tiere aus Lehm und Stein nach und legten die Figuren als Grabbeigabe zu den Verstorbenen. Sie glaubten, der aus »Sand und Lehm geborene« Skarabaeus garantiere die Wiedergeburt der Toten. Später verehrte man den Pillendreher als Symbol des Fleißes.

Die 60-70 cm langen **Hornvipern** (*Cerastes cerastes*) sind hervorragend an

Hornvipern passen sich der jeweiligen Farbe des Bodens an

Die Tierwelt

Typische Schlängelspuren der Hornviper im Sand

die jeweilige Farbe des Bodens angepaßt. Sie graben sich im Sand ein oder leben in Bauten von Nagetieren. Lockeren Sand überqueren sie wie viele Wüstenschlangen durch Seitenwinden. Sie ernähren sich von Kleinsäugern und Echsen. Beim Menschen hat ein Biß lokale Schwellungen und Schmerzen zur Folge. Hornvipern legen in Gängen ihre Eier ab, aus denen nach 7 Wochen die Jungen schlüpfen. Die nahe verwandte **Avicenna-Viper** (*Cerastes vipera*) lebt oft in den gleichen Gebieten wie Hornvipern, dringt aber auch in extremere Wüstengebiete mit feinem Sand vor. **Puffottern** (*Bitis arietans*) leben überwiegend südlich der Sahara und im Südwesten der Arabischen Halbinsel. Sie bevorzugen trockene Savannen und meiden echte Wüsten. Ihr Körper wirkt gedrungen und plump, die Tarnfärbung schwankt zwischen gelblich in Trockengebieten und dunkeloliv in feuchteren Habitaten. Puffottern besitzen eine charakteristische Zeichnung mit hellen, nach vorne offenen, U-förmigen Binden auf dem Rücken und einem hellen Querstreif zwischen den Augen. Die bis zu 1,20 m langen Schlangen leben in verlassenen Tierbauten oder zwischen Felsspalten. Puffottern besitzen ausgesprochen lange Zähne und sind sehr giftig. Selbst kleine Verletzungen, die durch die Giftzähne hervorgerufen werden, führen bei ihrer Beute sofort zum Tod. Besonders Mäuse, Echsen und Vögel fallen den Lauerjägern zum Opfer. Beim Menschen verursacht das Gift um die Bißstelle herum heftige Gewebsblutungen. Das Toxin ist zwar nicht gerinnungshemmend und auch kein Nervengift, doch führt es häufig zum Kreislaufkollaps und kann wegen der starken Blutungen lebensbedrohend werden. Puffottern sind ooovivipar, d. h. die Jungschlangen schlüpfen bereits während der Eiablage im Muttertier aus den Eiern. So bringen weibliche Puffottern bei einem Wurf 30-40 Junge zur Welt. Eine der gefährlichsten Giftschlangen der Welt ist die **Sandrasselotter** (*Echis carinatus*).

Streifzug durch die Natur

Der Biß einer Sandrasselotter kann sehr unangenhme Folgen haben

Von allen Vipern besitzt sie das stärkste Gift. Es hemmt die Blutgerinnung und verursacht unstillbare, innere Blutungen. Sandrasselottern jagen Kleinsäuger, Frösche, Skorpione, Vögel und andere Schlangen und sind ausgesprochen aggressiv und bissig. Sie leben in felsigen Gebieten und im Buschgelände der Halbwüsten und Wüsten Nordafrikas und Arabiens. Es gibt mehrere Unterarten. *Echis carinatus pyramidum* kommt beispielsweise in Arabien sowie in Ägypten vor, *E. c. coloratus* in Israel, Arabien und Ostägypten. Sandrasselottern erreichen 60-90 cm Länge. Sie sind hellgrau bis gelblich oder dunkelbraun gefärbt und besitzen helle, dunkel gerandete Flecken auf dem Rücken. An den Flanken verläuft ein helles Zickzackband und auch der Kopf ist mit hellen Linien gezeichnet. Sie lauern zusammengerollt in Verstecken, wobei der Kopf S-förmig über dem Körper liegt, stets bereit, blitzschnell vorzuschnellen. Sandrasselottern legen entweder Eier oder sind oovivipar.

Namensgebend für die Ottern ist ein rasselndes Geräusch, das bei schlängelnden Bewegungen durch Aneinanderreiben von gesägten Schuppenkielen entsteht. Diese Art von Drohgeräusch findet man bei einigen Wüstenschlangen. Ein Vorteil mag darin liegen, daß der Wasserverluste geringer ist als beim Zischen.

Die **Uräusschlange** (*Naja haje*) ist eine Kobraart, die von den Trockengebieten Nordafrikas bis in die mittelafrikanischen Waldgebiete verbreitet ist. Reine Wüstengebiete werden von ihr gemieden. Meistens ist sie einheitlich schwarzbraun gefärbt und hell gesprenkelt. Mit 2-2,5 m Länge ist die Uräusschlange eine der größten afrikanischen Giftschlangen. Ihr Lebensraum sind Halbwüsten und Buschsteppen. In den Vormittagsstunden kommt sie aus ihren Erdverstecken hervor, wärmt sich kurz in der Sonne und macht dann Jagd auf Kleintiere. Ihr Biß kann auch Menschen töten, denn das Nervengift ruft Atemlähmungen hervor. Im alten Ägypten wurde die Uräusschlange als heilig verehrt. Eine den Pharaokopf schützende Schlange, das Symbol der kosmischen Gewalt des Herrschers, stellte die Uräusschlange dar. Das Weibchen legt ungefähr 20 Eier in ein Erdloch. Beide Tiere bewachen das Gelege und verjagen potentielle Nesträuber.

Wüsten und Trockensavannen sind auch die Heimat zahlreicher Echsenarten. Wahre Überlebenskünstler sind die wechselwarme **Dornschwanzagamen** (*Uromastyx*). Die großen, massigen Tiere graben 2,5-3,0 m lange Gänge in den Unter-

Die Tierwelt

grund. Diese bieten einen idealen Schutz vor Freßfeinden und vor der Hitze des Tages. Morgens nehmen sie kurz ein Sonnenbad, um den Körper zu erwärmen. Ab einer Körpertemperatur von 40 °C verändern sie ihre Farbe. Der Körper erhält eine helle Tönung, Licht wird besser reflektiert und schützt das Tier vor Überhitzung. In der nächtlichen Kälte erstarrt der Dornschwanzagame. Er verkriecht sich dann zu seinem Schutz in Höhlen, deren Eingang er mit seinem dornenbewehrten Schwanz verschließt. Die Echsen sind Pflanzenfresser. Sie ernähren sich von Gras, Blumen und Früchten. **Ägyptische Dornschwanzagamen** (*Uromastyx aegypticus*) lieben Pflanzen mit gelben Blüten. Mit 40 cm Körperlänge zählt der **Hardun** (Schleuderschwanz, *Agama stellio*) zu den größten Agamenarten. Er kommt von der Arabischen Halbinsel bis zur Ostküste der Ägäis vor. Seine Nahrung besteht aus Insekten und Raupen. Als guter Kletterer sucht der Hardun auch in Baumwipfeln nach Nahrung. **Wüstenagamen** (*Agama bibroni* und *A. flavimaculata*) sind in den Sand- und Steinwüsten der Sahara beheimatet. **Krötenkopfagamen** (*Phrynocephalus nejdensis*) jagen in Steppen und Wüsten nach Insekten, nehmen aber auch pflanzliche Kost zu sich. Die 10-20 cm langen Agamen rütteln sich regelrecht in den Sand. Dabei vibriert die Echse mit ihrem Körper so lange, bis sie in kühle, geschützte Sandschichten hinabgesunken ist.

Die Schuppenpanzer helfen den Wüstenechsen, mit dem knappen Wasserangebot hauszuhalten. Unter den Schuppen sammelt sich frühmorgendlicher Tau, tagsüber schotten sie den Körper nach außen ab. Überhitzung wird durch kurzzeitiges Hecheln vermieden. Der **Arabische Skink** (*Scincus philbyi*) schwimmt geradezu durch den Dünensand, weswegen er auch oft als »Sandfisch« bezeichnet wird. Skinke sind Glattechsen, die mehr einem Fisch als einem Reptil ähneln. Sie haben nur kleine Gliedmaßen, wobei der Arabische Skink im Vergleich zu anderen Glattechsenarten noch relativ große Beine hat. Im lockeren Sand untergetaucht jagt er darin nach Insekten und Tausendfüßlern. Nachts zieht er sich bei großer Kälte in tiefere Sandschichten zurück. Die Weibchen gebären lebende Junge. Der **Apothekerskink** (*Scincus scincus*) ist der bekannteste »Sandfisch«. Er lebt in den Sanddünen der Sahara sowie in angrenzenden Gebieten von Ägypten und Marokko. Bereits in der Bibel wird der Apothekerskink erwähnt. Die Araber fingen ihn, weil sie sein getrocknetes und pulverisiertes Fleisch als Heilmittel gegen vielerlei Beschwerden verwendeten.

Wüstenwarane (*Varanus griseus*) leben in sandigen und steinigen Wüstengebieten. Schon Herodot erwähnte ein »Landkrokodil«, das Eidechsen gleicht. Die Tiere erreichen eine Länge von bis zu

Wüstenagamen leben in Sank- und Steinwüsten

Streifzug durch die Natur

Schwarzes Hardun - Pärchen Der Hardun oder Schlenderschwanz gehört zu den größten Agamenarten. Hier ein Pärchen des Schwarzen Hardun

1,50 m. Während der Mittagshitze suchen sie verlassene Säugetierhöhlen oder eigene Erdlöcher auf. Vormittags gehen Wüstenwarane auf Beutefang. Auf ihrem Speisezettel stehen Eidechsen, Schlangen, Vögel und Kleinsäuger. Die Araber nennen den Wüstenwaran Schlangenkönig, weil er sich auch an Schlangen heranwagt. Feinde verscheucht er mit seinem peitschenartigen Schwanz. Zudem blähen Wüstenwarane sich bei Gefahr zu doppeltem Umfang auf und schüchtern Angreifer mit einem drohenden Zischen ein. Ihre wichtigsten Feinde sind große Schlangen, Greifvögel und Raubtiere. Die Weibchen legen 10-20 Eier in den Sand oder verscharren sie unter Fallaub. Die jungen Warane schlüpfen nach 3 Monaten.

In der Nähe von Oasen leben etliche Vogelarten. Falken, Raben und Raubwürger suchen dort nach Nahrung. Fleisch fressende Vogelarten decken einen großen Teil ihres Wasserbedarfs aus der Nahrung. Körnerfresser, wie **Wüstenflughühner** (z. B. das Senegalflughuhn, *P. senegallus*), nehmen dagegen sehr trockenes Futter zu sich. Trotzdem brüten sie häufig sehr weit von Wasserstellen entfernt. Dort sind ihre Gelege vor Räubern sicherer als in der unmittelbaren Umgebung von Wasserlöchern. Daher müssen auch Flughühner täglich zu den Wasserstellen kommen. Sie fliegen dabei oft in Schwärmen, stets das Gelände sichernd. Bei manchen Arten gibt es sogar regelrechte Wächtervögel. Ihre Eier legen Flughühner auf dem nackten Wüstenboden ab. In der Nacht müssen die Eier gewärmt, am Tag aber gekühlt werden. Sie vertragen höchstens Temperaturen um 40 °C. Die Vögel bevorzugen deswegen poröse Gesteinsflächen mit vielen kleinen Luftlöchern, die sich weniger stark auf-

Die Tierwelt

heizen als massiver, kompakter Fels. Ideal ist, wenn um poröse Gesteinsinseln herum Deckungssteine liegen, die die Flächen zusätzlich beschatten. Nachts schlägt sich in porösen Materialien besonders viel Tau nieder, wo er wie ein Schwamm aufgesaugt wird. Tagsüber verdunstet die Feuchtigkeit und kühlt dabei das Gelege. Von der Oberseite her schützt das dichte Brust- und Bauchgefieder die Eier wie eine Isoliermatte. Bei einigen Flughuhnarten befinden sich unter der dicken Bauchhaut Luftkammern. Sie schützen die Altvögel normalerweise vor der vom Boden abstrahlenden Wärme. Während der Brutzeit verhindert die Hautschicht zudem eine zu starke Wärmeabgabe an das Gelege. Bleibt das Problem, wie die Küken nach dem Schlupf mit Wasser versorgt werden. Die Elternvögel haben zwar einen sehr großen Kropf, aber sie verbrauchen durch Hecheln den darin verwahrten Wasservorrat zur eigenen Körperkühlung. Die Lösung besteht darin, daß die Altvögel an den Tränken zusätzlich Wasser mit ihrem Brustgefieder aufnehmen. Am Nest tropft das Wasser aus dem Gefieder heraus, so daß die Jungen genügend zu trinken haben.

Der **Senegaltschagra** (*Tchagra senegala*), ein Vertreter der Familie der Würger, ist in Nordwestafrika und Arabien verbreitet. Er bevorzugt savannenartiges Waldland mit hohem Gras. Tschagras rennen und hüpfen ähnlich wie Drosseln durch das Gelände, immer auf der Suche nach Insekten, Früchten und Fröschen. **Wüstensteinschmätzer** (*Oenanthe deserti*) leben in Heide-, Küsten- und Wüstenlandschaften. Sie bevorzugen offene Lebensräume. Dort sucht der kleine Vogel mit sandfarbenem Kopf und Rücken, braunschwarzen Flanken und weißem Bauch nach Ameisen und Käfern. Das Weibchen legt 4-5 Eier und die Jungvögel schlüpfen bereits nach 14 Tagen Brutzeit. Die **Wüstenprinie** (*Scotocerca inquieta*) gehört zu den Singvögeln. Die Unterart *S. i. buryi* kommt in Saudi-Arabien vor. Kopf und Brust tragen bei ihr schwarz-weiße Streifen, das Rückengefieder ist braun und das Bauchgefieder rötlichbraun gefärbt. Sie sind stets aktiv und picken rastlos zwischen Sträuchern nach Schnecken, Insekten und Sämereien. Bevorzugte Habitate der Wüstenprinie sind Steinwüsten, Halbwüsten und Wadis mit wenig Buschwerk. **Wüstenläuferlerchen** (*Alaemon alaudipes*) sind perfekt getarnte Bodenbrüter. Nur im extremen Wüstenklima verlagern sie ihr Nest in die luftigen Höhen eines Busches, um den hohen Temperaturen am Boden auszuweichen. Diese Lerche ernährt sich ebenfalls von kleinem Bodengetier. Die **Knackerlerche** (*Ramphocorys clothey*) gilt als weiterer typischer Wüstenvogel. Sie bevorzugt Steinwüsten mit einzelnen Grasbüscheln und Sträuchern. Ihr Verbreitungsgebiet liegt in der nördlichen Sahara sowie in den syrischen und arabischen Wüsten. Ihr kräftiger Schnabel gleicht dem eines Kernbeißers. Mit ihm knackt sie auch sehr harte Samenschalen. Häufig sitzt sie an erhöhten Stellen und überwacht von dort aus die Umgebung. Das Nest wird in Bodenmulden angelegt, meistens zwischen Steinen oder unter Büschen verborgen. Das Weibchen legt drei Eier, aus denen nach zwei Wochen die Küken schlüpfen. **Ägyptische Ziegenmelker** (*Caprimulgus aegyptius*) nisten in Ägypten und Südwestasien. Außerhalb der Brutzeit ziehen sie Richtung Sudan und Zentralafrika. In san-

Streifzug durch die Natur

digen und steinigen Gebieten verschmelzen die Ziegenmelker durch ihre helle, gräuliche Wüstenfärbung fast vollständig mit der Umgebung. Meistens halten sie sich in der Nähe von Kamel-, Ziegen- oder Schafherden auf. Am Tag verbergen sie sich unter Gestrüpp und zwischen Steinen. Abends jagen Ziegenmelker Insekten, die sie im Flug erhaschen. In der Balzzeit vollführen die Vögel während der Abenddämmerung geradezu akrobatische Flüge. Das Weibchen legt zwei Eier in eine flache Nestmulde und bebrütet das Gelege die meiste Zeit allein. Das Männchen übernimmt das Brutgeschäft nur für kurze Ablöseperioden. Nach 16-18 Tagen schlüpfen die Jungvögel. Sie werden von beiden Eltern gefüttert.

Falken sind typische Greifvögel in Trockengebieten des Orients. **Rötelfalken** (*Falco naumanni*) jagen in den Wüstengebieten und den Steppen des Nahen Ostens. **Schieferfalken** (*Falco concolor*) sind in Steinwüsten und trockenem Buschland des Nahen Ostens, Ägyptens sowie in den Küstengebieten des Toten Meeres und des Roten Meeres zu beobachten. **Lannerfalken** (*Falco biarmicus*) bewohnen Wüstenränder, Halbwüsten, offenes Dornbuschgelände und sogar Bergland bis in 2 300 m Höhe. Sie sind in ganz Afrika und Kleinasien verbreitet. Falken spähen im Geäst von hohen Bäumen sitzend nach Beute. Vögel, Nager und Eidechsen stehen auf ihrer Speisekarte ganz oben. Lannerfalkenpaare jagen oft gemeinsam. Gelegentlich scheuchen sie kleine Vögel aus dem Geäst auf, um sie dann im Flug zu erhaschen. Das Nest wird in Felsmulden angelegt, aber auch ein altes Nest anderer Vögel wird angenommen. Die Eier werden 29 Tage lang bebrütet. Bereits drei Wochen nach dem Schlupf schlagen die jungen Falken ihre erste eigene Beute.

In Wüsten leben erstaunlich viele Nagetiere wie beispielsweise **Renn-** (*Gerbillus*), **Stachel-**(*Acomys*), **Streifen-** (*Arricanthis*) und **Springmäuse** (*Dipodidae*), die sich tagsüber in unterirdischen Gängen verborgen halten, Es gibt ungefähr 12 Rennmausarten. **Rennmäuse** ernähren sich in der Regel von Sämereien und Wurzeln und können in der Wüste überleben, ohne zu Trinken. Tautropfen und Wasser aus der Nahrung genügen dem Tier. Ihr Urin ist extrem wasserarm und fast kristallin. **Stachelmäuse** verdanken ihren Namen den charakteristische »Stacheln« am Rückenfell. *Acomys russatus* frißt überwiegend Schnecken, deren Körper zu 60-90 % aus Wasser besteht, Pflanzen und Insekten. Springmäuse sind seit dem Altertum beliebte Haustiere. Im alten Ägypten wurde sie in zahlreichen Tempelgemälden und Reliefs verewigt. Weltweit kommen ungefähr 30 Arten vor. Sie bewohnen Trockengebiete, Steppen und Wüsten. Die **Wüstenspringmaus** (*Jaculus jaculus*) fällt durch ihre überlangen Beine auf. Das Fell ist an der Oberseite sandfarben oder gelblichgrau und an der Unterseite weiß. Sie hat kurze, runde Ohren und einen langen Schwanz mit einer Endquaste. Die Endquaste dient den geselligen Tieren möglicherweise in der Dunkelheit zum gegenseitigen Auffinden und für die Weiterleitung von Fluchtsignalen. Wüstenspringmäuse fressen vorwiegend Wurzeln. Sie haben einen sehr guten Geruchs-, Tast- und optischen Sinn. Wenn sie sich ungestört fühlen, sitzen Springmäuse aufrecht wie ein Känguruh auf den Hinterbeinen und auf den Schwanz gestützt. Für den Nachwuchs legen sie ein

Die Tierwelt

Nest in einem tiefen Kessel am Ende ihrer Wohnhöhle an, das sie mit Haaren auspolstern.
Wüstenfüchse (Fennek, *Fennecus zerda*) gleichen mit ihren überlangen Ohren und ihrem possierlichen Gesicht Katzen. Die nachtaktiven Füchse nehmen mit ihrem feinen Gehör selbst leiseste Geräusche wahr. Fenneke stellen Mäusen und Käfern nach. Im Gegensatz zu ihren größeren Fuchsverwandten und Hyänen benötigen sie keine direkten Wasserquellen, sondern decken ihren Wasserbedarf allein aus der Nahrung. Deshalb können sie auch in Gebieten leben, die weit entfernt von Quellen liegen. **Sandfüchse** (*Vulpes rüppeli*) halten sich hingegen in feuchteren Gebieten. Hier erbeuten sie Spring- und Wüstenmäuse, Eidechsen sowie Heuschrecken. **Streifenhyänen** (*Hyaena hyaena*) leben in natürlichen oder selbstgegrabenen Höhlen oder Spalten sowie zwischen Felsblöcken und in Ruinen. Normalerweise fressen sie Aas und Knochen, jagen aber gelegentlich auch Kleintiere. Sie haben einen gedrungenen Leib und ein langhaariges, hellgraues Fell mit schwarzer Querstreifung. Der **Karakal** bzw. **Wüstenluchs** (*Felis caracal*) erreicht 45 cm Schulterhöhe. Sein dichtes Fell ist rötlichbraun bis ziegelrotbraun gefärbt. An den spitzen Ohren sitzt ein schwarzes Haarbüschel. Dieser nachtaktive Jäger erbeutet Kleinsäuger, kleine Antilopen, Vögel und Eidechsen. Karakale sind ausgesprochen geschickte Kletterer. Tagsüber ruhen sie zwischen Felsblöcken. Ihren Wurf bringen sie in Fels- oder Baumhöhlen zur Welt. Wüstenluchse sind in Nordafrika und Arabien verbreitet.
Saharakatzen (*Felis marginata*) sind wesentlich kleiner als der Karakal. Auch sie jagen in der Nacht nach Nagetieren, Ha-

Unverwechselbar: der Fennek oder Wüstenfuchs

sen und Vögeln. Sie leben verborgen unter Sträuchern in Dünen. Die Falbkatze oder **Afrikanische Wildkatze** (*Felis sylvestris libyca*) bevorzugt hingegen offene Savannen, in denen sie im Schutz der Nacht Vögeln, Nagern und Schlangen nachstellt. Am Tag verbirgt sich die Falbkatze in Felshöhlen oder im dichtem Buschwerk. Dort bringt sie auch ihre 2-5 Junge zur Welt. Die Falbkatze gleicht einer Hauskatze. Ihr Fell ist gräulich, gelb

Streifzug durch die Natur

Dromedare helfen dem Menschen seit Generationen, das Leben in der Wüste zu meistern

oder ockerfarben. Die Gliedmaßen sind im oberen Teil mit breiten, dunklen Querstreifen gemustert.

Dorcas-Gazellen (*Gazella dorcas*) kommen nur dort vor, wo sie reichlich Akazienblätter, -schoten und Gräser finden. Die Gazellen verschmähen auch Heuschrecken nicht. Ihr Lebensraum sind Halbwüsten, Dornsavannen, aber auch nach einem Regenschauer ergrünende Sanddünen und Steinwüsten. Wenn sie kein Wasser vorfinden, fressen sie auch wasserspeichernde Sukkulenten. Dorcas-Gazellen leben in kleinen Herden von 20-60 Tieren. Junge Böcke bilden oft Trupps mit bis zu 50 Tieren. Mit nur 65 cm Schulterhöhe ist die Dorcas eine kleine Gazellenart. Das sandfarbene oder gelbbraune Fell trägt keine besondere Kontrastzeichnung. Ihre Hörner sind mittellang, leierartig und stark geringelt. Ganz ähnlich sieht die **Dünengazelle** (*Gazella leptoceros*) aus. Sie bewohnt sandige Ebenen, Bergland und auch echte Wüstengebiete.

Auf dem afrikanischen Festland südlich des Roten Meeres lebt noch die früher weit verbreitete, bis zu 1,20 m hohe **Säbelantilope** (*Oryx dammah*). Sie meidet Trockensavannen und Wüsten und bevölkert nur Dornsavannen und Halbwüsten. Die Fellfarbe ist weiß-rotbraun verwaschen. Entlang des Flankenunterrandes zieht sich ein schwarzer Längsstreifen. Der Kopf ist weiß. An der Stirn und auf dem Nasenrücken erkennt man einen bräunlichen Fleck. Häufig weiden Säbelantilopen in Herden von 12-60 Tieren Gräser, Akazienschoten und Sukkulenten ab. Im alten Ägypten wurden Säbelantilopen als Weidetiere gehalten.

Warzenschweine (*Phacochareus aethiopicus*) kommen ebenfalls in der geographischen Region des Rotmeergebietes vor, meiden aber Wüsten und besuchen Trockensavannen nur 6-7 Monate im Jahr, wenn ausreichend Vegetation vorhanden ist. Sie leben in Verbänden in geschützten Erdbauten. Im Bergland von Eritrea findet sich naturgemäß eine andere Fauna als im Flachland. Hierzu zählen der **Afrikanische Wildesel** (*Equus asinus*), der **Nubische Steinbock** (*Capra ibex walic*), der **Schakalbussard** (*Buteo rufofuscus*) und die **Blauflügelgans** (*Cyanochen cyanopterus*).

Dromedare (*Camelus dromedarius*) gelten als Sinnbild der Wüste schlechthin. Es sind aber keine wildlebenden Tiere, sondern reine Haustiere, die von den Nomadenvölkern der arabisch-nordafrikanischen Wüstengebiete seit 6 000 Jahren gehalten werden. Als Lasttiere helfen sie dem Menschen seit Generationen, Karawanen durch Wüstengebiete zu bringen. Die einhöckrigen Dromedare stammen wahrscheinlich von zweihöckrigen Kamelen ab, die heute nur noch im

Die Tierwelt

Himalayagebiet wild vorkommen. Wilde Dromedare sind seit Jahrtausenden ausgestorben und kommen nirgendwo auf der Welt vor. Vermutlich lebten die Vorfahren der Hausdromedare seit Millionen von Jahren in trockenen Savannen- und Halbwüstengebieten und eigneten sich deshalb hervorragend für die Weiterzucht zum »Wüstenschiff«. In Mesopotamien domestizierten Menschen erstmals die Vorfahren der heutigen Dromedare. Vor etwa 4000 Jahren gelangte das Dromedar von Vorderasien nach Ägypten. Erst um die Zeitenwende verbreitete es sich auch weiter nach Westen über die eigentliche Sahara.

Kamele, zu denen auch das Dromedar zählt, sind die größten Säugetiere, die Wüsten bewohnen. Die Anpassung an das Leben in der Wüste erscheint fast perfekt. Drei Merkmale stechen beim Anblick eines Dromedars ins Auge: der relativ lange Hals, auf dem der hocherhobene Kopf sitzt – deshalb wirken sie »hochnäsig«-, die verhältnismäßig langen Beine und der Rückenhöcker. Der Kopf überragt die (statistische) Obergrenze von Sandstürmen, so daß die Tiere selbst unter widrigen Bedingungen sandfreie Luft einatmen können. Die relativ langen Beine ermöglichen dem Tier eine große Laufausdauer. Als wichtigster Vorzug langer Beine erscheint jedoch der große Abstand zum Wüstenboden. Dromedare müssen im Gegensatz zu Tieren in kühlen Klimaten stets die Körpertemperatur unter der Temperatur der umgebenden Luft halten. Alle wichtigen Organe befinden sich oberhalb der stark aufgeheizten Luftschichten unmittelbar über dem Boden. Die Füße eines Dromedars sind rund und groß wie ein Eßteller. Beim Laufen im Sand wirken sie wie ein »Schneeschuh«

und verhindern ein Einsinken im Sand. Die Form des Rumpfes gleicht einer hochkant stehenden Linse. Dadurch fallen relativ wenige Sonnenstrahlen senkrecht auf den Körper, so daß er sich nicht unnötig aufheizt. Die Tiere vermeiden es auch, die Breitseite des Körpers in den Nachmittagstunden, wenn die Sonnenstrahlen in einem Winkel von 20-30° einfallen, direkt der Sonne auszusetzen. Dromedaren fehlt zudem eine gleichmäßig im Körper verteilte Fettschicht. Vielmehr befinden sich sämtliche Fettvorräte im Höcker konzentriert. Eine gleichmäßige Fettschicht würde wie ein Isolator wirken und Körperwärme könnte nicht

Dromedare bzw. Kamele sind ein Statussymbol der Besitzer und werden auch als Wüstenschiffe bezeichnet

Streifzug durch die Natur

an die Umgebung abstrahlen. Robben und Wale, die in kalten Gewässern leben, haben im Gegensatz dazu dicke Fettschichten (Blubber), um keine Körperwärme ans Wasser zu verlieren. Weitere Anpassungen des Dromedars an das Wüstenklima sind, daß es eine Erhöhung der Körpertemperatur um 6 °C ohne Schaden übersteht und daß es übermäßige Überhitzung durch Verdunstung von Körperwasser verhindert, wobei bis zu 27 % Wasserverluste auftreten können. Erst wenn die Körpertemperatur weiter ansteigt, beginnen Dromedare zu schwitzen. Ein Mensch kann dagegen beispielsweise an Fieber sterben, daß 4-5 °C über der Körpernormaltemperatur liegt. Verglichen mit dem Dromedar müßten Menschen noch bei 43 °C Fieber voll leistungsfähig bleiben.

Dromedare können bis zu zwei Wochen ohne Wasser und Nahrung überleben, ohne ihre Leistungsfähigkeit einzubüßen. Sie können in Wüstengebieten mehrere Hundert Kilometer zurücklegen, bevor sie wieder Wasser aufnehmen. Wasserverluste durch Ausscheidungen sind auf ein Minimum reduziert. So ist etwa der Urin stark konzentriert, während er beim Menschen noch 95% Wasser enthält. Der Wassergehalt des Kamelkots schwankt zwischen 70 % bei Trockenkost und 109 % (Übersättigung) bei frischer, wasserreicher Ernährung. Der Kamelmagen hat ein Volumen von 250 l und dient als kurzfristiger Wasserspeicher. Dromedare können auf einmal bis zu 120 l Wasser aufnehmen. Die Flüssigkeit wird schnell vom Blutstrom aufgenommen und verteilt sich im gesamten Gewebe. Ein erheblicher Teil wird dabei in den roten Blutkörperchen gespeichert. Bei Kamelen sind die Blutkörperchen extrem dehnbar. Deren Volumen kann durch Wasseraufnahme um das 240fache zunehmen. Damit haben sie eine enorme Wasserspeicherkapazität. Es trifft nicht zu, daß Kamele Wasser in ihren Rückenhöckern wie in einem Wassersack speichern. Ihren Nährstoffbedarf versuchen sie zu decken, wo immer sie Eßbares auftreiben können. Ihre begehrteste Futterpflanze ist der Kameldornstrauch, der in seinen Blättern und Trieben einen hohen Wassergehalt aufweist. Überschüssige Nahrung wird in Fett umgewandelt und im Höcker als Vorrat für Hungerperioden gespeichert. Ein Dromedarhöcker kann bis zu 15 kg wiegen. Gleichzeitig wird ein Teil des aufgenommenen Wassers im Fetthöcker chemisch gebunden. Die Flüssigkeit in den roten Blutkörperchen und das beim Abbau von Fett im Stoffwechsel anfallende Wasser halten die Flüssigkeitsbilanz der Tiere aufrecht. Beim Abbau (physiologische Oxidation) von einem Kilogramm Fett bildet sich ungefähr ein Liter Oxidationswasser.

Eine besondere Struktur der Nasenschleimhäute ermöglicht es Dromedaren, die ausgeatmete Luft extrem trocken zu halten. Neben der (normalen) doppelten Nasenpassage gelingt es ihnen, über die Nasenschleimhäute noch mehr Wasser aus der Atemluft herauszuholen. Bei Wassermangel trocknen die Schleimhäute der Nase aus und sind dann mit einer hydrophilen Schicht aus trockenem Schleim, Zellresten und Salzen bedeckt. Beim Einatmen gibt diese Schicht Wasser an die trockene Wüstenluft ab, die Schleimhaut trocknet weiter aus, nimmt aber beim Ausatmen wieder sehr viel Feuchtigkeit aus der Atemluft auf. Je feuchter die Schleimhäute, umso effektiver ist die doppelte Nasenpassage.

Leben im Meer

Tropische Meeresfische

Für Taucher und Schnorchler sind die bunte Unterwasserwelt und die unvergleichlichen Korallenlandschaften des Roten Meeres ein wahres Paradies. Das farbenprächtige Gewimmel an den atemberaubenden Steilwänden oder einzelstehenden Korallenblöcken scheint unüberschaubar. Als Nebenmeer des Indischen Ozeans gleicht die Fauna des Roten Meers weitestgehend der des Indischen Ozeans. Es haben sich aber auch einige endemische Arten ausgebildet, die nur im Roten Meer vorkommen. Beispiele hierfür sind der blaugelbe Arabische Kaiserfisch oder der Rotmeer-Falterfisch.

An vielen Tauchplätzen erwartet den Taucher eine große Artenvielfalt tropischer Meeresfische. Bei genauerer Betrachtung läßt sich feststellen, daß die Fische sich bereits an die Taucher gewöhnt haben. Ein Indiz dafür ist, daß sich Ihre Fluchtdistanz merklich verringert hat. Im Vergleich zu anderen tropischen Ländern sind die meisten Tauchplätze im Roten Meer überdurchschnittlich fischreich. Aus Platzgründen können in diesem Kapitel verständlicherweise nicht alle Fischarten beschrieben werden. Wer mehr über die verschiedenen Fischfamilien und genaueres zur Artbestimmung wissen möchte, findet auf Seite 204 Hinweise auf weiterführende Literatur.

Die Tauchgebiete im Roten Meer werden vornehmlich vom Artenreichtum kleinerer und mittelgroßer Meeresfische geprägt, aber auch größere Fische tauchen an den Riffen auf. Hierzu zählen in erster Linie **Haie** und Teufelsrochen. Um den größten Meeresfisch, den seltenen Walhai, im Roten Meer zu sehen, braucht ein Taucher schon sehr viel Glück. Der Walhai kann bis zu 18 m lang werden. Ebenfalls sehr selten lassen sich Hochseehaie, wie der Hochsee-Weißspitzenhai

Grauer Riffhai (Carcharhinus amblyrhynchos Bleeker)

Leben im Meer

(Charcharodon longimanus) in Riffnähe blicken. Wahrscheinlicher sind dagegen Beobachtungen von Grauen Riffhaien, Weißspitzen-Riffhaien und Ammenhaien. An einigen Plätzen bestehen auch gute Chancen, Hammerhaie anzutreffen. **Mantas**, auch Teufelsrochen genannt, erreichen eine Spannweite bis zu 6,70 m. Sie gleiten mit eleganten »Flügelschlägen« durchs Meer und tauchen vornehmlich an Putzerstationen auf. In den »Barbierstuben« des Meeres lassen sie sich von lästigen Hautparasiten befreien. Die kleinen Putzerfische verrichten ihre Dienste überwiegend in Riffnähe, wo sie täglich bis zu 250 Fische »säubern«.

Sicherlich mit die farbenprächtigsten Riffbewohner sind die Kaiserfische (Pomacanthidae), die Süßlippen (Plectorhynchidae), die Maskenwimpelfische (Zanclidae) und die Falterfische (Chaetodontidae). Die wunderschönen **Fledermausfische** (Ephippidae) treten im Roten Meer bisweilen in beeindruckend großen Schwärmen auf. **Kaiserfische** leben solitär oder paarweise. Da sie gegenüber Artgenossen ihr Revier sehr aggressiv verteidigen, haben juvenile Kaiserfische ein anderes Farbkleid, das sich während der Wachstumsphase langsam dem der Erwachsenen angleicht. Falterfische oder Schmetterlingsfische verbindet eine enge Verwandtschaft mit den Kaiserfischen. Ihnen fehlt jedoch der für die Kaiserfische charakteristische Stachel unter dem Kiemendeckel. Die Familie der **Falterfische** zählt wohl zu den farbenprächtigsten Riffbewohnern tropischer Meere. In der Regel leben Falterfische paarweise. Trifft man auf größere Verbände, so handelt es sich meist um Jungtiere. Süßlippen (Plectorhynchidae) leben in der Regel solitär. Die Familie der **Riffbarsche** (Pomacentridae auch Jungfernfische, Demoiselles, Preußenfische oder Schwalbenschwänzchen genannt), ist an jedem Riff zahlreich vertreten. Sie unterteilt sich in über 200 Arten. Eine Unterfamilie, die **Anemonenfische**, lebt in Symbiose mit einer Wirtsanemone. Die Anemonen beherbergen oftmals zusätzlich kleine Anemonenkrabben oder -krebse, die zwischen den Tentakeln leben. Die winzigen Untermieter lassen sich jedoch nur bei genauem Hinschauen entdecken. Anemonenfische können von Schnorchlern oft schon in seichten Lagunen beobachtet werden.

Interessant ist das Brutverhalten der Riffbarsche. Das Männchen bereitet einen Platz zur Eiablage vor, indem es ihn mit der Körperseite »sauberscheuert«. Anschließend schwimmt es mit schnellen Bewegungen auf und ab und signalisiert dem Weibchen, wo es seine Eier ablegen kann.

Der Flachwasserbereich des Riffs (Riffdach und bis in 15 m Tiefe) zählt zu den bevorzugten Aufenthaltsorten der **Papageifische** (Scaridae). Ihr unverwechselbares Merkmal sind die papageischnabelartig zusammengewachsenen Zähne. Mit die-

---

Oben links: Hammerhai (Sphyrna lewini, Linnaeus)

Oben rechts: Manta (birostris, Donndorf)

Mitte links: Pfauenkaiserfisch (Pygoplites diacanthus, Boddaert)

Mitte rechts: Sichelkaiserfisch (Pomacanthus maculosus, Forskal)

Unten links: Fledermausfisch (Platax orbicularis, Forskal)

Unten rechts: Marmorierter Zackenbarsch (Epinephelus microdon, Bleeker)

Tropische Meeresfische

Leben im Meer

Tropische Meeresfische

sem kräftigen Schnabel nagen sie in der Dämmerung an Hartkorallen und weiden darauf wachsende Algen ab. Die tagaktiven Papageifische hüllen sich nachts in eine Schleimschicht, die morgens als Frühstück verspeist wird. Ähnlich wie die Lippfische, bewegen sie sich mit den Brustflossen rudernd fort. Lediglich auf der Flucht setzen sie zusätzlich den Schwanz ein.

Wie die Papageifische, leben auch die **Büschelbarsche** oder Korallenwächter (Cirrhitidae) vornehmlich in den flacheren Bereichen der Korallenriffe. Sie sind sehr schlechte Schwimmer, da sie keine Schwimmblase besitzen. Büschelbarsche überwachen von übersichtlichen Stellen des Riffes aus ihr Revier und verteidigen dieses vehement gegen herannahende Rivalen. Zum Beutefang schießen sie blitzschnell aus ihrer Stellung hervor.

Eidechsenfische (Synodontidae) besitzen ein reptilienartiges Aussehen. Sie sind meistens auf dem Riff sitzend anzutreffen. Oft sieht man ein Pärchen zusammen. Am weitesten verbreitet ist der Eidechsenfisch (Synodus variegatus), seltener trifft man dagegen den Mamoreidechsenfisch (Saurida gracilis) an.

Lippfische (Labridae) scheinen ständig damit beschäftigt, das Riff und flachere Sandflächen nach Nahrung abzusuchen. Sie folgen gerne anderen Fischen (z. B. Seebarben) und versuchen, ihnen verwertbare Nahrungsreste abzujagen. Lippfische gibt es in allen Größen und Farben, angefangen vom Kleinen Putzerfisch (Labroides dimidiatus), (8 cm), bis hin zum imposanten Napoleon , dem Riesenlippfisch (Cheilinus undulatus), der bis zu 2 m groß wird. Ähnlich wie bei den Riffbarschen ist auch bei vielen Lippfischarten die Wechselgeschlechtlichkeit verbreitet. Lippfische fallen übrigens sofort durch ihre lustig anzusehende, wippende Fortbewegung mit den Brustflossen auf.

Schleimfische (Blenniidae und Salariidae) sind weltweit mit über 300 Arten vertreten. Alle besitzen nur schwach ausgeprägte oder überhaupt keine Schuppen. Ihr Körper ist von einer Schleimschicht umgeben, was ihnen auch ihren men gegeben hat. Schleimfische halten sich in der Regel in kleinen Löchern versteckt, in die sie sich bei Gefahr blitzschnell zurückziehen können. Sie sind sehr scheu und unternehmen nur zögernd kleine Ausflüge im Riff. Schon bei den geringsten Anzeichen von Gefahr flüchten sie wieder in ihren Unterschlupf. Ebenfalls zu den kleineren Arten (4 bis 10 cm) zählt die große Familie der **Grundeln** (Gobiidae). Es gibt weltweit ungefähr 2 000 verschiedene Grundelarten. Einige Grundelgattungen leben auf sandigem Meeresgrund in Symbiose mit einem blinden Krebs. Nahe Verwandte

---

Oben links: Juwelenbarsch (Cephalopholis miniatus, Forskal)

Oben rechts: Zweibindenanemonenfisch (Amphiprion bicinctus, Rüppell)

Mitte links: Papageifisch (Scarus ghobban, Forskal)

Mitte rechts: Langschnauzenbüschelbarsch, auch Korallenwächter genannt (Oxycirrhites typus, Bleeker)

Unten links: Eichdechsenfisch (Synodus variegatus, Lacepede)

Unten rechts: Rotstreifen-Lippfisch (Thalassoma quinquevittatus, Lay & Bennett)

Leben im Meer

sind die Schläfergrundeln (Eleotridae). Oft stehen sie paarweise über ihren Höhlen und warten auf vorbeitreibendes Plankton oder Fischlarven.

Krokodilfische (Parapercidae) sind typische Bodenbewohner. Sie verharren meistens ruhig und gut getarnt am Grund. Während die Männchen am Kopf eine Linienfärbung haben, finden sich dort bei Weibchen schwarze Flecken.

Zu den typischen Schwarmfischen, die im Roten Meer an fast allen Riffen zu beobachten sind, zählen die **Schnapper** (Lutjanidae) und Füsiliere (Caesiodidae). Beide Familien zeigen eine enge Verwandtschaft – die Körperform der **Füsiliere** ist jedoch im Unterschied zu den Schnappern etwas feingliedriger.

Seebader oder **Doktorfische** (Acanthuridae) halten sich insbesondere im Jugendstadium schwarmweise in Riffnähe auf. Erwachsene Tiere leben eher paarweise oder in kleinen Gruppen. Ein namengebendes und auffälliges Merkmal der »Doktor«-fische sind die skalpellartigen Dornfortsätze am Schwanzstiel, die bei einigen Arten farblich hervorgehoben sind. Sie dienen der Abschreckung von Freßfeinden.

Drückerfische (Balistidae) leben solitär in Riffnähe. Lediglich Rotzahndrückerfische *(Odonis niger)* versammeln sich hin und wieder zu größeren Schwärmen. Ihre »Drücker« (je ein Stachel an der Bauchseite und an der Rückenflosse) dienen dazu, sich bei Gefahr oder zum Schlafen in Spalten festzuklemmen. Die Drücker werden auch zum Imponieren eingesetzt, um so vor Feinden größer zu erscheinen.

Die Einstachler (Aluteridae) werden auch **Feilenfische** genannt, denn ihre Haut ist so rauh, daß sie als Schmirgelpapier verwendet werden kann. Gleich den Drückerfischen, mit denen sie eng verwandt sind, besitzen die Einstachler einen großen Rückenflossenstachel, den sie bei Gefahr aufstellen. Der Feilenfisch *(Aluterus scriptus)* kann bis zu einem Meter groß werden.

Kofferfische (Ostraciontidae) erfreuen viele Taucher mit ihrer merkwürdigen Körperform und den lustig anzuschauenden Schwimmbewegungen. Es gibt etwa 30 Arten. Trotz ihrer plumpen, kofferähnlichen Körperform sind sie erstaunlich wendige Schwimmer und können sogar rückwärts in Riffspalten oder kleinen Höhlen »einparken«. Kofferfische stehen nicht auf dem Speisezettel größerer Räuber, da sie ein Gift abgeben, das auf den Angreifer tödlich wirken kann.

Igelfische (Diodontidae) sind sofort an ihrem stacheligen Äußeren zu erkennen. Sie besitzen die Fähigkeit, sich bei Gefahr mit Wasser vollzupumpen. Als runde Stachelkugel sind sie zwar ziemlich manövrierunfähig, erscheinen aber für den Angreifer viel größer und bedrohlicher als erwartet.

Oben links: Partnergrundel *(Amblyeleotris steinitzi, Klausewitz)*

Oben rechts: Krokodilfisch *(Cociella crocodila, Thilesius)*

Mitte links: Drückerfisch *(Balistoides viridescens, Bloch & Schneider)*

Mitte rechts: Riesen-Kugelfisch *(Arothron stellatus, Bloch & Schneider)*

Unten links: Maskenkugelfisch *(Arothron diadematus, Rüppell)*

Unten rechts: Rotfeuerfisch *(Pterois volitans, Linnaeus)*

Tropische Meeresfische

Leben im Meer

Die Familie der **Spitzkopfkugelfische** (Canthigasteridae) umfaßt nur 23 Arten, die stets in Riffnähe leben. Spitzkopfkugelfische werden maximal 20 cm groß und gehören alle der Gattung *Canthigaster* an. Sie leben paarweise und können sich ebenfalls mit Wasser vollpumpen, um Feinde abzuschrecken.

Kugelfische (Tetraodontidae) sind immer schuppenlos und glatt. Mit ihrem kräftigen Gebiß können sie Korallenstückchen abbeißen. Bevorzugte Nahrung sind jedoch Schnecken und kleine Krebse. Kugelfische erlangten weltweite Bekanntheit als japanische Fugu-Delikatesse.

Für Taucher gefährlich werden können die verschiedenen Skorpionfischarten (Scorpaenidae). **Skorpionfische** besitzen giftige Rückenflossenstrahlen, die besonders bei den Rotfeuerfischen (Pteroinae) stark ausgeprägt sind. Sie leben in Riffnähe und werden je nach Art bis zu 35 cm groß. Während die Rotfeuerfische farblich sehr auffällig sind, liegen die Skorpionfische oder Meersauen (Scorpaeninae) gut getarnt im Riff, wo sie auf Beute lauern. Taucher müssen deshalb immer (!) genau hinsehen, bevor sie (wenn überhaupt!) im Riff etwas anfassen. Das Gift kann tödlich sein!

Steinfische (Synanceidae) sind perfekte Tarnkünstler und daher nur selten zu entdecken. Selbst Fische bemerken sie nicht. Wie der Name bereits sagt, liegen sie reg-

Oben: Steinfisch (Synanceia verrucosa, Bloch & Schneider)

Mitte: Braune Muräne (Gymnotborax javanicus, Bleeker)

Unten: Forellenbarsch (Plectropomus p. marisrubri, Randall & Hoese)

Tropische Wirbellose

los wie ein Stein im Riff und lauern auf Beute, die ahnungslos vor ihrem Maul umherschwimmt. Diese wird dann mit einer Saug-Schnapp-Bewegung gefangen. ACHTUNG! Steinfische sind die giftigsten Fische der Welt! Das Gift befindet sich in den Rückenflossenstrahlen und kann zu tödlichen Verletzungen führen. Erste-Hilfe-Maßnahmen: Wunde säubern und die verletzte Stelle in 50-70 °C heißes Wasser tauchen, weil das Gift nicht hitzebeständig ist. Es können auch heiße Kompressen verwendet werden. Danach muß sofort ein Arzt aufgesucht werden.

Erfahrene Taucher wissen, daß **Muränen** (Muraenidae) nicht aggressiv sind – solange man sie in Ruhe läßt. Am Carless Riff verfolgen sie in der Hoffnung auf Futter bisweilen hartnäckig Taucher. Ihr Biß ist nicht giftig. Muränen bewohnen Höhlen und sind nachtaktiv. Tagsüber lugen sie lediglich mit dem Kopf aus ihrem Versteck und lauern auf Zufallsbeute. Vor Tauchern ziehen sie sich meistens zurück. **Zackenbarsche** (Serranidae) leben bevorzugt in den tieferen Regionen der Riffe (etwa 15 bis 20 m). Sie sind gefährliche Räuber und halten sich meistens in Höhlen und unter Überhängen auf. Im Dämmerlicht verschmilzt ihr gesprenkeltes Äußeres fast vollkommen mit der Umgebung, so daß sie kaum noch zu erkennen sind. Die Zackenbarsche nutzen somit die natürlichen Lichtverhältnisse perfekt aus, um sich auf die Jagd vorzubereiten. Die Beute besteht vornehmlich aus kleineren Fischen, die ahnungslos auf ihren Freßfeind zuschwimmen. Im kurzen Sprint wird die Beute dann geschnappt. Auch von Tauchern werden Zackenbarsche oft übersehen. Zackenbarsche leben in der Regel solitär. Fast alle Arten sind standorttreu.

Von Steinkorallen gibt es 6500 verschiedene Arten

Tropische Wirbellose im Roten Meer

Im Roten Meer leben bis auf einige Algenarten so gut wie keine Pflanzen. Neben den tropischen Meeresfischen reiht sich alles Leben in die große Gruppe der Wirbellosen, auch Niedere Tiere genannt, ein. Selbst die leblos erscheinenden Steinkorallen bestehen aus unzähligen Kolonien kalkabscheidender, kleinster tierischer Lebewesen, deren Ausscheidungen die »steinernen Denkmäler der tropischen Unterwasserwelt« bilden. Die Artenvielfalt der Wirbellosen scheint geradezu unüberschaubar. Es gibt schätzungsweise über eine Million verschiedener Arten, und ständig werden neue entdeckt und beschrieben. Selbst in der Fachliteratur über einzelne Stämme, Ordnungen oder Familien sind kaum vollständige Werke zu finden.

Die vielfältigen Korallentiere (Anthozoa), zu denen auch die Steinkorallen zählen, stellen mit etwa 6500 verschiedenen Arten nur eine kleine Gruppe innerhalb der

Leben im Meer

Seegurken (Holothuroidea) kommen in zahlreichen unterschiedlichen Formen vor

Wirbellosen dar. Für viele Taucher zählen die Wirbellosen zu den interessantesten Tieren in tropischen Meeren. Dies mag an der ungeheuren Artenvielfalt liegen, vielleicht aber auch daran, daß über Wirbellose zwar schon viel bekannt ist, die wissenschaftliche Erforschung aber noch in den Anfängen steckt. Die Beobachtung dieser oft bizarren Riffbewohner gewinnt daher immer mehr Freunde. Auch im Makrobereich läßt sich hier viel Spannendes entdecken und fotografieren.

Niedere Tiere unter Wasser zu bestimmen, zählt zu den schwierigsten Aufgaben, die sich ein Taucher vornehmen kann. Oft liegen die Unterscheidungsmerkmale im Inneren des Tieres verborgen und können nur in einem Labor genau klassifiziert werden. Bei den Seegurken (Holothuroidea) dienen beispielsweise die unterschiedlichen Skelettformen, die man von außen nicht sehen kann, der genauen Artbestimmung. Selbst Spezialisten können daher die meisten Niederen Tiere nur grob bestimmen. Um jedoch eine Zuordnung des Gesehenen zu erleichtern, stellt dieses Kapitel eine Auswahl der häufigsten Wirbellosen des Roten Meeres vor.

Schwämme (Porifera) sind, man glaubt es kaum, Tiere. Sie können rund, baum- oder röhrenartig aufgebaut sein und ernähren sich von kleinsten Planktonpartikeln. Hierzu erzeugen Schwämme in ihren Hohlräumen einen Wasserstrom und filtern das Plankton, das an kleinen Geißelzellen hängen bleibt, aus dem Meerwasser heraus. Das gefilterte Wasser verläßt den Schwamm dann wieder über kleine Kanäle.

Quallen (Scyphozoa) leben bereits seit etwa 600 Millionen Jahren auf der Erde. Heute kennt man etwa 200 verschiedene Arten. Die meisten Quallen sind so win-

Tropische Wirbellose

Oben links: Schwämme (Porifera) ernähren sich von kleinsten Planktonpartikeln

Rechts: Krustenanemonen, die Schönen der Nacht

Unten: Gorgonienfelder am Panoramariff

Leben im Meer

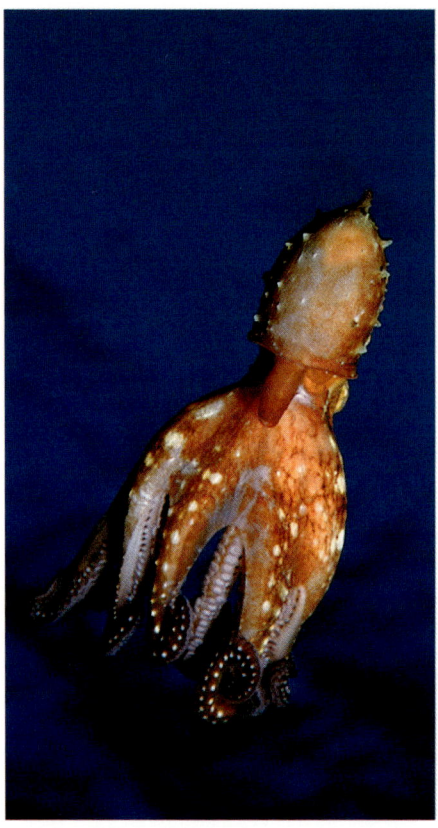

Kraken, durch ihre vielen natürlichen Freßfeinde eine seltene Begegnung im Roten Meer

zig klein, daß Taucher sie gar nicht sehen können. Dafür machen sie sich aber auf eine meist unangenehme Weise bemerkbar. Quallen gehören zu den Nesseltieren (Cnideria) und besitzen, wie der Name schon vermuten läßt, Nesselzellen, die auf Berührung reagieren. Die Nesselzellen schleudern – bildlich dargestellt – kleine Giftpfeile aus, die unter die Haut dringen und einen Brenn- oder Juckreiz verursachen. Ihr Gift wirkt unterschiedlich stark. So können insbesondere die kleinen Medusen im Plankton, die kaum sichtbar im Wasser schweben, einem Taucher schon lästig werden, wenn sie ihn ständig nesseln. Die größeren Quallen dagegen, wie zum Beispiel die Wurzelmundquallen, bekommt ein Taucher nur selten zu Gesicht. Sie halten sich vornehmlich im Freiwasser der offenen Meere auf.

Korallentiere (Anthozoa) werden oft unter dem Begriff »Blumentiere« zusammengefaßt – sicherlich, weil sie genauso bunt und vielfältig sind wie Blumen.

Die Korallentiere werden in achtstrahlige und sechsstrahlige Korallen (Octocorallia und Hexacorallia) unterteilt. Zu den achtstrahligen Korallen, von denen über 2 500 verschiedene Arten bekannt sind, gehören die Weich-. oder Lederkorallen (Alcyonacea), die Hornkorallen oder Gorgonien (Gorgonacea), die Seefedern (Pennatularea) und die Blaukorallen (Coenothecalia) mit der einzigen Art Blaue Koralle *(Heliopora coerulea)*. Sie sieht der Steinkoralle sehr ähnlich. An einigen Weichkorallen kann man oftmals sehr schön die achtstrahligen Polypen erkennen und nachzählen.

Zu den sechsstrahligen Korallen, von denen es über 4 000 verschiedene Arten gibt, gehören u. a. die Steinkorallen, (Scleractinia oder Madreporaria), die Zylinderrosen (Ceriantaria), die Seeanemonen (Actiniaria) und die Krustenanemonen (Zoantharia) Die sechsstrahligen Polypen sind besonders bei vielen Krustenanemonen deutlich zu sehen – allerdings meistens erst bei Nacht, wenn sie ihre Tentakeln ausfahren, um Nahrung aufzunehmen.

Plattwürmer (Plathelminthes) oder Strudelwürmer (Turbellaria) sehen den

Tropische Wirbellose

Nacktschnecken sehr ähnlich und werden oft mit ihnen verwechselt. Sie besitzen, wie der Name schon sagt, eine platte Körperform und bewegen sich im Riff wie eine Schnecke. Es fehlt ihnen jedoch das für einige Nacktschneckenarten typische Kiemenbüschel. Der ausstülpbare Mund der Plattwürmer befindet sich auf der Unterseite.

Zu den **Weichtieren (Mollusca)** zählen die Schnecken (Gastropoden), die Käferschnecken (Polyplacophora), die Muscheln (Bivalvia) und die Kopffüßer oder Tintenfische (Cephalopoda). Um den Artenreichtum dieses Stammes zu verdeutlichen, muß man sich nur vergegenwärtigen, daß es allein 105 000 Schneckenarten gibt. Von den dazugehörigen Nacktschnecken wurden bis heute etwa 5 000 Arten beschrieben. Die Muscheln belaufen sich auf runde 20 000 Arten. Die etwa 730 Tintenfischarten – ihr zoologisch korrekter Name lautet »Tintenschnecken« – werden in achtarmige (Kraken) und zehnarmige (Sepien) Kopffüßer unterteilt. Der Schulp der Sepien, der wie die Schwimmblase der Fische zum Austarieren dient, wird bei uns als Kalkstein an Heimvögel verfüttert. Der Stamm der **Gliederfüßer (Arthropoda)** ist mit rund einer Million Arten der größte des Tierreiches. Zu ihm gehören Insekten, Spinnen und Krebse. Für viele Taucher sind dabei die Krebstiere (Crusta-

Auch Federseesterne gehören zu den Nachtaktiven

Leben im Meer

cea) von größtem Interesse. Etwa 35 000 Arten sind bekannt. Dazu gehören auch die Meeres-Einsiedlerkrebse, die Hummer, die Langusten, die Krabben und die Garnelen.

Haarsterne (Crinoidea, Feder- oder Federseesterne), Seesterne (Asteroidea), Seegurken (Holothuroidea), Schlangensterne (Ophiuroidea) und Seeigel (Echinoidea) bilden mit rund 6 000 Arten die **Stachelhäuter (Echinodermata)**. Haarsterne, (Comatuliden) unterteilen sich in 14 Familien mit etwa 550 Arten.

Zu den **Manteltieren (Tunicata)** zählen die Seescheiden (Ascidiae) und die Salpen (Thaliacea). Das Interessante an ihnen ist sicherlich, daß Manteltiere uns Menschen näher verwandt sind, als wir vermuten. Manteltiere werden von den Zoologen nämlich zu den Chordatieren gerechnet. Diese unterteilen sich in drei Unterstämme: die Manteltiere, die Schädellosen (mit den Lanzettfischchen) und die Wirbeltiere, zu denen auch die Säugetiere (Mammalia) und wir Menschen zählen.

Im Unterschied zu den Seescheiden, die wie Pflanzen fest auf dem Grund sitzen, schwimmen Salpen im Freiwasser. Beide besitzen eine Hülle, die Tunica, sowie eine Ansaug- und Ausfuhröffnung. Manteltiere filtern mit Hilfe des Kiemenkorbes, der zugleich der Atmung dient, ihre Nahrung aus dem Wasser.

Seescheiden im roten Schwamm

Tauchplätze am Roten Meer

Jordanien

Aqaba

Jordanien besitzt ebenso wie Israel nur wenig Küstenlinie am Roten Meer. Trotzdem ist Tauchen auch im Reich der Haschemiten ein beliebter Sport, der durch das Königshaus besondere Förderung erfährt. Das Royal Jordan Diving Center war das erste am Ort und kann sich rühmen, vom Königshaus mit initiiert worden zu sein. Ein weiterer Beweis für dieses Engagement ist das Wrack der »Cedar Pride«, die auf königliches Geheiß 1985 versenkt wurde und als künstliches Riff eine weitere taucherische Attraktion vor Aqaba darstellt (siehe auch Kapitel »Cedar Pride«). Mittlerweile sind in Aqaba fünf anerkannte Tauchschulen ansässig, eine davon unter deutscher Führung. Alle Tauchplätze sind liegen südlich der Hafenstadt und erstrecken sich auf einer Küstenlänge von etwa 25 km ab dem Phosphat-Terminal in Richtung saudiarabischer Grenze. Allerdings ist das Tauchen in unmittelbarem Grenzbereich untersagt.

Das Angenehme an allen Tauchplätzen, und es sind fast 30 an der Zahl, ist ihr bequemer Zugang. Tauchen bedeutet hier sogenanntes »shore diving«. Man fährt längst der Küstenstraße, sucht sich seinen Platz, parkt am Strand und taucht ab. Bequemer geht es nicht. Die Wasserbedingungen sind bis auf wenige Tage im Jahr ideal. Schwache Strömungen und

Blick auf die Hafenstadt Aqaba

Tauchplätze am Roten Meer

Das Autorenteam nach einem Tauchgang an der »Cedar Pride« am Golf von Aqaba

niedriger Wellengang, ein sanft abfallender Meeresgrund und ein übersichtliches Saumriff längs der Küste bieten optimale Voraussetzungen und machen die Tauchplätze rund um Aqaba auch zu einem idealen Anfängertauchgebiet. Die Flora und Fauna um Aqaba ist typisch für das nördliche Rote Meer. Großfisch und riesige Schwärme, so wie man sie im Süden vorfindet, sind hier nicht anzutreffen. Es dominieren kleinere Schwärme sowie viele solitäre Fische. Der Meeresgrund entlang der Küste zeichnet sich durch viele Korallenblöcke auf sandigem Boden aus, die üppig bewachsen sind und vielen Fischen als sicherer Unterschlupf dienen.

Jordanien verfügt über eine moderne Dekokammer; im Falle eines Tauchunfalls ist die Entfernung zu den nächsten Krankenhäusern wegen des kurzen Küstenstreifens gering. Tauchen ist nur in Begleitung einer lizensierten Tauchschule gestattet; das tauchsportärztliche Untersuchungszeugnis wird genauso konsequent kontrolliert, wie der Besitz einer gültigen Tauchlizenz (Qualifikationsnachweis).

»Cedar Pride«

Am 04. August 1982 fing die »Cedar Pride« im Hafen von Aqaba Feuer und brannte, noch bevor die Feuerwehr eingreifen konnte, völlig aus. Dabei kamen der Kapitän und ein Matrose ums Leben. Der Frachter, der schon längere Zeit im Hafen auf Ladung wartete, sollte Phosphat und Kalidünger in den Irak transportieren. Nach dem Brand lag das Schiff noch drei Jahre vor sich hinrostend auf Reede, bevor der Sohn von König Hussein, Kronprinz Abdullhah, es kaufte. Als begeisterter Taucher und Mitinitiator des Royal Aqaba Diving Clubs versenkte er in

Jordanien

Zusammenarbeit mit der Royal Jordanian Navy die »Cedar Pride« 10 km südlich von Aqaba und fügte den Tauchgebieten vor der Küste der Hafenstadt eine weitere touristische Attraktion hinzu. Bezeichnenderweise heißt die Bucht, in der das Wrack in 24 m Tiefe auf der Backbordseite (links) liegt, Shipbay. Die genaue Lage des Wracks markiert eine an der Oberfläche befestigte schwarze Tonne, die schon von weitem deutlich sichtbar ist. Das Wrack läßt sich einfach betauchen und eignet sich deshalb auch gut für Anfänger als Einstieg ins Wracktauchen. Ein weiterer Vorteil ist die an diesem Platz nur geringfügige Strömung und die das ganze Jahr über sehr guten Sichtverhältnisse. Tauchgänge starten fast ausschließlich von Land und beginnen vorzugsweise am Vorschiff. Dort ist das Seil der Wracktonne befestigt. Herausragender Orientierungspunkt am Vorschiff ist der Lademast, der sich unmittelbar hinter der Ankerwinde und der ehemaligen Kettenführung befindet. Sowohl der Flagstock an der Bugspitze wie auch der Ladebaum des vorderen Mastes sind bereits wunderschön mit Weichkorallen bewachsen. Beginnender Bewuchs läßt sich auch an einigen herabhängenden Seilen erkennen. Sehr schön erhalten blieb die Vorschiffsreling. Nähert man sich vom ersten Laderaum dem Vorschiff, so fallen sofort die Lüfter zu beiden Seiten der Treppen auf. Drei offene Türen führen ins Innere des Vorschiffs. Durch die rechts außen befindliche Tür kann man im Scheinwerferlicht einen Dieselmotor erkennen, der einst zum Aufziehen der Ankerkette diente.

Am 26.11.1995 erschütterte ein Erdbeben die Gegend um Aqaba, und die »Cedar Pride« rutschte etwa 2 bis 3 m weiter ab, ohne aber ihre Lage auf der Backbordseite nennenswert zu verändern. An der Steuerbordseite (rechts) des Rumpfes befinden sich zwei große Löcher. Dort wa-

Das Heck der »Cedar Pride« liegt in 24m Tiefe in der Skipbay

Tauchplätze am Roten Meer

Rote Schwämme haben sich am Wrack angesiedelt

ren die Sprengladungen befestigt, mit denen man das Schiff versenkte. Das Innere des Vor- und Achterschiff bietet für Taucher nur wenig Interessantes, lediglich kahle, rostige Wände und ein paar Reste ehemaliger Versorgungsleitungen. Etwas höher folgt am Rumpf auf der Steuerbordseite ein aufgeschweißtes Relief mit einem der ehemaligen Namen des Schiffes, »San Bruno«. Zu beiden Seiten der Brücke erheben sich Masten, die mit ihren Querverbindungen einem auf dem Kopf stehenden »U« gleichen. Ihre Spitzen, wie auch die gesamte Konstruktion, sind mit großen Weichkorallen unterschiedlichster Farben bewachsen. Bei guter Sicht lassen sich hier herrliche Gegenlichtaufnahmen in Szene setzen. Die Brücke selbst wurde durch das Feuer stark zerstört. Am Ende des Achterdecks führt hinter den Aufbauten ein Niedergang ein Stockwerk tiefer in einen teilüberdachten Heckbereich. Das zweite Rettungsboot an Backbord, das früher ein beliebtes Fotomotiv war, wurde, von wem auch immer, mittlerweile völlig zerstört. Auch von der freiliegenden vierblättrigen Schiffsschraube hat man Stükke herausgebrochen. Mit dem Ruderblatt stellt sie aber immer noch ein reizvolles Fotomotiv dar. Schwimmt man vom Heck im rechten Winkel seewärts, so stößt der Taucher in 25 bis 30 m Entfernung auf ein zweites Wrack. Das ca. 8 bis 10 m lange ehemalige Fischerboot bietet für Taucher allerdings wenig Aufregendes.

Kleines gesunkenes Fischerboot in Nähe der »Cedar Pride«

Israel

»Cedar Pride« – Fakten

GPS-Position: N 29° 31' 30,0''
E 34° 59' 30,0''

Technische Daten

Länge über alles: 74,43 m
Breite: 10,75 m
Tiefgang: 5,03 m
Schiffstyp: Stückgutfrachter
Antrieb: 1 x 9-Zylinder Diesel (MAN)
Leistung: 1.230 PS
Geschwindigkeit: 12,5 kn.
Stapellauf: Juli 1964
Bauort: Gijon
Land: Spanien
Erste Reederei: Naviera Aznar Sociedad, Bilbao, Spanien
Letzte Reederei: Cedar Pride Shipping Co. S.A.L., Beirut, Libanon
Untergang: 1985 – versenkt als künstliches Riff, vorher im Hafen ausgebrannt
Ort: Südlich von Aquaba
Hoheitsgewässer: Jordanien

Die »Cedar Pride« in Kürze

Maximale Tiefe des Wracks: 24 m
Minimale Tiefe des Wracks: 9 m
Strömungen: kaum
Sicht: gut

Israel

Im Vergleich zur gesamten Küstenlänge des Roten Meeres stellt der Anteil Israels um Eilat nur einen winzigen Abschnitt dar. Geographisch betrachtet ist Eilat (ca. 35000 Einwohner) die südlichste Stadt Israels. Hier liegen vor der Küste die nördlichsten Korallenlandschaften der Erde. Am Golf von Aqaba, der sich in diesem Bereich auch Golf von Eilat nennt, grenzen neben Israel drei weitere Staaten an: Jordanien, Saudi Arabien und Ägypten. Die Vermutung liegt also nahe, daß dieses Gebiet im Verlauf der Geschichte Schauplatz zahlreicher Auseinandersetzungen war (und noch ist).

Die historische Entwicklung beginnt im Jungpaläolithikum vor etwa 20000 Jahren, als im Sinai Flintvorkommen (Feuersteine) entdeckt wurden. Auch wurde nördlich des heutigen Eilat bereits früh Kupfer abgebaut (Timna Epoche, 3500 v. Chr.). Die Geschichte der Region führt

Ein beliebter Ausflugsort, die renovierte Kreuzritterburg auf Coral Island

Tauchplätze am Roten Meer

Der neue Observatoriumsturm, links daneben das U-Boot Jacqueline

kommen auch Schnorchler und Naturliebhaber auf ihre Kosten, die nur einen Blick unter die Wasseroberfläche werfen wollen. Die Saumriffe (Entstehung siehe S. 27ff.), die hier sehr zur Freude der Taucher steil ins Meer abbrechen, bilden zum Strand hin wunderschöne Lagunen aus, in denen man herrlich baden und schnorcheln kann. Wer sich ganz und gar nicht mit dem nassen Element anfreunden mag, kann sich auch trockenen Fußes in der tropischen Unterwasserwelt umschauen. Hierzu steht ein Tauch-U-Boot (»Jacqueline«) zur Verfügung, das täglich Ausfahrten bis in 60 m Tiefe unternimmt. Bereits seit 1975 existiert die Unterwasseranlage Coral World. Von einem Turm aus können die Besucher hier direkt in das 6 m tiefe Korallenriff spazieren. So bietet der winzige israelische Küstenabschnitt am Golf von Eilat ein Maximum an Freizeitaktivitäten für Liebhaber der tropischen Meeresfauna. Darüber hinaus gibt es natürlich noch ein paar weitere Besonderheiten, die man jedoch nur mit einer Tauchausrüstung ausgestattet erleben kann.

über religiöse und politische Streitereien der Vergangenheit und wirtschaftliche Auseinandersetzungen zur Sicherstellung wichtiger Handelswege (Schiffahrtswege im Golf, Wasserrechte in der Wüste) bis in die heutige Zeit. Großen Einfluß auf die jüngere Geschichte des Gebietes nahm der Bau des Suez Kanals, der unter der Leitung des Franzosen Ferdinand de Lesseps gebaut und am 11.12.1869 feierlich eröffnet wurde. Die Sinaihalbinsel wurde damit zum politisch und militärisch wichtigen Territorium, zunächst für England und später für Israel (Sechs-Tage-Krieg 1967, Yom Kippur Krieg 1973). Ruhe kehrte erst nach dem Abkommen von Camp David im Jahr 1982 ein.

Eilat, nach dem Sechs-Tage-Krieg direkt am Meer erbaut, ist heute eine moderne Stadt, die den internationalen Tourismus erfolgreich bewirbt. Insbesondere Taucher ziehen die wundervollen Korallenlandschaften magisch an, die unmittelbar vor den weißen Sandstränden von Salomons Wadi bis Taba liegen. Doch in Eilat

Dolphin Riff

Südlich von Eilat liegt am South Beach in der Nähe der Hafenanlage eine Delphin-Forschungsstation. Hier werden aus Delphinarien stammende Tiere auf ein freies Leben im Meer vorbereitet. Für Taucher bietet sich am Dolphin Riff die einzigartige Gelegenheit mit Delphinen, vornehmlich dem Großen Tümmler *(Tursiops truncatus)*, zu tauchen. Vor den Tauchgängen erhalten sie vom Personal genaue Richtlinien für das Verhalten gegenüber den Tieren. Die Delphine

Israel

Handzahmer Delphin im Delphin-Reef

scheinen ihre Tauchlehrer ganz gut zu kennen und beginnen sofort mit ihnen zu spielen. Die Gäste umschwimmen sie ebenfalls spielerisch, so daß es eine wahre Freude ist, mit ihnen zu tauchen. Berühren sollte man sie allerdings nicht. Das Delphingehege ist mit zwei Netzen großräumig abgegrenzt (Fläche ca. 10000 m^2) und reicht am Riff bis zu 20 m hinab. Die Tiere können, wenn sie wollen, also jederzeit in die Freiheit entkommen.

Ziemlich in der Mitte des Tauchplatzes, zwischen dem ersten und dem zweiten Netz, liegt in ca. 8 m Tiefe ein kleines Holzboot (»Doni«). Es gibt zwar für Beobachtungen nicht viel her, hat sich aber schon ganz gut in die Korrallenlandschaft eingepaßt. Am Dolphin Riff bietet sich auch Schnorchlern die Möglichkeit, mit den Delphinen zu schwimmen. Wem das zu gefährlich erscheint, kann von einer Plattform aus die Tiere beobachten.

Mosesfelsen

Nur 700 m nördlich des Coral World Unterwasser Observatoriums liegt am Eingang des Nationalparks der Tauchplatz »Moses Rock«. Er ist gut von der Straße Eilat-Taba aus zu erreichen. Der Zugang ist jedoch gebührenpflichtig, Erwachsene zahlen umgerechnet etwa vier, Kinder zwei Dollar. Taucher starten vornehmlich vom Steg aus und schnorcheln das kleine Stück (ca. 20 m) zum »Moses Rock«, bevor sie abtauchen. Der Mosesfelsen, der sich wie ein Turm bis knapp unter den Meeresspiegel erhebt, reicht bis in 10 m Tiefe. Er ist herrlich mit Weichkorallen bewachsen und wird von zahlreichen Fischarten umschwommen. Hier bietet sich dem Taucher ein wahrhaft

Blaupunktrochen ernähren sich von Würmern, Garnelen und Einsiedlerkrebsen

Tauchplätze am Roten Meer

Das Wrack des Raketenschnellbootes »Soufa« wurde als Tauchattraktion vor Coral Beach versenkt und liegt heute auf 25 m Tiefe

Unter Wasser geht es dann wie schon beschrieben weiter.
Der Strand ist bereits touristisch erschlossen. Hier finden sich sanitäre Anlagen, Umkleidekabinen und kleine Geschäfte, so daß es den Gästen an nichts fehlt. Vor kurzem eröffnete sogar eine Strandbar.

Die »Japanischen Gärten«

Kaum einen Kilometer südlich vom Mosesfelsen liegen die sogenannten »Japanischen Gärten«, eine artenreiche Korallenlandschaft, die auf der Welt ihresgleichen sucht. Der Ort hält in der Tat den Vergleich mit einem japanischen Garten stand. Die zahlreichen, farbenfrohen und mit Weichkorallen besiedelten Felsbrocken stehen dicht an dicht und bieten schon im Flachwasserbereich zusammen mit unzählig vielen Meeresfischen ein beeindruckendes Bild. Die zauberhafte Korallenlandschaft reicht bis über 40 m hinab. Eine besonders schöne Steilwand, an der sich die Korallenvielfalt bis ins Flachwasser erstreckt, liegt nördlich der abgegrenzt markierten Einstiegsstelle. Neben all diesen natürlichen Schönheiten

farbenprächtiges Bild. Der Moses Rock eignet sich auch hervorragend für Schnorchler, die an der tropischen Unterwasserwelt interessiert sind. Vom Felsen ausgehend betaucht man am Riff entlang einen großen Bogen. Seewärts fällt der Grund bis auf 40 m Tiefe ab. Wer auch ins Freiwasser schaut, kann hier häufig Schwarmfische sehen, die silbern im Blau des Meeres blinken.
Die zweite Möglichkeit, den Mosesfelsen zu betauchen, ist der Start am abgegrenzten, markierten Bereich über dem seewärts gelegenen seichten Riffdach.

ten können Sie mit ein wenig Glück noch etwas ganz Außergewöhnliches erleben: Wo begegnet einem Taucher schon noch ein U-Boot?! Das knallgelbe Unterwassergefährt ist schon von weitem gut sichtbar. Bei den »Japanischen Gärten« ist diese Begegnung in ca. 25 bis 40 m Wassertiefe durchaus schon vorgekommen. Da U-Boote bekanntlich nicht schnell abbremsen können, empfiehlt sich für Taucher ein gebührender Sicherheitsabstand.
Die Japanischen Gärten stehen unter Bewachung. Die Anzahl der Taucher ist pro

Ägypten/Nuweiba

Tag auf 20 begrenzt und eine vorherige Anmeldung ist daher notwendig (bei Coral Beach; Tel.: 67376829). Der Eingang befindet sich am Südtor, der zu entrichtende Eintrittspreis ist der gleiche wie am Moses Rock.

Ägypten – Nuweiba (nördlicher Sinai)

Hausriff

Das Hausriff beginnt 150 m vor der Tauchbasis mit Korallenblöcken, die eine tunnelartige Szenerie bilden. Dort stehen oft große Glasfischschwärme und jahreszeitlich bedingt geben Jungbarrakudas und Fahnenbarsche ihren Einstand. Charakteristisch für diesen Platz sind die vielen kleinen Höhlen, in denen Muränen, Rotfeuerfische, Steinfische und andere Skorpionfische leben. Mit etwas Glück sitzt sogar ein Anglerfisch im Riff.

Die Korallenblöcke sind mit wunderschönen Weichkorallen und Anemonen besiedelt. Dieser Bereich des Hausriffs eignet sind besonders für sichere Tauchabstiege in der Nacht. Das eigentliche Hausriff beginnt erst danach, fällt terrassenförmig bis auf 40 m ab und bietet unterschiedlichste Korallenformationen. Dort treffen Taucher auf Nashornfische, Makrelen, größere Barrakudas und Papageifische, die sich an den zahlreichen Putzerstationen zur »Körperpflege« einfinden. Besonderheiten am Hausriff stellen Bärenkrebse, Seepferdchen und Langusten dar. Der interessanteste Bereich des Riffs liegt im 25 m-Bereich.

In der Länge mißt das Riff etwa 500 m,

Seestern auf rotem Schwamm

danach verläuft es links parallel zum Hotelstrand und läuft in 10 m Tiefe aus. Das Hausriff stellt mit seiner Flora und Fauna ein Highlight für jeden Filmer und Fotografen dar. Rochen und Schildkröten zählen zu den häufigen Besuchern der traumhaften Rifflandschaft.

El Maagana

El Maagana liegt etwa 10 Autominuten nördlich von Nuweiba. Wie bei vielen Tauchplätzen der Region erfolgt der Einstieg über den Strand. Der Tauchgang beginnt über einer Sandfläche, die auf etwa 8 m abfällt und zu einer Seegraswiese führt. Von dort kann man nach rechts oder links abbiegen. Beide Tauchgänge beschreiben einen großen Bogen, der den Taucher wieder an den Ausgangspunkt zurückbringt. Es empfiehlt sich, für den Vormittag die linke Route zu wählen. Der Taucher gleitet in 8 bis 12 m Tiefe an

Tauchplätze am Roten Meer

Oben links: Der Orangebänder-Kardinalbarsch (Archamia fucata, Cantor) an Weichkoralle

Oben rechts: Doktorfisch bei der Nachtruhe

Mitte links: Der Scherenschwanz-Sergeant (Abudefduf sexfasciatus, Lacepede) lebt in korallenreichen Zonen und oft in großen Schulen

Mitte rechts: Die Zitronengelbe Demoiselle ist ein Einzelgänger und häufiger Riffbewohner

Unten: Marmorierte Kaninchenfische (Siganus argenteus, Quoy & Gaimard) werden wegen ihrer mümmelnden Kaubewegung so genannt

Ägypten/Nuweiba

einer großen Riffplatte mit mehreren schön bewachsenen Korallenfelsen vorbei. Linkerhand befindet sich ein großer, freistehender Block, der von 20 auf 12 m heraufragt. Steinkorallen kennzeichnen die Unterwasserszenerie. Weiterhin liegt auf der linken Seite eine Riffplatte, die in eine Steilwand übergeht und bis in etwa 25 m abfällt. Am Ende des Riffs befindet sich in 15 m Tiefe ein Kamin, der in 28 m endet und den Taucher dort wieder ins Freiwasser entläßt. Nach dem Kamin führt der Weg weiter nach links. Von der Steilwand aus kann man jederzeit das Riffdach erreichen, das in 15 m Tiefe liegt. Bei der Austauchphase liegen im 10 m-Bereich viele kleine Korallenblöcke, an denen es von bunten Fischen nur so wimmelt. Ein möglicher Nachmittagstauchgang sollte nicht zu spät unternommen werden, da die sinkende Sonne das Riff immer spärlicher bestrahlt und die Attraktionen des Tauchplatzes nur noch ein Schattendasein führen.

Die Riffstruktur der rechten Seite ähnelt der linken Hälfte. Der Tauchgang verspricht hier Begegnungen mit Rochen, Napoleonfischen, Oktopussen, Nashornfischen und Makrelenschwärmen. Haie lassen sich nur selten blicken. Dafür liegt das Große, wie so oft, im Kleinen. Der Tauchplatz bietet unzählige interessante Motive im Makrobereich und große Feuerkorallenkolonien. Jahreszeitlich bedingt tritt von Mai bis Juni am El Maagana Plankton auf und trübt die Sicht ein. Nicht weit entfernt liegt ein weiterer Tauchplatz, »Out of Maagana« (Außenriff). Der strömungsexponierte Spot mit Tiefen zwischen 25 und 30 m eignet sich mehr für erfahrene Taucher. Rifformationen, Korallen- und Fischbestand ähneln den beiden zuvor beschriebenen Plätzen.

Angelfish Goach

Angelfish Goach wird vorzugsweise vom Boot aus betaucht, da der Landeinstieg etwas umständlich zu meistern ist. Der Tauchplatz liegt nur knappe fünf Minuten vom Ras Sheitani entfernt und eignet sich gleichermaßen für Anfänger und Fortgeschrittene. Erfolgt der Einstieg vom Land aus, so überquert der Taucher zunächst eine größere, mit Korallenblöcken durchsetzte Sandfläche in 5 bis 20 m Tiefe. Hieran schließen sich zwei Riffplatten an, die von zwei Kanäle durchzogen werden. Der erste Kanal in 20 bis 35 m Tiefe empfiehlt sich für den Hinweg, der zweite zeigt dann landwärts und steigt allmählich von 15 auf 10 m an. Taucher mit sparsamem Luftverbrauch können noch ein wenig weiter Richtung Norden bis zum »Pool« in Ras Sheitani tauchen. Hier bietet sich die Möglichkeit zu einem leichten Ausstieg.

Ras Sheitani

Etwa 20 Fahrminuten von Nuweiba entfernt liegt der Tauchplatz Ras Sheitani. Der Einstieg erfolgt vom Land aus und führt über den Strand. Über einen kleinen »Pool« mit sandigem Untergrund erreicht der Taucher ein Areal mit vereinzelten Korallenblöcken, denen eine Seegraswiese mit einigen größeren Felsen folgt. In der bizarren Landschaft stehen vereinzelte Tischkorallen. Der Tauchplatz fällt bis auf 25 m ab. Das Ras Sheitani ist ein idealer Platz für Anfänger, die mit etwas Glück und Geduld sogar die sehr seltene »Spanische Tänzerin« sowie Schildkröten und Adlerrochen beobachten können.

Tauchplätze am Roten Meer

Bawaki

Bawaki ist einer der wenigen Tauchplätze um Nuweiba, die ausschließlich mit dem Boot erreicht werden können. Die Riffstruktur ist ovalförmig. Der Platz liegt etwa 1,5 Bootsstunden in nördlicher Richtung vom Nuweiba Diving Camp entfernt. Das Riff erlaubt Tauchgänge zwischen 5 und 20 m Tiefe und ist für Anfänger und Fortgeschrittene gleichermaßen gut geeignet. An der Nordseite von Bawaki befindet sich das Wrack eines gesunkenen Fischerbootes. Im ganzen Riffgebiet halten sich besonders viele Soldaten- und Kugelfische auf. Fledermausfische, die sich zum Teil in großen Schwärmen versammeln, sind hier ebenfalls häufige Begleiter des Tauchers. In nordöstlicher Richtung finden sich zahllose Tischkorallen, die zum Teil wunderschön mit bunten Weichkorallen bewachsen sind.

La Siren

Dieser Tauchplatz eignet sich vornehmlich für Nachttauchgänge und tagsüber für Anfänger und ambitionierte UW-Fotografen. La Siren liegt etwa fünf Autominuten südlich vom Diving Camp Nuweiba. Der Tauchspot führt seine Bezeichnung nach dem gleichnamigen Hotel La Siren, welches vermutlich das schönste Hausriff der ganzen Sinaihalbinsel besitzt. Dieses verläuft mit einer Länge von 600 m nur 20 m vom Strand entfernt in Nord-Süd-Richtung. Die durchgehende Rifformation teilt sich in große, einzelstehende Blöcke. Dort lebt fast alles, was in intakten Riffen zu finden ist. An den zahlreichen Putzerstationen finden sich viele Fischarten ein und zwischen den Korallen verstecken sich Langusten und Nacktschnecken. Auch Schildkröten und Barrakudas lassen sich hier häufig blicken. Die relativ geringe Tiefe von maximal 10 m erlaubt lange und ausgiebige Tauchgänge. Einziger Nachteil dieses Spots: Bei Flut verschlechtern sich oft die Sichtverhältnisse.

MFO – linke und rechte Seite

Die linke Seite des Tauchplatzes MFO liegt etwa 10 Autominuten südlich vom Diving Camp Nuweiba an einer strömungsexponierten Stelle. Deshalb eignet sich dieser Platz vorzugsweise für erfahrene Taucher. In Richtung des Hafens von Nuweiba befindet sich eine alte Entsalzungsanlage, an deren Rückseite Parkmöglichkeiten bestehen. Von dort aus können die Tauchaktivitäten starten. Etwa 50 m entlang der Rohre liegt die beste Einstiegsstelle. Von dort beginnt der Tauchgang in nördlicher Richtung. Bereits bei den hübsch bewachsenen Rohren leben Drücker-, Rotfeuer-, Kaiser- und Krokodilfische sowie unzählige kleine Jungfische. Am Ende der Rohre (in ca. 20 m Tiefe) erstreckt sich links eine Sandfläche, die seicht bis auf 35 m abfällt. Dort stehen auffällig große Tischkorallen, denen bunte Weichkorallen aufsitzen. Muränen, viele Makrelen und andere Schwarmfische ergänzen das eindrucksvoll lichtdurchflutete Bild. Für UW Fotografen ergeben sich hier herrliche Weitwinkelmotive.

Die rechte MFO-Seite eignet sich auch für Anfänger, da hier die Strömung weniger stark ist. Der Einstieg befindet sich etwa 50 m südlich der Rohrleitungen. Der Tauchplatz kann vom Land und vom

Ägypten/Nuweiba

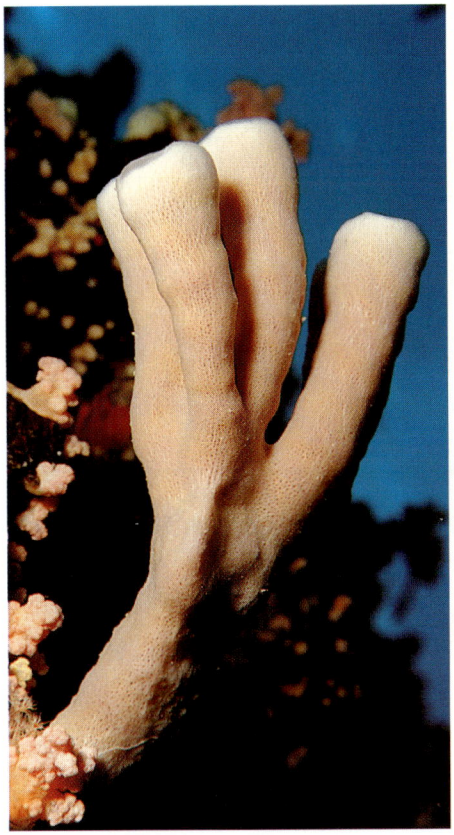

Oben links:
Röhrenschwämme

Oben rechts:
Makroaufnahme der Schuppen eines Papageifisches

Mitte rechts:
Die Pygamaschnecke (Glossocloris quadricolor) ernährt sich von Hydroiden und Schwämmen

Rechts unten:
Auge vom Krokodilsfisch, auch Alligatorfisch genannt

Tauchplätze am Roten Meer

Oben:
Tischkoralle mit gigantischem Durchmesser

Kleines Bild oben:
Schwarzrücken-Falterfische (Chaetodon melanotus, Bloch & Schneider) können bis zu 17 cm groß werden

Links:
Großschulenbarben (Mulloides vanicolensis, Valensiennes) sind oft im Schwarm anzutreffen

Ägypten/Nuweiba

Straßenszene in Dahab

Boot aus betaucht werden. Die großen Weichkorallenblöcke im Flachwasserbereich werden von erstaunlich vielen Jungfischschwärmen und etlichen Muränen besiedelt. Das Riff fällt sanft bis auf 30 m ab, ist von rechteckiger Form und erstreckt sich in Nord-Süd-Richtung. Die Tischkorallen auf dem Riffdach erreichen einen Durchmesser von bis zu 6 m. Auf ihnen leuchten Weichkorallen in unterschiedlichsten Farben. In etwa 25 m Tiefe befindet sich an der rechten Riffseite eine riesige Fächerkoralle (4 m Durchmesser!). In der direkten Verlängerung zur Fächerkoralle liegt 10 m tiefer der Sockel einer ehemals israelischen Markierungsboje. Die Kette ist hier durchgehend mit sehr schönen Weichkorallen besetzt. In den Kettengliedern halten sich Jungfische, Rotfeuerfische, Kofferfische, Fahnenbarsche und andere Fischarten auf. Entlang der Kette schwimmen an der 3 m großen Boje häufig Makrelen-, Barrakuda- und Füsilierschwärme vorbei. Die Boje liegt in 7 m Tiefe.

Im 10-Meterbereich des Riffs leben Barsche, Flötenfische und Sepien. Aufmerksame Taucher können am MFO-Riff auch Steinfische entdecken.

Lighthouse Dahab

Nach einer Stunde Autofahrt in südlicher Richtung erreicht man das Lighthouse Dahab. Der Einstieg am Restaurant »Lighthouse« ist unkompliziert und führt den Taucher, der sich nach rechts hält, über ein sandiges Areal mit vielen Korallenblöcken. Die steil abfallende Sandschräge geht links in eine Riffwand über. Die Tauchtiefen am Lighthouse Dahab liegen zwischen 3 und 40 m und garantieren allerlei Abwechslung mit rei-

Tauchplätze am Roten Meer

Oben: Stimmungsaufnahme im Riff

Unten: Kleine Sepia auf Nahrungssuche

Wenn am Lighthouse Strömung herrscht, müssen die Tauchgänge besonders sorgfältig geplant werden. Eine weitere Gefahrenquelle stellen die Jetskifahrer an der Oberfläche dar, die unwissend (oder fahrlässig!?) wenig Notiz von den vielen Tauchern nehmen.

Canyon Dahab

Der Canyon ist ein weit über die Grenzen des Sinai hinaus bekannter Tauchplatz. Er liegt etwa 1,5 Autostunden nördlich von Nuweiba. Die einzigartige Korallenlandschaft zeigt an einigen Stellen bedauerlicherweise Spuren starker Übertauchung, obwohl Strömungen und die oft gefährliche Brandung nur erfahrenen Tauchern den Abstieg ermöglichen.

Der einfachste Ein- und Ausstieg erfolgt durch einen nicht zu verfehlenden Pool in der Riffplatte. Nach dem Ausgang in etwa 3 m Tiefe führt der Weg links in Richtung Norden an der kleinen Wand entlang. Die anschließende sandige Fläche ist mit kleinen, unterschiedlichen Korallenblöcken und vereinzelten Tischkorallen besetzt. Mit normalem Flossenschlag erreichen Taucher nach etwa 10 Minuten einen auffälligen, einzelstehenden Korallenblock in 15 m Tiefe, an dem häufig Strömungen auftreten. Am Felsen beginnt ein großer, betauchbarer Spalt, der nur über zwei Eingänge sicher betaucht werden kann. Der erste liegt auf etwa 15, der zweite auf 22 m Tiefe. Ein geräumiger Tunnel, in den man am besten kopfüber eintaucht, führt in ca. 40 m zum sogenannten »Großen Saal«. Dort kehrt man wieder um, denn der »Kleine Saal« und der Ausgang zum Außenriff liegen unter der sicheren Sport-

chem Fischbestand. Nach etwa 100 m ist das Ende der Wand erreicht. In der Verlängerung steht über einer Landschaft mit kleineren Korallenblöcken in 28 m Tiefe eine auffällig große, einzelne Fächerkoralle (etwa 4 m Durchmesser!). An die erste Wand schließ sich links eine zweite an, die bis in etwa 20 m Tiefe hinabreicht. Dort stehen wie auf einer Perlenkette aufgereiht viele Tischkorallen hintereinander.

Ägypten/Nuweiba

tauchgrenze. Der Tunnel hat sandigen Grund, der Durchmesser beträgt 4 m, die Höhe etwa 10 m. Durch den fortlaufenden Spalt fällt ausreichend Licht ein, so daß man alles gut erkennen kann. Der Rückweg führt wieder zum Pool.

Tauchgänge zum »Großen Saal« erfordern viel taucherisches Können und Disziplin. Auf dem Rückweg liegt in südlicher Richtung in 20 m Tiefe eine weitere, wunderschön bewachsene Korallenwand.

Blue Hole/Dahab

Das Blue Hole von Dahab zählt zu den bekanntesten Tauchplätzen der Sinai-Halbinsel. Vom Canyon aus erreicht man das »Blaue Loch« nach 10-minütiger Autofahrt über eine holprige Piste. Der Tauchplatz ist nicht leicht erreichbar, weil der Einstieg oft von starker Brandung umspült wird. Im Blue Hole selbst wachsen so gut wie keine Korallen. Taucher durchschwimmen es oder tauchen an der Wand entlang. Die gelotete Tiefe dieses spektakulären Spots reicht bis 800 m tief hinab. Am Ufer der gegenüberliegenden Seite liegt in 7 m Tiefe ein Ausstieg zum Außenriff. Dort schließt sich eine atemberaubende, 80 m tiefe Steilwand an. Der sicherste Rückweg führt wieder durch das Blue Hole.

Eine zweite Variante, den Platz zu betauchen, setzt eine gute Kondition voraus. Mit der angelegten Tauchausrüstung geht man etwa fünf Minuten nach Norden, überwindet noch einige Felsen und erreicht einen spektakulären Einstieg. Ein enger Kamin, der nur einzeln durch-

Viele Weichkorallen siedeln sich in Gorgonien an

taucht werden kann, mündet an dem oben beschriebenen Drop Off. Der Tauchweg führt weiter zum jetzt südlich gelegenen Blue Hole und endet am Strand.

Die Riffe in der Straße von Tiran

Die Straße von Tiran ist eine natürliche Verengung am Eingang des Golfs von Aqaba. Hier nähern sich die Ostküste des Sinai und das saudiarabische Festland bis auf wenige Kilometer. Inmitten dieser Meerenge erheben sich als Gipfel eines unterseeischen Gebirges vier unterschiedlich große Riffe, die für die Schiffahrt tückische Hindernisse darstellen. Für Taucher dagegen zählen sie zu den besonderen Attraktionen im Roten Meer. Die Riffe, die alle auf Tagestörns bequem mit dem Boot von Sharm el Sheikh

Das 1981 gestrandete Wrack der »Loullia«

erreichbar sind, tragen in Nord-Südfolge die Namen Jackson Reef, Woodhouse Reef, Thomas Reef und Gordon Reef. Alle Riffe haben auf ihrer östlichen Seite ausgeprägte Steilwände, die bis 80 m und noch tiefer abfallen und ausgezeichnete Tauchmöglichkeiten bieten. Bedingt durch die exponierte Lage der Riffe treten hier bisweilen starke Strömungen auf, in denen allerlei Großfische stehen. Sie tragen neben den atemberaubenden Formationen der Steilwände maßgeblich dazu bei, daß die Riffe auf der Liste der »Top Ten« bei Tauchern ganz oben stehen.

Gordon Reef

Das Gordon Reef markiert den östlichen Punkt der Schiffahrtsstraße von Tiran. Ein Leuchtfeuer auf der Südwestseite warnt die Schiffahrt vor den Gefahren des Riffs. Die Westseite der Meereszunge wird durch den Leuchtturm von Ras Nasrani auf der Sinaiseite markiert. Leider kommt es trotzdem immer wieder zu Unglücken, wie zum Beispiel an der Nordwestecke des Gordon Reefs, wo das Wrack der »Loullia« auf dem Riffdach liegt. Das Schiff befand sich mit einer Ladung Industriemaschinen auf dem Weg von Aqaba nach Suez, als es am 29. September 1981 auflief und nicht mehr frei kam. Die Besatzung gab nach kurzer Zeit den Havaristen auf und am 27.11.1981 wurde die »Loullia« von ihrem Eigner als Totalverlust abgeschrieben.

Das Gordon Reef besitzt eine leicht ovale Form und liegt 1,5 km vor der Festlandküste des Sinai. Im Süden, bzw. im Südosten des Riffs liegen die geschützten Ankerplätze, von denen die Tauchgänge vorzugsweise beginnen. Ein markantes

Straße von Tiran

Merkmal im Ankerbereich ist ein flaches Plateau in 5 m Tiefe, das auf einer Länge von etwa 250 m an der Riffkante bis auf ca. 20 m abfällt. Der Untergrund, anfänglich eher sandig, bildet erst mit größerem Abstand vom Vorriff wieder korallenartige Strukturen aus. Im Südosten liegt eine weitere mit schönen Korallenblöcken durchsetzte Sandfläche, die bisweilen auch »Amphitheater« genannt wird. Dort treffen Taucher oft auf »schlafende« Haie. Taucht man weiter nach Osten und paßt man den Kurs dem Riffverlauf nach Norden an, erreicht man einen Abbruch, der von 30 bis 50 m Tiefe reicht. Danach überquert der Taucher ein Feld mit alten Fässern, die von Korallen überwuchert sind. Sie gehörten offensichtlich zur Ladung eines Schiffes, das hier unterging und heute weit unterhalb der zulässigen Sporttauchgrenze an der Ostseite des Gordon Reefs liegen müßte. Die Fässer sind zur Heimat kapitaler Zackenbarsche geworden. Schwimmt man noch etwas weiter nördlich, so schließt sich in 20 m Tiefe ein sandiges Areal an, auf dem eine große Sandaalkolonie lebt.

Auf dem Weg entlang der Ostseite des Riffs nach Norden werden Taucher von starken Strömungen oft förmlich ausgebremst. Hier ist es spannend, aus einer geschützten Ecke heraus das Freiwasser zu beobachten und darauf zu warten, bis Haie, Rochen, Schildkröten, große Makrelenschwärme oder andere »Überraschungen« vorüberziehen.

Die Unterwasserlandschaft des Gordon Reefs ist sehr beeindruckend, allerdings gibt es nur wenige markante Punkte, die Anfängern die Navigation unter Wasser erleichtern könnten. Wer nicht sehr erfahren im Umgang mit Strömungen ist und auch die Unterwassernavigation nur un-

Oben: Papageifische lassen sich während der Nachttauchgänge gut porträtieren

Unten: Bei tiefen Tauchabstiegen sollte die ganze Gruppe stets zusammenbleiben!

Tauchplätze am Roten Meer

Durch die Makrofotografie werden viele Schönheiten der Meere erst sichtbar

zureichend beherrscht, sollte sich am Gordon Reef nicht zu weit vom Tauchoot entfernen. Zu sehen gibt es auch in der Nähe des Ankerplatzes genug.

Daß die Riffe am Eingang des Golfes von Aqaba eine große Gefahr für die Schiffahrt darstellen, erkennt selbst der Laie auf den ersten Blick. Die beiden sichtbaren Wracks, die »Loullia« am Gordon Reef und die »Lara« am Jackson Reef sind hierfür ein Beweis. Sie stellen gewiß nur einen Bruchteil dessen dar, was hier einst strandete und versank. Den Autoren liegen Fakten vor, die zeigen, daß in der Straße von Tiran seit 1970 mindestens 28 Schiffe mit dem Riff kollidierten. Nur 21 davon kamen wieder frei.

Für die Basen in Sharm el Sheikh stellen die Tauchgründe um die Riffe in der Straße von Tiran ein unschätzbares Kapital dar. Aus diesem Grund bemühen sich die örtlichen Tauchschulen so gut es geht, ihre Schätze zu bewahren. Feste Ankerbojen und die sorgfältige Auswahl der Tauchplätze je nach Wetterlage helfen, die Riffe zu schützen. Auch die tauchenden Gäste können mithelfen, die zauberhaften Korallenlandschaften zu erhalten, indem sie sauber tarieren und in der Strömung vorsichtig am Riff entlangschweben.

An der häufig stark beströmten Westseite des Gordon Reefs liegen etliche Wrackteile umher: Fässer, Eisenstangen und andere metallische, mittlerweile aber von Korallen stark verkrustete Gegenstände. Sie lassen darauf schließen, daß dort weitere Schiffe untergegangen sein müssen, denn so viel unterschiedlicher Schrott auf dem Meeresgrund kann eigentlich nicht von einem Schiff allein stammen.

Thomas Reef

In weiterer Folge zum Gordon Reef folgt das fast kreisrunde Thomas Reef. Es ist das kleinste und mit seinen wechselnden Strömungen zugleich das unberechenbarste von den Vieren. Nur wenn Meeres- und Wettergott dem Taucher wohl gesonnen sind, sind hier Abstiege möglich, bei denen das Riff komplett umrundet werden kann. Das Thomas Reef besitzt kein weit auslandendes Plateau oder ausgedehnte Sandflächen wie das Gordon Reef. Rundum geht es mehr oder weniger senkrecht riffab. Nur auf der Ostseite erwartet die tauchenden Besucher eine Sandbank mit einigen mächtigen Fächerkorallen. Etwas weiter östlich des Thomas Reef liegt die sogenannte Grafton-Passage, die sagenhafte 600 m tief hinabreicht. Selbst erfahrene Taucher und Kenner des Tauchplatzes können dort nicht ohne vorheriges Testen voraussagen, aus welcher Richtung die Strö-

Straße von Tiran

mung kommt und vor allem nicht, ob sie während des Abstiegs konstant bleiben wird. Die beste Möglichkeit für sichere Abstiege sind an dieser Stelle deshalb drift dives, bei denen das Boot den Tauchern folgt und sie wieder einholt, nachdem sie auftauchen.

Die Steilwände rund um das Thomas Reef sind einmalig. Im Westen des Riffs befindet sich ein 80 m tiefer Steilhang, dem sich die sogenannte »Enterprise-Passage« anschließt. Sie führt über 300 m tief hinab. Riesige Fächerkorallen, Schwarze Korallen und dichtes »Buschwerk« von Weichkorallen zeugen von gewaltigen Strömungen. Taucher sollten immer mal wieder ins Freiwasser blicken. Am Thomas Reef kann alles, was in der Fischwelt »Rang und Namen« hat, vorbeiziehen. Viele Taucher wissen von erlebnisreichen Großfischbegegnungen zu berichten. Für UW-Fotografen eignen sich deshalb Weitwinkelobjektive und passende Linsen für Fischpoträts besonders gut. Was den Taucher hier an großen Fischen alles erwartet, unterscheidet das Thomas Reef weit vom Standard des Roten Meers. Mit etwas Glück kreuzen sogar die sonst so scheuen Hammerhaie auf.

Auf der Ostseite befindet sich ein Hang, der mit schönen großen Fächerkorallen bewachsen ist. In 35 m Tiefe zweigt dort ein sehenswerter Canyon ab. Schwarze Korallen findet der Taucher vorzugsweise an der nordwestlichen Ecke des Riffs, wo in etwa 25 m eine hübsche Grotte auf den Besucher wartet, die man besichtigen kann, soweit es die Strömung zuläßt. Für viele Taucher ist das Riff der favorisierte Lieblingstauchplatz in der Straße von Tiran. **Ein Hinweis:** Das Thomas Reef eignet sich nur für erfahrene Taucher mit guter Kondition! Selbst bei ruhigem Wasser kann sich plötzlich eine unerwartete Strömung einstellen. Strömungsrichtungen können sich sogar schlagartig ändern, so daß sie Riffumrundungen erschweren, oder aber, wenn sie günstig laufen, angenehm erleichtern. Zur genauen Orientierung ist der sichere Umgang mit dem Kompaß erforderlich. Für den Fall, daß die Strömung den Taucher vom Riff wegträgt, sind auch Seenotsignalmittel empfehlenswert.

Vorbildliche Fotografen verhalten sich so, daß sie nicht die Rifflandschaft beschädigen

Tauchplätze am Roten Meer

Woodhouse Reef

Das Woodhouse Reef ist das dritte Riff in Süd-Nord-Folge und von allen Riffen das längste und schmalste zugleich. Es zeichnet sich besonders durch seine fast senkrechten Steilwände und Überhänge aus. Lediglich im Nordosten läuft der Drop Off in etwa 30 m Tiefe in eine Schräge aus. Parallel zu dieser Ostwand verläuft etwas weiter im Freiwasser ein zweites Riff, das aber durch einen tiefen Einschnitt vom Hauptriff getrennt ist. Ein Überqueren dieses Canyons ist jedoch wegen der starken Strömung zu gefährlich; der Taucher wäre den Gewalten des Meeres hilflos ausgeliefert. Woodhouse Reef ist von seinem Bewuchs nicht so üppig ausgestattet wie die drei Riffe in seiner Nachbarschaft. Die oberen Bereiche weisen zudem noch eine starke Sedimentation auf.

Die Steilwände machen diesen Platz aber mehr als empfehlenswert. Im Norden läuft die Schräge in einen Sattel aus, der dem Jackson Reef zustrebt. Hier herrschen ebenfalls oft starke Strömungen, gegen die Anschwimmen zwecklos ist. Taucher, die beim Erreichen dieses Sattels nicht bemerken, daß hier das Riff zu Ende ist und verspätet auftauchen, geraten unweigerlich in diesen Strom und werden schnell zwischen den Riffen ins offene Meer getragen. Gefahren gehen aber

Oben:
Nachts gehen die großen Barsche auf Jagd

Mitte:
Makroaufnahme einer Hartkoralle

Unten:
Juwelen-Fahnenbarsche ernähren sich von tierischem Plankton

auch von den häufig hohen Wellen an der Riffnordseite aus, so daß Taucher nicht gesehen werden. In solchen Situationen können die Schiffe nicht dicht an das Riff heranmanövrieren, die Gefahr des Abtreibens ist zusätzlich erhöht. Für Abstiege am Woodhouse Reef sind taucherische Routine, Kondition und besonders Seenotsignalmittel unabdingbar. Es handelt sich hier immer um bootbegleitete Strömungstauchgänge; eine Rückkehr zum Startpunkt ist ausgeschlossen. Auf der Schräge liegen oft einzelnen Ammenhaie im Sand, während im Freiwasser immer wieder einzelne Großfische vorüberziehen. Die Westseite des Woodhouse Reefs ist gleichfalls durch steile Wände gekennzeichnet. Die häufig zu beobachtenden großen Fische, die in diesen Gewässern patrouillieren, entschädigen für den eher spärlichen Korallenbewuchs der Wände.

Jackson Reef

Dieses Riff ist nicht nur das nördlichste aller Riffe in der Straße von Tiran, es ist auch das größte und wird von vielen obendrein als das spektakulärste angesehen, das in dieser Region zu betauchen ist. Das Riff ist von ovaler Form und liegt etwa 1 km von der Insel Tiran entfernt. Markantes Kennzeichen des Riffs sind die Überreste der »Lara«, ein Schiff, das 1981 auf das Riffdach lief, nicht mehr frei kam und allmählich abgewrackt wird. Durch die enge Nachbarschaft zur Insel Tiran herrschen am Jackson Reef starke Strömungen vor, natürlich mit allen Höhepunkten maritimen Lebens unter Wasser. Selbst Walhaie und Mantas sind hier bisweilen anzutreffen.

Beliebter Ankerplatz ist die ruhige Südseite, wo feste Bojen das Riff vor weiteren Schäden bewahren. Das Jackson Reef fällt auf seiner gesamten Südseite recht steil ab und ist von etlichen Canyons durchzogen. Diese Schräge erreicht Tiefen von 40 bis 50 m, bevor es nach einem Absatz stufenartig auf 100 m und tiefer abfällt. An seiner Südseite bietet das Jackson Reef alles, was sich Taucher vom Roten Meer wünschen. Prächtige Gorgonen und Weichkorallen, außergewöhnlich große Schwarze Korallen und Lederkorallen schmücken die Wand in allen Tiefen. Anemonenfelder und Areale von Feuerkorallen locken den Besucher genauso, wie der üppige Bestand an Hartkorallen. Röhrenaalkolonien haben sich auf den sandigen Flächen ausgebreitet und wiegen sich sanft mit der Strömung. Folgt man dem weiteren Riffverlauf nach Osten und dann später nordwärts, so wird die Wand zunehmend steiler und bildet auf der Südostspitze regelrechte Überhänge. Hier können unangenehme Strömungen auftreten; dieser Bereich wird manchmal von Leoparden- und Gitarrenhaien aufgesucht; Rochen, Barsche und Schildkröten sind hier ebenfalls anzutreffen.

Eine weitere Attraktion des Jackson Reefs ist seine Südwestspitze, die allerdings erfahreneren Tauchern vorbehalten sein sollte. Wer sich an die Spitze in etwa 25 m vorwagt, wird schnell die kräftige Strömung spüren, die an diesem Platz vorherrscht. Daher sollte man seine Maske nicht zu weit vorstrecken bzw. sich notfalls an einem Sicherungsseil festhalten, das vor Jahren von Tauchguides zur Sicherheit der Taucher ausgelegt. Viele Taucher schwimmen zu diesem Punkt, um sich mit der Sicherheit des Seils das Hai- und Großfischspektakel anzusehen, das an diesem Platz zu beobachten ist. Diese Südwestecke bietet zudem schöne Fächerkorallen, die die Vorteile der Strömung für sich nutzen. Größere Igel- und Kofferfischvorkommen finden sich genauso wie zahme Napolens, Zackenbarsche und Drückerfische. Das Jackson Reef steht aber nicht nur für große Tiefen, um die Vielfalt und die Schönheit des Lebens unter Wasser zu erfahren. Schon auf dem Riffdach oder an seinen Kanten beginnt das Reich der Hartkorallen. Sie bieten mit ihren Spalten, Löchern und Ritzen unzähligen kleinen Fischen eine sicheren Schutz. Hier, wo das Sonnenlicht mit aller Kraft eindringt, herrscht zwischen den bunten Korallenspitzen und den farbigsten Schwämmen stete Bewegung von Millionen zuckender Fischleiber. Nur wenig tiefer beginnt das Reich der Weichkorallen, die ihre wahren Schönheit mit den winzigen Polypen an ihren Spitzen erst nachts zur rechten Geltung bringen. Entfaltet leuchten sie im Lichtkegel des Scheinwerfers in den zartesten Pastellfarben auf, verändern im Wechselspiel des Lichtes ihre Farben und beugen sich voller Grazie in der Strömung, so wie die gewaltigen Gorgonen in größeren Tiefen.

Der Pantherbarsch (Plectropomus truncatus, Fowler) kann eine Größe bis zu 1 m erreichen

Sinai

Das Wrack der gestrandeten »Lara« - heute ein stark abgewrackter Schrotthaufen

Das Wrack der »Lara«

Am 4. Dezember 1981 rammte die 1956 in Deutschland gebaute »Lara« in der Straße von Tiran das Jackson-Riff und schlug leck. Alle Versuche, den Haveristen frei zu bekommen, scheiterten und er mußte aufgegeben werden. Zum Zeitpunkt des Unglücks hatte das Schiff keine Ladung, nur Ballast, an Bord. Ob bei der Havarie Absicht im Spiel war, wie von einigen Stellen behauptet wird, ist nicht bewiesen. Die »Lara« bot sich jedoch in ihrer exponierten und vor allem leicht zugänglichen Lage geradezu an, auf Dauer abgewrackt zu werden. Heute können nur noch Teile der Bugsektion betrachtet werden. Der Rest des Schiffes wurde bereits verschrottet. Der Zeitpunkt ist absehbar, an dem von der »Lara« vermutlich nichts mehr zu erkennen sein wird.

Sinai

Es gibt am Roten Meer kaum eine Tauchdestination, die neben der ägyptischen Festlandküste um Hurghada und Safaga so bekannt geworden ist wie der Sinai. Die gebirgige Halbinsel schiebt sich wie ein großer Keil zwischen die Arabische Halbinsel im Osten und den afrikanischen Kontinent im Westen. Hier findet das Rote Meer mit dem östlich gelegenen Golf von Aqaba und dem westlichen Golf von Suez seine nördliche Begrenzung.
Nach der israelischen Besetzung des Sinais (1967) entdeckten zunächst tauchbegeisterte Armeeangehörige die Faszination der Unterwasserwelt. Begriffe wie Nuweiba, Na´ama Bay, Sharm el Sheikh und Ras Mohammed waren in Taucherkreisen bald der neue Geheimtip. Die neuen Tauchgründe des Sinai zogen

Tauchplätze am Roten Meer

Oben: Typische Küstenformation im Sinai

Unten: Das Katharinenkloster am Fuße des Mount Sinai oder »Mosesberg«

enthusiastische und abenteuerlustige Taucher magisch an. Der Tauchtraum aus tausendundeiner Nacht konnte jedoch nur mit dem Jeep, mitgebrachten Zelten und Schlauchbooten erreicht werden. Der Lohn der Strapazen waren nicht kartierte, bis dahin unbenannte und unerforschte Korallenriffe von einzigartiger Schönheit. Das Blue Hole, die Riffe von Tiran, Ras Umm Sid und das mittlerweile weltberühmte Ras Mohammed gehören heute zum Programm jedes örtlichen Tauchanbieters. Mit der Rückgabe der Sinaihalbinsel an Ägypten (Camp David, 1982) versetze der ägyptische Staat das Gebiet in einen Zwangsschlaf, küßte es aber schnell wieder wach, als er die Devisenquellen aus dem Tauchtourismus an der Festlandküste sprudeln sah. Jetzt begann der planmäßige Ausbau der Infrastruktur und eine gezielte Tourismusbewerbung. Sharm el Sheikh entwickelte sich mit modernem Flughafen und Fünf-Sterne-Hotels zum neuen Tauchsportzentrum auf der Halbinsel. Selbst kleine Fischerdörfer, deren Existenz vorher kaum jemand zur Notiz genommen hatte, mauserten sich zu respektablen Touristenorten und trugen dazu bei, die einsamen Buchten mit Hotelketten untereinander zu verbinden. Die Tauchgebiete um Sharm el Sheikh zählen noch immer zu den schönsten des Roten Meeres.

Laguna

Hinter dem Namen Laguna verbergen sich zwei geschützte Stellen, die an der Westseite der Tiran Inseln liegen. Sie werden gerne dann aufgesucht, wenn die Tauchvoraussetzungen an anderen Riffen wegen zu großen Andrangs oder schlechter Witterung nicht günstig erscheinen. Laguna bietet absolut wind- und wellengeschützte Ankermöglichkeiten. Die Plätze selbst weisen vorzugsweise sandigen Untergrund auf, der von einzelnen Korallenblöcken durchsetzt ist, die zum Teil bis dicht unter die Oberfläche ragen. An diesen Blöcken locken in erster Linie die kleinen Tiere der Rotmeer- Fauna. Die freien Sandflächen werden oft von Rochen und Ammenhaien zur Rast aufgesucht. Aktion und Spannung versprechen Tauchgänge außerhalb der geschützten Bereiche, allerdings nur dann, wenn die Strömung nicht zu stark ist. Dann kann die Nordlagune an ihrer Außenkante auch erfahrene Taucher gewaltig fordern. Wer hingegen den schützenden Bereich der Südlagune verläßt, muß in der Regel nur mit mäßigen Strömungen rechnen. Das taucherische Highlight ist ein großer Korallenblock, an dem riesige Glasfischschwärme stehen (Etwa 100 bis 120 m nördlich des Eingangs zur Lagune). Üppige Weichkorallen und Gorgonen schmücken den Platz, dessen Spitze von einer hübschen, weißen Tischkoralle markiert wird.

Ras Nasrani

Ras Nasrani ist ein beliebter, abwechslungsreicher Tauchplatz mit vielen Gesichtern. Im Norden der Na'ama Bay ge-

Oben: Schnapper (Lutjanus bohar, Forskal), die Familie der Schnapper teilt sich in ca. 300 Arten auf

Unten: Seeigel gehören zu den bevorzugten Leckerbissen für Druckerfische

Tauchplätze am Roten Meer

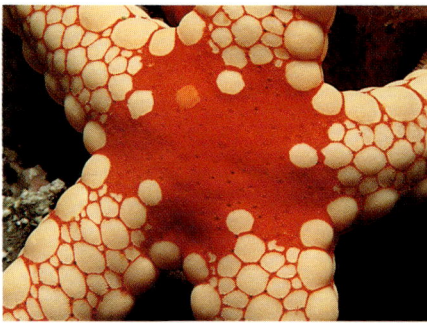

Seestern im Nahbereich

legen, bietet er taucherische Vielfalt. Der eigentliche Tauchbereich liegt etwas weiter südlich der Landspitze, als es die Bezeichnung »Ras« vermuten läßt. Warum er Ras Nasrani, das »Kap der Christen« heißt, weiß so recht niemand mehr, für den Taucher dürfte dieses wohl auch mehr von nebensächlichem Interesse sein.

Ras Nasrani kann bisweilen starke Strömungen aufweisen, denn der Platz liegt unmittelbar an der Straße von Tiran. Wenn die Strömung besonders stark ist, sollte man besser nicht tauchen. Die exponierte Stellung des Ras Nasrani sorgt jedoch für allerlei Überraschungen. Meeresströmungen und Plankton bedeuten im Frühjahr Mantabegegnungen bei, wie so oft, eingeschränkter Sicht. Das Planktonaufkommen kann außerdem während eines Tauchgangs die Sichtverhältnisse schlagartig verschlechtern. Gleiches gilt auch für die Stärke und Richtung von Strömungen, die sich ebenfalls blitzschnell verändern können, besonders in der Nähe der Kapspitze.

Vom Aufbau her ist dieser Platz ein typisches Beispiel für die Unterwasserlandschaft des nördlichen Sinai. Vom Ufer aus erstreckt sich eine schmale Riffplatte, die abrupt bis 10 m abfällt, um dann in einen Steilhang überzugehen, der größe-

Typischer Korallenriffaufbau im nördlichen Sinai

Sinai

ren Tiefen mit 35 m und mehr zustrebt. Besonders im südlichen Bereich des Tauchplatzes gibt es viele kleine Höhlen und Spalten im Riff, die es wegen ihrer abwechslungsreichen Tier- und Pflanzenwelt wert sind, näher untersucht zu werden. Im nördlichen Bereich von Ras Nasrani dominieren hingegen Korallenblöcke, die mit bunten Weichkorallen überzogen sind. Weitere Höhepunkte sind die großen Areale ausladender Fächerkorallen, die sich in Tiefen zwischen 15 und 30 m erstrecken und zu den wirklichen Attraktionen dieses Tauchplatzes zählen. Wer bei Ras Nasrani taucht, kann Napoleons, Schildkröten und andere Vertreter der Rotmeer-Fauna beobachten, fotografieren oder filmen.

Canyon

Der Canyon, südlich vom Ras Nasrani gelegen, stellt einen attraktiven Spalt in der Rifflandschaft dar, der über 30 m tief ist. Er eignet sich eher für erfahrene Taucher. Wer hier taucht, kann an den Wänden unzählige Nischen und kleine Höhlen studieren, in denen sich allerhand Interessantes verbirgt. Achtung Fotografen: Am Canyon lassen sich besonders eindrucksvolle Bilder von Korallentorbögen, Tunneln und Höhleneingängen gestalten. Auf dem Rückweg aus der »Unterwelt« hat der Besucher des hübschen Tauchplatzes die Möglichkeit, auf einer sandigen Schräge in 10 bis 15 m Tiefe ein ganzes Feld von Sandaalen zu beobachten. Um die scheuen Tiere nicht sofort zum Rückzug zu veranlassen (sie kommen lange Zeit nicht wieder aus ihren Löchern heraus!), sollten sich Taucher nur ganz langsam bewegen.

Oben: Für Höhlentauchgänge sollte man eine starke Lampe mitführen

Unten: Schwarztupfen-Süßlippen (Plectorhinchus gaterinus, Forskal) werden bis zu 45 cm groß und sind am Tage unter Überhängen und Tischkorallen anzutreffen

Tauchplätze am Roten Meer

Weiße Peitschenkorallen kommen sehr selten vor

Far Garden

Die drei Tauchplätze Near-, Middle- und Far Garden verdanken ihre Namen den Tauchpionieren am Sinai. Sie benannten die Korallengärten kurzerhand nach der Anfahrtslänge. Der am weitesten entfernt gelegene Far Garden eignet sich ideal für Anfänger, aber auch erfahrenere Taucher kommen auf ihre Kosten. Dem Riffverlauf folgend überqueren Taucher zunächst einen sandigen Meeresgrund, der allmählich sanft von 5 auf 25 m abfällt. Danach führt eine Wand steil in die Tiefe. Der flachere Bereich ist mit einzelnen Korallentürmen durchsetzt. Einige davon erheben sich bis fast zur Oberfläche. Die Türme sind üppig bewachsen, Weichkorallen, Gorgonen und bunte Schwämme dominieren die Umgebung. Kleine Spalten und Löcher in den Blöcken gewähren vielen Fischen sicheren Schutz; Zackenbarsche patrouillieren durch ihr Revier. Auch der sandige Untergrund ist voller Leben. Besonders Blaupunktrochen und vereinzelte Krokodilfische sind hier anzutreffen. Napoleonfische sind am gesamten Tauchplatz häufig vertreten und schauen den Tauchern bei ihrem Treiben neugierig zu. Eine weitere Attraktion von Far Garden liegt in etwa 40 m Tiefe. Es handelt sich um eine Grotte, die sogenannte »Kathedrale«, unterhalb eines großen Überhangs, in der sich zahlreiche weiße Peitschenkorallen angesiedelt haben. Diese Stelle ist ein Muß für jeden Taucher, der über ausreichend Erfahrung mit Tieftauchgängen verfügt. Far Garden ist ein wundervoller Platz, der nicht nur in der Vergangenheit die ersten Tauchpioniere fasziniert hat. Auch heute hat diese Stelle trotz des steigenden Tauchandrangs nichts von ihrer Attraktivität eingebüßt. Der Fischreichtum ist außergewöhnlich groß und der Bewuchs bunt und abwechslungsreich.

Middle Garden

Middle Garden liegt nicht weit entfernt von Sharm el Sheikh und der Na'ama Bay. Unter Wasser kennzeichnet eine große,

halbmondförmige, sandige Fläche, die in eine leichte Schräge übergeht, den Tauchplatz. Von dort schlängeln sich unterseeische Sandstraßen in größere Tiefen hinab. Im flacheren Bereich, etwa zwischen 5 und 10 m, stößt der Taucher auf eine große Zahl von kleinen Höhlen, Spalten, labyrinthartiger Tunnel und Kanäle. Dort findet der aufmerksame Beobachter fast alles, was die Lebenswelt im Riff ausmacht. Besonders auffällig ist die große, abstrakt bewachsene Mördermuschel-Population. Middle Garden ist ein hübscher Tauchplatz. Für Anfänger ist er gleichermaßen zu empfehlen wie für Fotografen und Filmer. Zusätzlich eignet er sich für einen zweiten Abstieg am Nachmittag.

Near Garden

Near Garden liegt im Norden der Na'ama Bay und zählt zu den schon länger bekannten Tauchplätzen der Gegend. In früheren Zeiten schnorchelten viele Taucher von Land aus zum Tauchplatz. Heute wird vorzugsweise von Booten aus getaucht. Der Tauchgang beginnt etwa 100 m von der Landspitze entfernt, dort, wo der Meeresgrund allmählich bis auf 25 m abfällt. Danach führt ein terrassenartiger Hang in große Tiefen. Dieser Hang ist im 20 bis 25 m-Bereich mit einigen hübschen Fächerkorallen bewachsen, die schöne Gegenlichtmotive abgeben. Wer mag, kann hier noch tiefer tauchen. Die Attraktionen von Near Garden präsentieren sich jedoch bereits in geringeren Tiefen. Auf dem Weg zurück ins Flachwasser kann der Taucher viele kleine Korallenblöcke näher inspizieren und auf den dazwischenliegenden Sandflächen nach Rochen Ausschau halten. Sieht man einmal von einigen spektakulären Nacktschnecken, wie der Spanischen Tänzerin oder der Gebänderten Nacktschnecke ab, so bietet Near Garden aber kein spektakuläres Unterwasserszenario. Zu empfehlen ist dieser Platz für Anfänger und Taucher mit Liebe zum Detail. Er eignet

Oben: Viele Feuerkorallen werden von roten Schwämmen besiedelt
Unten: Eine seltene Aufnahme: Spanische Tänzerin im Nahbereich

Tauchplätze am Roten Meer

sich ebenfalls gut für Nachmittagstauchgänge und sichere Abstiege in der Nacht.

Na'ama Bay

Die gesamte Na'ama Bay kann von Land aus in mehreren Tauchgängen erschlossen werden. Besonders leicht haben es die Gäste der Sinai Divers, der ältesten Tauchbasis vor Ort. In unmittelbarer Nähe zur Basis liegt eine hübsche Stelle, die man sich ansehen sollte. Wer hier am Strand ins Wasser steigt, braucht sich nur nach dem Kompaß richten (ca. 160 Grad-Kurs) und über den sandigen Grund zu tauchen, bis er eine Senke erreicht, die von Korallen flaniert wird. In etwa 22 m Tiefe erhebt sich ein Korallenblock, der einem Trichter gleicht. Darin stehen unzählige Glasfische. Zum Durchtauchen ist der Trichter zu eng, der Korallenblock wirkt aber auch von außen sehr attraktiv. Taucht man nun wieder in Richtung Basis, so kann man die vielen, vereinzelt stehenden Korallenblöcke näher inspizieren. Auf jeden Fall sollte man sich die einmalige Gelegenheit nicht entgehen lassen, die große Teppichanemone mit ihren Clownfischen in etwa 8 m Tiefe aufzusuchen. Wer nicht lange suchen will: die Guides von den Sinai Divers wissen genau, wo sie zu finden ist.

Großer Soldatenfisch (Adioryx spinifer, Forskal), auch Husarenfisch genannt, weil er standhaft sein Revier verteidigt

Sinai

Tower

Auch der Tower zählt zu den altbekannten und sehr beliebten Tauchplätzen in der Umgebung von Sharm el Sheikh. Seinen Namen bekam er von einem Korallenturm, dessen Spitze aus dem Wasser ragt. Es gibt drei Möglichkeiten, den Tower zu erkunden: eine mit dem Schiff von der Meerseite und zwei vom Land aus. Wesentlich reizvoller sind jedoch die Landeinstiege.

Beim ersten Einstieg gilt es zunächst, die Riffplatte zu überwinden, um sich dann durch eine enge Passage durchzuzwängen, die sich alsbald zu einer canyonartigen Spalte erweitert. Die Wände verlieren sich nach kurzer Zeit in mehr als 80 m Tiefe. Ein Loch in der Riffplatte ermöglicht noch eine weitere Einstiegsmöglichkeit vom Land aus, durch das aber nur jeweils ein Taucher paßt und das sich später zu einer kleinen Höhle und dann zum Canyon erweitert.

Der Bewuchs an den Wänden des Canyons ist traumhaft schön. Wird zur offenen See hin getaucht, so erweitert sich der Canyon allmählich. An der linken Seite liegen zwischen 20 und 30 m Tiefe wunderbar bewachsene Korallenblöcke. An der rechten Seite lockt eine übergroße Fächerkoralle alle Taucher, die einen Fotoapparat oder eine Videokamera mit auf den Tauchgang genommen haben. Hier kann man bisweilen auf eine leichte Strömung stoßen, die jedoch notwendig ist, um den wunderschönen Korallenbewuchs am Tower zu ermöglichen.

Wer sich von der Seeseite her dem erweiterten Canyoneingang nähert, folgt genau einer umgekehrten Route. Den besonderen Reiz dieser Felsspalte, das Spiel von Licht und Schatten, erlebt man jedoch wesentlich intensiver und nachhaltiger, wenn man sich in das unheimliche Dunkel der Felsspalte sinken läßt und auf das ferne Blau des offenen Meeres zuschwimmt.

Oben: Auch unter Überhängen sind Weichkorallen zahlreich anzutreffen

Unten: Oberfläche eines Seeigels im Makrobereich

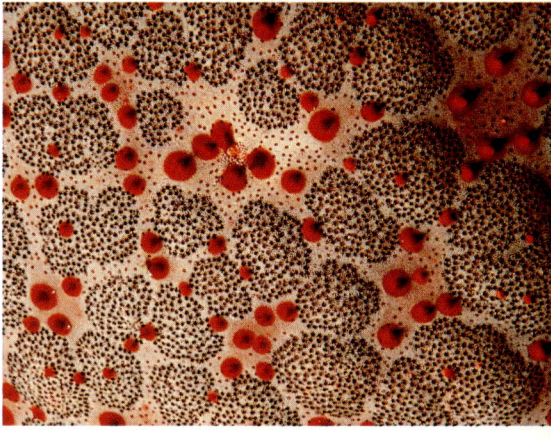

Tauchplätze am Roten Meer

Pinky's Wall

Dieser Tauchplatz wird in der Regel nur als »drift dive« betaucht, vorzugsweise zu Tageszeiten, an denen das Meer nicht so unruhig ist. Man kann Pinky Wall auch von Land aus erreichen, allerdings ist dies bei starker Strömung und rauher See nicht unbedingt angeraten. Pinky's Wall stellt sich als ein klassischer Tauchplatz mit einer steil abfallenden Wand dar, die von zart rosafarbenen Weichkorallen förmlich übersät ist. Dieser Korallenbewuchs hat der Stelle auch zu ihrem Namen verholfen: die rosafarbene Wand. Der zweite Name, Fisherman's Wall, rührt aus der Zeit, als hier noch viel geangelt wurde und sich Tausende von Haken und Angelschnüren an der fast senkrechten Riffwand verfingen. Daß es hier steil in den Abgrund geht, erahnt man schon beim »Vorüberflug«: Mehr als 250 m tief fällt hier der Meeresboden zur offenen See hin ab. So verwundert es kaum, daß Begegnungen mit großen Fischen keine Seltenheit sind. Bei ruhigerem Wasser kann man auch vom Land aus tauchen und den Fischreichtum zwischen den kleineren Korallen und in den vielen Spalten und Ritzen bewundern.

Amphoras

Dieser Tauchplatz trägt seinen Namen nach einem alten Wrack, das vermutlich um 1500 mit einer Ladung Amphoren versank. Die Amphoren, von denen in 25 bis 35 m noch Überreste herumliegen, enthielten vermutlich Quecksilber, welches zur Verbesserung des Reinheitsgrades von Gold benötigt wurde. Wer vorsichtig und vor allem geduldig im Sandgrund sucht, kann winzige Ansammlungen dieses flüssigen Metalls finden. Ob das Quecksilber bis heute das Korallenwachstum beeinträchtigt, weiß man nicht genau, denkbar wäre es allemal. Das besagt aber nicht, daß Amphoras ein uninteressanter Platz ist, ganz im Gegenteil. Amphoras liegt strömungsexponiert und wird wenig betaucht. Beide Umstände gewährleisten ein üppiges Korallenwachstum. Das gilt nicht nur für den massiven Korallenblock mit etwa 5 m Durchmesser, der sich in einer Tiefe von 20 bis 12 m erhebt und voll von maritimen Leben ist. Eigene Erlebnisse und alte Logbuchaufzeichnungen der Autoren belegen die Vielfalt an Eindrücken, die Amphoras zu bieten hat. Auch der Fischreichtum, besonders an Schwarmfischen, ist hier immens. Der Taucher stößt immer wieder auf Weichkorallen und auf Gorgonenfächer oder er entdeckt in Spalten, Höhlen und zwischen einzelnen Korallenblöcken große Schwärme silbriger Glasfische. Dieser Tauchplatz ist sehr einfach aufzufinden, da an Land der Rest eines Palmenstamms als markanter Orientierungspunkt dient.

Turtle Bay

Turtle Bay schließt sich dem Tauchplatz Amphoras in südlicher Richtung an. Taucher weichen wegen der strömungsexponierten Lage und bei unruhiger See oft auf die benachbarten Tauchgründe aus. Turtle Bay, in der übrigens Schildkröten nur selten zu sehen sind, bietet eine Fülle von typischer Rotmeer-Fauna. Besonders an den zahlreichen Korallenblöcken, die allesamt einen hübschen Bewuchs aufweisen, können viele Fischarten

Sinai

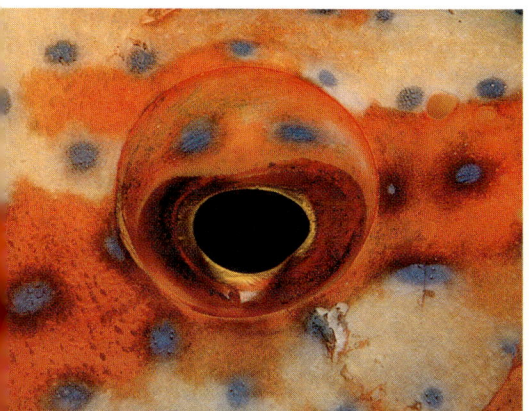

Oben links: Makroaufnahme vom Auge eines Juwelenbarsches

Oben rechts: Seeigel bei Nacht auf Nahrungssuche

Unten links: In den Gewässern des Sinais trifft man auf gigantische Weichkorallenformationen

Unten rechts: In großer Tiefe sind noch immer Peitschenkorallenformationen zu sehen

Tauchplätze am Roten Meer

beobachtet werden. Einige schöne, sehr seltene Peitschenkorallen in etwa 30 m Tiefe strahlen tiefrot, wenn man sie mit einer UW Lampe anleuchtet.

Die Struktur des Tauchplatzes zeigt die typischen Merkmale für den Küstenabschnitt. Das schmale Riffdach bricht zunächst auf 6 m ab, danach folgt eine steile Schräge bis auf etwa 25 m, die dann in weiterer Folge annähernd senkrecht auf 50 m und tiefer abfällt.

Paradise

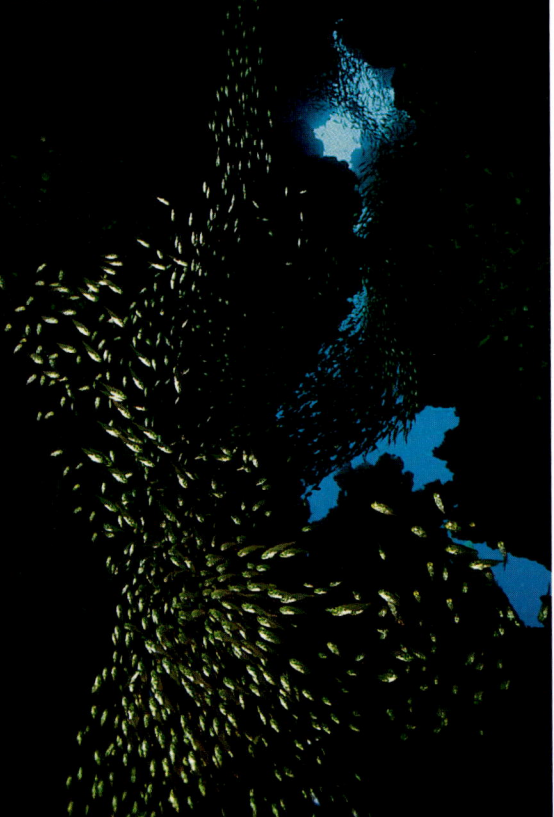

Der Tauchplatz Paradise zählt sicherlich mit zu den beeindruckendsten Stellen an der Ostküste des Sinai. Eigentlich ist er nur ein Teil verschiedener Spitzen-Tauchplätze, die südlich von Sharm el Sheikh am Tower beginnen und sich wie aneinandergereihte Perlen einer Kette über Pinky's Wall, Amphoras und Turtle Bay fortsetzen, bis sie schließlich am Ras Um Sid enden. Zum Teil anstrengende Tauchgänge stehen bevor, will man sich die einzelnen Perlen unter den Tauchplätzen näher erschließen, aber sie sind die Mühen allemal wert. Tauchgänge am sogenannten »Paradise« bedeuten eine Reise durch die Welt der Weich-und Fächerkorallen, ein Sichtreibenlassen mit der Strömung, da herkömmliches Ankern hier nicht möglich ist. Vorbei geht es an markanten Felsformationen und hoch aufragenden Korallenblöcken, entlang an

Oben: Strahlenfeuerfisch (Pterois radiata, Cuvier & Valenciennes) wird bis zu 20 cm groß

Unten: Unter vielen Überhängen leben Millionen von Glasfischen

Sinai

kleinen Grotten und Spalten, an sandigen Flächen, irgendwo dort unten, wo sich der Meeresboden im dunklen Blau verliert und an Wänden, die bis zu 50 m tief hinabreichen. Große Fischschwärme sind die Begleiter des Tauchers, kleine Schulen von Glasfischen bewachen die Höhlen und Überhänge. Die stete Strömung und die offene See locken Mantas und Haie an, die gerade hier häufig erscheinen. Auch Schildkröten kann man hier sehen, die dem Besucher des »Paradise« noch mehr beeindruckende Erlebnisse verschaffen.

Fiasko

»Nomen est omen« heißt es oft, doch glücklicherweise trifft diese Weisheit nicht auf diesen Tauchplatz zu. Keiner weiß eigentlich so recht, worauf die Bezeichnung zurückzuführen ist oder was sie rechtfertigen könnte. Taucher sollten sich also nicht vom »Fiasko« abschrecken lassen, wenngleich auch hier starke Strömung auftritt. Das Riff wird vom Tauchschiff oder vom Land aus betaucht. Tauchgänge vom Land müssen unter Berücksichtigung der Gezeiten geplant werden, damit dem Rückweg zum Strand nichts im Wege steht. Bei Niedrigwasser ist es äußerst mühsam, wieder über das Riffdach zu kommen.

Der Tauchplatz selbst ähnelt den schon vorher beschriebenen, allerdings ist der Untergrund hier etwas flacher. Höhepunkte finden sich erst am südlichen Ende des Platzes, in Richtung Ras Umm Sid. Ab hier dominieren bunte Weichkorallen, die sich auf gewaltigen Tischkorallen angesiedelt haben. Sie lassen erahnen, mit welchen Highlights am Ras Umm Sid und am Tempel zu rechnen ist, die sich diesem Tauchplatz anschließen. So dient das »Fiasko-Riff« als gute Einstimmung auf bevorstehende Taucherlebnisse an weiteren Riffen in diesem Gebiet.

Oben: Diadem-Seeigel bei Nacht

Unten: Anfahrt auf Sharm el Sheikh

Tauchplätze am Roten Meer

Ras Umm Sid

Oben: Die Küste von Ras Umm Sid

Unten: Die üppig bewachsenen Steilwände gehen teilweise bis zu 100 m in die Tiefe

Das Ras Umm Sid liegt etwa 8 km südlich der Na'ama Bay, in unmittelbarer Nähe von Sharm el Moya. Der Platz kann sowohl vom Land als auch vom Boot aus betaucht werden. Das Ras ist eine Landzunge, die ins Meer ragt und dem Taucher fast alles bietet, was er vom Roten Meer erwartet. Die strömungsgünstige Lage hat an dieser Stelle traumhaft große Fächerkorallen heranwachsen lassen, die schon ab 15 m Tiefe zu finden sind. Selbst in 45 m stehen sie noch dicht an dicht. Dieser Gorgonengarten ist ein einmaliges Unterwasser- Film- und Fotostudio für eindrucksvolle Gegenlichteinstellungen. Die abfallende Wand am Ras Umm Sid hat aber neben dem üppigen Korallenwachstum noch andere Attraktionen an Bewuchs zu bieten.

Sinai

An der Spitze des Ras muß der Taucher bisweilen mit einer starken, nordöstlichen Strömung rechnen. Man sollte dort also nur mit Vorsicht und entsprechender Kondition herantauchen. Am Strömungskopf sind Begegnungen mit Großfischen und Fischschwärmen der Lohn. Das Ras Umm Sid eignet sich unterhalb vom Land auch für erlebnisreiche Nachttauchgänge, die bekanntlich Facetten des Maritimen Lebens zeigen, die tagsüber verborgen bleiben. Nächtliche Abstiege sind nur vom Land aus gestattet, Boote erhalten keine Fahrgenehmigungen. Taucher sollten Exkursionen vom Land aus vorzugsweise bei Gezeitenhöchststand unternehmen, da ansonsten das Überqueren der am Einstieg recht breiten Riffplatte sehr erschwert ist.

Oben: Verschiedenfarbige Weichkorallen an Steilwand

Unten: Viele Höhleneingänge sind mit wunderschönen Weichkorallen bewachsen, Vorsicht ist beim Hereintauchen geboten

Temple

Dieser Tauchplatz zählt zu den bekanntesten und bereits am längsten betauchten Stellen an der Ostküste des Sinai. Der Temple schließt sich wenige 100 m südwestlich an das Ras Umm Sid an. Seinen Namen verdankt der Platz mächtigen Steinkorallenfelsen, von denen der größte bis dicht unter die Oberfläche ragt. Ihre bizarren Formen und die eigenartige Anordnung erinnern mit etwas Phantasie an einen »Tempel«, dessen Schönheit in Taucherkreisen weit über die Grenzen des Sinai hinaus bekannt wurde. Der Temple war oft Kulisse für Unterwasserfilme oder gab auf Wettbewerben den Hintergrund für prämierte Fotos ab. Seine sandige Umgebung und die strömungsgeschützte Lage haben ihn zudem zum idealen Anfängertauchgebiet gemacht.

Jackfish Alley

Dieser Platz sollte von jedem aufgesucht werden, der südlich von Sharm el Sheikh taucht. Die Bezeichnung »Jackfish Alley«, »Makrelen-Allee«, ist aber irreführend. Denn hier, nördlich des Shark Observatory, beherrschen mehrere kleine und

Tauchplätze am Roten Meer

Oben: Barsch im Gegenlicht

Unten: An den Höhleneingängen sind häufig Rotfeuerfische anzutreffen, auch hier ist Vorsicht geboten!

4 m Tiefe sowie den Haupteingang auf 18 m. Wer hier auf seinem oftmals sanften Strömungstauchgang Halt macht, wird der Verlockung der Höhle nicht wiederstehen können.

Vor dem Taucher tut sich ein dunkler Spalt auf, eine enge, schmale Passage, die in absolute Finsternis zu führen scheint. Der Eingang in diese Unterwasserwelt wird von Korallen aller Art umsäumt, Rotfeuerfische bewachen bisweilen den Eingang. Hier, wohin sich noch das Sonnenlicht verirrt, kann man die ganze Vielfalt des Roten Meeres bestaunen. Doch nur ein kurzes Stück weiter, und der Bewuchs verringert sich zunehmend. An den glatten, ausgewaschenen Steinen halten sich nur noch wenige Schwämme. Knallrote Großaugenbarsche stehen unter der Höhlendecke und gleiten an den Wänden entlang. Soldatenfische in stattlicher Größe und bunte Papageifische haben sich ebenfalls hierher zurückgezogen. An der Höhlendecke steht oft ein riesiger Glasfischschwarm. Im Kegel des künstlichen Lichtes erstrahlt diese gewaltige Masse aus fast transparenten Leibern in den schönsten Goldtönen, die je nach Lichteinfall in den zartesten Nuancen aufleuchten. In einer Höhlenecke hat sich ein schmaler Spalt einen Weg durch den Fels nach draußen gebahnt. Durch diese Öffnung im Gestein schimmert aus weiter Ferne tiefblau das offene Wasser.

Wer nach einiger Zeit von Höhlen genug hat, dem seien noch die dem Riff vorgelagerte, sandige Schräge mit vereinzelten Korallenblöcken empfohlen. An dieser Stelle finden viele kleine Fische Schutz und geben so manches Fotomotiv für den Makrobereich ab. In jedem Fall aber sollte man Jackfish Alley am Vormittag betauchen, wenn die Sonne die

eine größere Höhle in der Riffwand das Bild. Hin und wieder halten sich zwar im Freiwasser Makrelen auf, doch stellen sie nicht den eigentlichen Höhepunkt des Tauchplatzes dar. Vielmehr wird die Höhle von vielen als eine der schönsten in der weiteren Umgebung bezeichnet. Sie besitzt zwei Eingänge, einen versteckten in

Sinai

ganze Szenerie intensiv ausleuchtet. In den Nachmittagsstunden hingegen liegen die Höhlen und Korallenblöcke mehr im Dunkeln.

Shark Observatory

Das Shark Observatory zählt ebenfalls mit zu den schönsten Plätzen am ganzen Sinai. Es liegt nördlich des Shark Reefs und Anemone City. Dieser Tauchplatz kann ebenfalls bequem vom Land aus erreicht werden. Der Küstenabschnitt ist hier durch eine große Lagune gekennzeichnet, der sich etwas weiter nördlich eine kleinere, fast viereckig erscheinende Bucht anschließt. Der eigentliche Aussichtspunkt, das Hai-Observatorium, liegt nördlich der großen Lagune in der Nähe der kleinen Bucht. Von hier aus hat man einen herrlichen Ausblick auf das Meer. Das Shark Observatory präsentiert sich als eine senkrechte, zum Teil überhängende Steilwand, die bis auf etwa 70 m abfällt und dann als Schräge im unendlichen Blau ausläuft. Sie bietet alles, was sich ein Taucher wünscht. Der Bewuchs an der Wand ist üppig (Große Weichkorallen, Gorgonen, Peitschenkorallen). Kahle Stellen im Riff bilden die Ausnahme. Wie der Name bereits sagt, kann man an diesem Tauchplatz Haie beobachten. Leider ist ihre Präsenz – wie auch am Shark Reef -

Oben: Auch an Land gibt es immer wieder lohnende Fotomotive

MItte: Viele Korallenarten erblühen nachts zu farbenfrohen Gebilden

Unten: An den Steilwänden sind immer wieder Haie zu beobachten

zurückgegangen. Am Shark Observatory verspricht aber ein Blick ins Freiwasser, das hier immerhin 1 800 m tief ist, stets die Möglichkeit, andere Großfische zu sichten. Daß hier bisweilen auch ganz »dicke Kaliber« in flacheres Wasser kommen, ist gut vorstellbar. Empfehlenswert für spannende Abstiege sind drei Bereiche: Der Taucher erkundet zunächst das Gebiet rechts und links der kleinen, viereckigen Lagune unterhalb des Observatoriumsfelsens. Eine zweite Variante ist die linke Seite der großen Lagune sowie der davorliegende Drop Off. Als dritte Möglichkeit für einen Tauchgang bietet sich schließlich das Südende der großen Bucht an, wobei man parallel zum Strand zur großen Lagune zurücktaucht. Wer vom Land aus tauchen möchte, sollte sich auf jeden Fall seine Einstiegsstelle merken! Achtung: Bei Ebbe kann man nicht mehr über die Lagune zurückschwimmen!

Eel Garden

Der auf der Ostseite des Ras Mohammed gelegene Eel Garden (deutsch: Aal-Garten) ist eine Besonderheit im Riff. Die steil abfallende Küstenlinie wird hier durch ein sandiges, etwa 300 m breites Areal unterbrochen. Grund ist ein Wadi (Fluß), der hier ins Meer einmündet). Vom Festland wird kontinuierlich Sand eingeschwemmt, durchdringt an mehreren Stellen das Dach einer kleineren Grotte und rieselt wie ein Sandfall die Riffwand hinab. Ein phantastischer Anblick! An der Grottenbasis hat sich ein breiter, gletscherartiger Sandbereich gebildet, der in größeren Tiefen verschwindet. Auf der Sandfläche stehen in 10 bis 30 m Tiefe unzählige Röhrenaale dicht an dicht und wiegen ihre schimmernden Körper sanft in der Strömung. Empfehlenswert ist es, die Fläche behutsam von der nördlichen Riffseite her anzutauchen, um die scheuen Aale nicht zu vertreiben. Wer mag, kann sich dem Riff nähern und die Grotte inspizieren. Die Öffnungen, durch die man durch das Riffdach nach oben tauchen könnte, sind aber zu eng. Eel Garden kann sowohl von der Seeseite, als auch mit dem Jeep von Land aus bequem erreicht werden.

Anemone City

Wer vom Shark Reef weiter nach Norden taucht, kann sich bei günstiger Strömung bis zur »Anemonenstadt« treiben lassen. Dort wohnen unzählige, bunte Clownfische, die zwischen den wehrhaften Tentakeln ihrer Wirte Schutz finden. Im Anemonenfeld siedeln zusätzlich hübsche Hart- und Weichkorallen. Bisweilen ist die Sicht hier durch unterseeische Thermalquellen stark beeinträchtigt. Viele Taucher nehmen das gerne in Kauf und empfinden das warme Wasser nach einem längeren Aufenthalt in kühleren Tiefen eher als angenehm. Da die Schiffe in Anemone City nicht fest vor Anker gehen, können sich Taucher bei entsprechender Strömungsrichtung auch umgekehrt zum Shark Reef treiben lassen.

Shark Reef

Das Shark Reef ist der wohl am häufigsten betauchte Platz im Bereich des Ras Mohammed. Zusammen mit dem Jolanda Reef erhebt es sich hier fast bis zur Wasser-

Sinai

Oben links: Gesteifter Drückerfisch (Balistapus undulatus, Mungo Park) kann bis zu 30 cm groß werden

Oben rechts: Feuerkorallen, Berührung sollte man vermeiden

Mitte links: Dornenkrone, eine Seesternart, die ganze Riffabschnitte zerstören kann

Mitte rechts: Anemonenfisch, auch Clownsfisch genannt, lebt im Schutz seiner Anemone

Unten: Am manchen Weichkorallenformationen sind verschiedene Arten zu sehen

Tauchplätze am Roten Meer

oberfläche. Zwischen beiden Riffen liegt auf etwa 10–15 m Tiefe ein sandiges Plateau. Die Nord- und Ostseite fällt senkrecht bis auf 800 m ab, während das Riff nach Westen allmählich in Richtung Riffdach weiter ansteigt. Erfahrungsgemäß wird das Shark Reef während eines Tauchganges einmal umrundet. Wichtig ist es jedoch, sich klar zu machen, daß es hier sehr starke, oft auch gegenläufige Strömungen geben kann, die zum Teil eine vertikale Richtung einnehmen können. Diese tückischen Strömungen müssen bei der Berechnung des Luftvorrats miteinbezogen werden. Dieser sollte so bemessen sein, daß, wenn der Taucher am Ende des Tauchgangs gegen eine plötzlich auftretende Gegenströmung ankämpfen muß, nicht in eine kritische Situation gerät. Abstiege am Drop Off sind voller Faszination, man sollte jedoch keine Extremtiefen aufsuchen und sich nicht zu weit vom Riff entfernen. Der Blick abwärts ist unheimlich, geheimnisvoll und faszinierend zugleich, läßt aber auch etwas Beklemmung aufkommen. Zur Linken die dunkle, abweisende Wand des Drop Offs, zur Rechten das unergründliche diffuse Blau. Selbst die Strahlen der Sonne verlieren ihre Kraft in der blauen Unendlichkeit des Shark Reef. Weichkorallen und große Fächergorgonen

Oben: Großaugen-Straßenkehrer (Monotaxis grandoculis, Forsskal) sind im Schwarm im freien Gewässer anzutreffen

Mitte: Am Jolanda-Riff trifft man häufig auf Napoleonfische

Unten: An den übriggebliebenen Teilen des Wracks haben sich Weichkorallen angesiedelt

strecken ihre bunten, filigranen Äste ins Wasser. Kräftiges Pink, zartes Rosa und leuchtende Pastelltöne alle Art versuchen sich gegenseitig zu übertrumpfen. Und dazwischen die Farbenpracht der Fische. Nischen und Höhlen werden von scheuen Barschen und Soldatenfischen besetzt. Rotfeuerfische liegen träge auf bewachsenem Untergrund oder sie schweben entlang der Felswände. Schwärme von Blaustriemenbarben und Schnappern stehen fast regungslos im Wasser und verfolgen das Treiben der Taucher. Große, silbrig erscheinende Fische tauchen wie aus dem Nichts auf, während zwischendurch einige kleinere Riffhaie scheu vorüberflitzen. Überhaupt hat sich die Fischwelt hier schon stark an die Taucher gewöhnt, so daß ihr Fluchtverhalten merklich nachgelassen hat. Auf jeden Fall sei dem Taucher empfohlen, hier mehrfach den Abstieg zu wagen denn dieser Platz ist nach wie vor einer der Höhepunkt des Tauchens auf dem Sinai.

Das Jolanda Reef

Das Jolanda Riff liegt in unmittelbarer Nähe zum Shark Reef. Den Namen hat dieser Tauchplatz vom Wrack der Jolanda, das hier in der Nacht vom 1. auf den 2. April 1980 auf das Ras lief. Das Schiff befand sich auf der Fahrt zur jordanischen Hafenstadt Aqaba, wo die Ladung, Container mit Sanitärkeramiken, Rohre und Whiskeyflaschen, gelöscht werden sollte. Durch einen gravierenden Navigationsfehler, der auf die betrunkene Besatzung einschließlich des Kapitäns zurückzuführen war, rammte das Schiff in voller Fahrt das Riff und kenterte. Nur ein Teil des Bugs schaute noch als letzter Gruß aus den Wasser, bis auch dieser zwischen dem 4. und 5. April 1980 endgültig versank. Die »Jolanda« war in der Region das Wrack schlechthin und wurde neben der etwas weiter südwestlich liegenden »Dunraven« sehr schnell zu einem taucherischen Höhepunkt am Ras Mohammed. Viele Taucher suchten sie auf, das Wrack wurde fotografiert und gefilmt sowie Geschichten über das Unglück verfaßt. Doch in der Zwischenzeit hatte sich das Wrack weiter in Richtung Abgrund bewegt. Schon im Mai 1981 rutschte es vom Riff und hing nun mit dem gesamten Heck über dem Abgrund. Im Jahr 1987 neigte es sich weiter und die Schraube lag bereits auf 50 m Tiefe. Die »Jolanda« wurde aber weiter betaucht und jeder hoffte, daß sie sich halten würde. Doch das Abrutschen der »Jolanda« war nicht mehr zu verhindern. Bei einem heftigem Sturm riß am Abend des 15. März 1987 die Ankerkette und das Schiff machte sich auf seinen letzten Weg über die Riffkante hinunter in unergründliche Tiefen. Sofort durchgeführte Suchaktionen nach dem Wrack wurden bei etwa 80 m erfolglos eingestellt. Auch die spätere Suche nach dem Wrack brachte keinen Erfolg. Mit einem ferngesteuerten Roboter (Robin) samt integrierter Videokamera wurde 1994 auf Veranlassung der »Nationalparks Ras Mohammed« die Rutschspur des Schiffs nochmals bis in 160 m Tiefe verfolgt. Die »Jolanda« konnte aber bis zum heutigen Tag nicht gefunden werden. An der Stelle, wo einst das Wrack lag, sind nur noch Ladungsreste auszumachen. Zerschmetterte Korallen zeugen von der Gewalt des Zusammenpralls zwischen Technik und Natur. Zerfetzt und bizarr ragen Reste der Aufbauten und der Schiffsladung vom

Tauchplätze am Roten Meer

Meeresboden empor. Bruchstücke von Ladebäumen sowie verbogene und zerbeulte Container bedecken den Grund. Ihr ehemaliger Inhalt, Gegenstände des sanitären Bedarfs, hat sich über dem Korallensand verstreut. Das Ras Mohammed hat glücklicherweise noch eine Fülle anderer, natürlicher Attraktionen zu bieten, so daß der Verlust der »Jolanda« durchaus zu verkraften ist.

Ras Mohammed

Auf dem Weg entlang der Ostküste des Sinai verändert diese allmählich ihren Charakter. Die weit ausladenden Strände des Nordens werden zunehmend schmaler und weichen schroffen Klippen, die senkrecht ins Meer stürzen. An Land lassen sich die bizarren Reste urzeitlicher Korallenriffe erkennen. Auch die sonst so hohen Berge des Hinterlandes gehen vor dem Ras Mohammed, der südlichsten Spitze des Sinai, in flache und kahle Ebenen über. Die gesamte Spitze des Sinai besteht aus einem fossilen, durch tektonische Kräfte emporgehobenen Korallenriff. Es ist mit dem Hinterland über eine 3500 m lange und etwa 800 m breite Landzunge verbunden. Salz- und sandwüstenartige, flache Areale bestimmen nach Westen hin das Profil; die höchste Erhebung liegt hier bei 73 m.

Das Ras Mohammed ist seit Beginn des Tauchsports in Ägypten und auf dem Sinai in aller Munde und zählt weltweit mit zu den bekanntesten und ältesten Tauch-

Auf flachen Saumriffen kommt es häufig zu Schildkrötenbegegnungen

plätzen. Dabei steht der Name nicht allein für einen Tauchplatz, sondern ist als landläufige Bezeichnung für die Südspitze des Sinai zu verstehen. Seinen Namen trägt das Ras Mohammed nach dem Propheten Mohammed, denn der Fels, der als südlichster Punkt der Halbinsel weit in das Meer ragt, sieht unter dem richtigem Blickwinkel in der Tat aus wie der Kopf des Propheten. Schon die alten Römer kannten diesen Punkt, an dem sich das Rote Meer in den Golf von Suez im Westen und den Golf von Aqaba im Osten teilt. Sie nannten ihn bedeutungsvoll »Poseidon«. Dieser Felsblock ist durch einen flachen Kanal vom Festland des Sinai getrennt. Etwas weiter in Norden des Kanals trifft der Besucher auf eine flache Lagune, die meist vom Meer überflutet wird. Hier, auf halbem Weg zwischen der Lagune und dem Kanal, tut sich eine etwa 20 m tiefe Erdspalte auf, in der sich Grundwasser ansammelt. Als einziges Lebewesen siedelt hier eine blinde Krabbenart.
Das Ras Mohammed gelangte in Taucherkreisen durch seine senkrecht abfallenden Felswände im Osten und Südosten zu Weltruhm. Die Riffplatte ist hier nur wenige Meter breit und tief, danach stürzt sie in große Tiefen ab. Die Fauna dieser Region ist ebenfalls einmalig. Der Bewuchs an den Wänden begeistert jeden Taucher und besonders die Begegnungen mit den großen Bewohnern der Meere, allen voran die Hammerhaie, haben mit zur Berühmtheit des Ras beigetragen. Zwar sind die Hammerhaie schon lange weitergezogen, zuviele Taucher haben sie wohl in die Flucht geschlagen. Aber trotzdem blieben die sonstigen Attraktionen dieser traumhaften Tauchplätze erhalten und sind sicher mehr als nur einen einmaligen Besuch wert.

Makroaufnahme vom Sockel einer Weichkoralle

Im Bereich des Ras selber gibt es verschiedene Stellen, an denen getaucht werden kann.

Quay

Der Tauchplatz auf der Westseite des Ras Mohammed trägt seinen Namen nach einem ehemaligen Anlegekai, der um die Jahrhundertwende von einer ausländischen Firma, der »Socony Vacuum Corporation«, hier angelegt wurde. Auf der Suche nach Öl vergaß man bedauerlicherweise die noch heute sichtbare Überreste von Industrieanlagen. Der Quay kann sowohl mit dem Boot als auch über eine Straße erreicht werden. Die geschützte Lage und die meist schwache Strömung ermöglichen wunderbare Tauchgänge, die entlang der fast senkrechten Riffkante allerlei Überraschung bieten. Außer von den Schönheiten des Riffs können Taucher aber auch unange-

Tauchplätze am Roten Meer

nehm überrascht werden. Thermalquellen verursachen bisweilen kurze, aber heftige thermische Vertikalströmungen, die zusätzlich noch die Sicht eintrüben. Lohnenswert ist in jedem Fall die Riffwand mit Schwarzen Korallen, Fächer- und Weichkorallen. Stachelmakrelen, Lippfische oder Zackenbarsche geben sich hier genauso gern ein Stelldichein wie Barrakudas, vereinzelte Haie oder Schildkröten. Zwischen 28 und 35 m siedeln hübsche Hornkorallen mit einer einmaligen Färbung. Auffällig erscheint an einigen Stellen ein dicker weißlicher Belag an den Wänden und auf den Korallen. Hierbei handelt es sich um eine starke Mineralienkonzentration, die auch im Wasser weiße Wolken hervorrufen kann. Das Auslösen von Mineralien aus dem Gestein führte am Quay zur Bildung kleiner Höhlen und Grotten, die wiederum vielen Fischen Schutz und Lebensraum bieten. Wen die eingetrübte Sicht irritiert, der braucht nur wenige Meter weiter zu schwimmen, und das Wasser wird schlagartig wieder klar.

Oben: Gorgonien im Gegenlicht

Rechts: Nachts kommen die Zylinderrosen aus ihrer Behausung

Sha'ab Mahmud

Westlich des Ras Mohammed erstreckt sich ein ausgedehntes Riffgebiet mit schönen Korallen und einem ausgeprägten Flachwasserbereich. Dieses Gebiet gleicht einer etwa 60 km² großen Lagune, die von der offenen See nur über zwei Kanäle zugänglich ist (»North Passage« und »Small Passage«). Das Sha'ab Mahmud Riff zählt zu den bekannteren Tauchplätzen des Gebietes, da dort das Wrack der »SS Dunraven« liegt. Die Tauchschiffe ankern vornehmlich im Süden des Sha'abs, die der bekannte »Beacon Point« (Leuchtfeuer) markiert. Die exponierte Lage des südwestlichen und des südlichen Sha'ab Mahmud beeinträchtigen die Tauchbedingungen häufig durch starke Dünung, Wellen und Strömung. Bei ruhiger See begeistern die 25 bis 30 m tiefen Steilabfälle mit zauberhaftem Steinkorallenbewuchs. Die eigentliche Attraktion, das Wrack der »SS Dunraven« liegt jedoch etwas nördlicher.

Die »SS Dunraven«

Die »SS Dunraven«, ein zweimastiges Dampfsegelschiff, versank vermutlich auf dem Weg von Bombay über Karachi nach Newcastle (England) nach einer Kollision mit dem Riff Sha'ab Mahmud in der Nacht des 22. 04.1876. Die Ladung bestand aus Baumwolle, Hölzern und Gewürzen. Erst 1977 entdeckte man das Schiff bei einer geologischen Expedition mit Hilfe von Echographen wieder. Bei ruhiger See und klarer Sicht können Taucher das Wrack, das kieloben auf dem Grund liegt, komplett überblicken. Die Backbordseite gräbt sich tief in den Sand-

»SS Dunraven«: Fakten

GPS-Position: N 27° 42,167'
                    E 33° 07,465'

Technische Daten:

Länge über alles: 85 m
Breite: 10 m
Schiffstyp: Rahschoner mit Schratsegeln und drei Rahsegeln am Fockmast.
Antrieb: Dampfmaschine, wahlweise Hilfsbesegelung.
Bauwerft: C. Mitchell & Co. Iron Shipbuilders, Stapellauf 1873
Bauort: Newcastle upon Tyne, England
Beladung auf der letzten Fahrt: Baumwolle, Hölzer, Gewürze.
Untergang: 22.4.1876
Ort: Sha'ab Mahmud
Hoheitsgewässer: Ägypten
Ursache: Kollision mit einem Riff.
Verluste: Keine, soweit bekannt.

Die »SS Dunraven« in Kürze

Maximale Tiefe des Wracks: 28 m an der Reling des Achterschiffs.
Minimale Tiefe des Wracks: 16 m an der Kielspitze des abgebrochenen Bugteils.
Strömungen: Zum Teil stärkere Strömungen vor der Spitze des Sha'ab Mahmud.
Sicht: Mäßig, am besten in den Frühstunden tauchen.
Sehenswert: Heck, Propeller und Ruder, die Restaufbauten im Heckbereich, Masten und Schornstein auf dem Meeresgrund, das Mittschiff, das Innere des umgedrehten Rumpfes, Spantenstrukturen, Kessel, Reste der Ruderanlage und die recht gut erhaltene Maschine, das Vorderschiff und der Bug sind bizarr und wunderbar bewachsen.

Tauchplätze am Roten Meer

grund des ansteigenden Riffes, die Steuerbordseite liegt hingegen zum größten Teil frei. Reste des abgebrochenen Fock- und Großmastes sowie des Schornsteines liegen seewärts zwischen den Korallenblöcken verteilt. Das fotogene Heck mit der altertümlichen Schraube und dem großen Ruder befinden sich in 28 m Tiefe. Der Kiellinie folgend liegt die Bugsektion auf 18 m. Die Innenräume (Kessel- und Maschinenraum, Vorschiff) gehören mit zu den Attraktionen dieses alten Dampfseglers.

Sha'ab Ali, Sha'ab Danaba und Shag Rock

Sha'ab Ali bezeichnet eine Ansammlung von Einzelriffen, Untiefen und flachen Lagunen an der Westseite des südlichen Sinai. Es markiert zugleich die östliche Grenze der hier etwa 15 km breiten Straße von Gubal. Das Sha'ab Ali bietet neben wunderschönen Riffen einige Wracks, wie zum Beispiel die Überreste zweier alter Dampfsegler und das z. Zt. berühmteste aller Rote Meer-Wracks, die »SS Thistlegorm«. Sie liegt an der Ostseite im »Inneren Kanal«, geradewegs gegenüber vom Sha'ab el Dekajek. Tauchboote, insbesondere diejenigen, die sich auf Mehrtagesausfahrten befinden, ankern gerne in einer südlich des Riffareals gelegenen, ruhigen Lagune, um von dort einzelne Tauchexkursionen zu unternehmen. Tauchplätze im Westen, wie Shadwan, Gubal Island, Sha'ab Abu Nuhas und das Wrack der »SS Dunraven« liegen in erreichbarer Nähe. Von hier ist es auch nicht mehr weit zum berühmten Ras Mohammed.

An der Westseite des Sha'ab Ali herrschen oft widrige Tauchbedingungen mit starkem Wind, hohen Wellen und Strömung. Südlich des großen Riffkomplexes liegt der »Shag Rock«, ein kleines, etwa 200 m langes und 100 m breites Korallenriff, das eine gebogene Form besitzt. Eigentlich gehört es zum Sha'ab Ali. Es wird jedoch aufgrund der vielen Kormorane (Englisch: »shags«), die hier bei Ebbe auf dem Riffdach rasten, meist als »Shag Rock« bezeichnet. Die Riffkanten von Shag Rock fallen bis auf etwa 25 m ab, bevor sie in sandigen Untergrund übergehen. An der Nordwestspitze dieses Tauchplatzes markiert der hohle, durchlöcherte Rumpf eines Fischerbootes eine ganz andere Attraktion in unmittelbarer Nähe: das Wrack der »Sarah H«. Unter Tauchern wird es auch gern als »Schraubenfrachter« oder als »Schraubenwrack« bezeichnet, da auf dem Hauptdeck eine Ersatzschraube liegt..

Nur wenige Bootsminuten weiter nach Norden befindet sich im Flachwasser am Sha'ab Danaba, am Südende des Sha'ab Ali, ein zweites, geheimnisvolles Wrack unbekannten Namens. Es handelt sich um einen ehemals großen Dampfsegler, den die starke Brandung vor seinem endgültigen Untergang regelrecht zerschmetterte. Ähnlich dem Wrack am Sha'ab Danaba verwuchs der Dampfsegler fast vollständig mit dem Riff.

»SS Thistlegorm« – ein spannender Blick in die Vergangenheit

Auf ihrem Weg vom Heimatland Schottland nach Nordafrika versank 1941 vor der ägyptischen Küste die »Thistlegorm« (Deutsch: »Blaue Distel«). Sie sollte die

Sha'ab Ali, Sha'ab Danaba

englischen Streitkräfte im II. Weltkrieg mit Munition und neuen Fahrzeugen, wie leichten Schützenpanzern, LKWs und Motorrädern versorgen. Weiterhin befanden sich zwei Dampflokomotiven sowie viele Ausrüstungsgegenstände für die englische Armee an Bord. Der Frachter erreichte sein Ziel jedoch nie: er versank nach einem Luftangriff bei Sha'ab Ali vor der Westküste des Sinai. Heute zählt die »Thistlegorm« zu den schönsten Wracks im Roten Meer.

Noch am Grund (etwa 30 m tief) liegend läßt sich der mögliche Hergang des Untergangs gut erkennen. Das Schiff steht wie eingeparkt auf dem Meeresboden. Das Mittelschiff ist deutlich von der Bombendetonation gekennzeichnet. Das Heck ist leicht verdreht, aber intakt. Die Aufbauten befinden sich nur etwa 12 m unter der Wasseroberfläche und ermöglichen somit auch weniger geübten Tauchern ein einmaliges Wrackerlebnis. Um die 126,5 m lange »Thistlegorm« zu betauchen, bedarf es gleich mehrerer Tauchgänge. Überall zeugen historische, sehr gut erhaltene Gegenstände von vergangenen Zeiten. Es empfiehlt sich, das Schiff vom Bug beginnend zu erkunden. Wer vor der »Thistlegorm« abtaucht, erhält unweigerlich den Eindruck, als fahre das Schiff auf ihn zu. Eine gespenstische Erscheinung! Auf dem Deck sieht alles noch sehr aufgeräumt aus. Ein Anker wurde heruntergelassen, ein zweiter gesetzt. Er befindet sich an einer langen, bereits sehr schön bewachsenen, dicken Kette. Poller, Winde und Kettenglieder sowie das dicke Tauwerk sind ebenfalls zu bewundern. Im ersten Laderaum stehen noch Reste der Lkws und Motorräder, die betaucht werden können. Weiterhin befinden sich neben dem abgeknickten Lademast zwei Simulatoren für akustische Torpedos, die früher hinter den Schiffen entlanggezogen wurden, um feindliche Angreifer zu irritieren und vom eigentlichen Ziel abzulenken. Geübte Taucher können in den Laderäumen, insbe-

»SS Thistlegorm« – Fakten

GPS Position: N 27° 48,850'
                    E 33° 55,200

Technische Daten

Länge über alles: 126,50 m
Breite: 17,70 m
Tiefgang: 7,45 m
Schiffstyp: Frachtschiff
Antrieb: Dampfmaschine, 2 Kessel
Leistung: 1 850 PS
Geschwindigkeit: 10,5 Knoten
Stapellauf: 09. April 1940
Land: Großbritannien
Ladung: Waffen, Munition, Panzer, Fahrzeuge, Motorräder, Flugzeugteile, Versorgungsgüter, Ersatzteile
Besatzung: 49 Mann
Untergang: am 06.10.1941 gegen 02:00 Uhr von einer Heinkel HE 111 des Kampfgeschwaders KG 26 (Löwengeschwader)
Ort: Sha'ab Ali, Ägypten
Verluste: 9 Mann, davon 5 Marinesoldaten

Das Wrack heute

Minimale Tiefe: 17 m
Maximale Tiefe: 30 m
Sicht am Wrack: Mäßig, beste Tageszeit in den Morgenstunden.
Strömung am Wrack: Mäßig bis stark

sondere im Laderaum zwei, weitere Fahrzeuge und Anhänger entdecken. Einige Motorräder stehen dort wie auf einem Präsentierteller. Das Mitschiff bietet, bis auf die leichten Panzer, kaum noch intakte Gegenstände. Hier lag das Zentrum der Explosion. Das Heck des Schiffes ist mit farbenprächtigen Weichkorallen übersät. Besonders auffällig ragen die beiden Bordkanonen heraus. Es scheint, als symbolisiere der wunderschöne Bewuchs auf den Waffen in makaberer Weise die Sinnlosigkeit des Krieges.

Zu den Attraktionen an der »Thistlegorm« zählt auch die Schraube, die völlig frei in 30 m Tiefe liegt und herrliche Fotomotive bietet.

In imaginärer Fahrtrichtung stehen etwa 50 m vom Schiff entfernt die Überreste einer der beiden Lokomotiven. Der vordere Teil und die Rauchkammer sind noch gut zu erkennen. Die zweite Lokomotive steht in etwas größerer Entfernung vom Wrack auf dem Meeresgrund.

»Sarah H« – der Schraubenfrachter

Das Wrack der »Sarah H« liegt an der nordwestlichen Ecke vom Shag Rock in 3 bis 15 m Tiefe. Die Überreste lassen auf ein Schiff schließen, das aus der Übergangsphase von der Segel- zur modernen Dampfschiffzeit stammt. Der wunderschöne, dichte Bewuchs deutet darauf hin, daß es bereits vor langer Zeit versank. Der Zeitraum des Sinkens wird zwischen 1890 und 1910 vermutet. Die »Sarah H« zählt aufgrund der Konstruktionsmerkmale zur gleichen Epoche wie der Kabelleger, das »Unbekannte Wrack« und die »Carnatic«. Taucher bezeichnen dieses

»Sarah H« Fakten

GPS-Position: N 27° 46,686'
E 33° 52,551'

Technische Daten:

Länge über alles: ca. 60 m
Breite: ca. 9 m
Schiffstyp: Dampfsegler
Antrieb: Dampfmaschine/Hilfssegel
Untergangsort: Sha'ab Ali / Shag Rock
Hoheitsgewässer: Ägypten

Die »Sarah H« in Kürze

Maximale Tiefe des Wracks: 15 m
Minimale Tiefe des Wracks: 3 m
Strömung: Mäßig.
Sicht: Gut, beste Zeit in den frühen Morgenstunden.
Sehenswert: Das Heck mit Schraube und Ruder, das Mitschiff mit Ersatzpropeller, Kesseln und Masten.

Wrack auch als Schraubenfrachter. Der Name leitet sich nicht von der Ladung, sondern von einer großen Ersatzschraube ab, die markant und fotogen am Oberdeck liegt. Auf dem etwa 60 m langen und 9 m breiten Rumpf stehen sehr schöne Weich- und Hartkorallen, so daß sich nur schwer einzelne Gegenstände an Bord erkennen lassen. Das aufrecht auf dem Grund stehende Wrack steigt dem Riffprofil folgend vom Heck über das Mittschiff und den Bug bis in die Flachwasserzone an. Die große, vierblättrige Bronzeschraube, die fast ganz aus dem Sandboden hervorragt, und das Ruder-

 Sha'ab Ali , Sha'ab Danaba

Oben:
Die Laderäume der »Sarah H« sind teilweise auseinandergebrochen

Mitte:
Im Maschinenraum der »Giannis D« ist die große 6-Zylinder-Maschine zu begutachten

Unten:
Die Kombüse der »Rosalie Moller« lädt zu einer näheren Inspektion ein

blatt ergeben ein eindrucksvolles Bild. Beim Überqueren des Wracks erhält der Taucher einen umfassenden Einblick in alle Decks bis hinunter zum Kiel. Typisch für die Zeit der »Sarah H« sind die niedrigen Stau- und Stehhöhen der beiden Decks, die kleinen Öffnungen der Ladeluken sowie die hochgezogene Reling, die nur noch aus Bruchstücken besteht. Weiter Richtung Bug befinden sich die alte Dampfmaschine mit zwei Kesseln, die dazugehörigen Feuerbuchsen und zwei kleinere, aufgesetzte Dampfsammelrohre. Im Vorschiff weist ein sogenanntes »Dead Eye« (Schiffsdeutsch: »Juffer«) darauf hin, daß die »Sarah H« eine Hilfsbesegelung besaß. Juffer dienten zur Befestigung von Takelage und Wanten mit dem Schiffsrumpf.

Die geringe Tiefe, in der die »Sarah H« liegt, schafft ideale Bedingungen für einfache Wracktauchgänge.

Bluff Point

Der Bluff Point ist die östlichste Spitze von Little Gubal Island, die ein schmaler Streifen Korallensand mit der Hauptinsel Gubal verbindet. Strömungen und Gezeiten bauen diesen Streifen im steten Wechsel auf und ab. An der Spitze von Bluff Point steht heute neben den Resten eines alten Leuchtfeuers ein modernes, von Solarzellen versorgtes Blinkfeuer, das die Schiffe in der nahen Straße von Gubal vor den tückischen Riffen warnt.

Unterhalb des Leuchtfeuers breitet sich eine große, geschützte Bucht aus, in der nachts oft Safarischiffe vor Anker gehen. Die Bucht bietet drei interessante Tauchplätze. Direkt in der Bucht liegt am Ankerplatz in 14 m Tiefe das Wrack des »Leichters«, eine ehemalige Transportschute ohne eigenen Antrieb (25 m lang, 3-4 m breit). Dort halten sich oft Sepien auf. Unweit davon befindet sich in etwas größerer Tiefe das Wrack der »Sea Breeze« (ehemaliges Tauchsafarischiff). Da das Schiff erst vor kurzem versank, zeigt es nur spärlichen Bewuchs. Ganz anders dagegen die Schute, die schon über 50 Jahre auf dem Grund liegen dürfte.

Der dritte und äußerst attraktive Tauchplatz führt längs der östlich gelegenen Riffwand des Bluff Points. Je nach Strömung kann man links der Kante nordwärts tauchen oder von der Spitze einen Drift Dive zur Ankerbucht unternehmen. Der bequemste Bereich liegt im Strömungsschatten der Steilwand. Tauchen innerhalb des Nord-Süd gerichteten Strömungsverlaufs bedarf umsichtiger Planung. Tip: Immer dicht am Riff halten, denn dort, wo der Küstenverlauf landeinwärts knickt, kann ein Gegenstrom entstehen, der an dieser Stelle einen Whirlpooleffekt verursacht und seewärts zieht. Taucher sollten deshalb die Bucht zu ihrem Schiff nicht leichtfertig diagonal überqueren, sondern sich in der Nähe des Ufers halten oder sich nach dem Tauchgang vom Dhingi abholen lassen.

Die Steilwand bietet üppiges, maritimes Leben. Hier stehen große Gorgonen, mächtige Weich- und Lederkorallen sowie Schwarze Korallen. Vor dem Knick des Strandverlaufs liegt eine große Höhle. Der Tauchplatz bietet gute Gelegenheiten, Schildkröten, Haie und Großfische zu beobachten. In der Steilwand befinden sich weitere Höhlen und Überhänge, die vielerlei Fischen Schutz gewähren. Die Gegend um den Bluff Point wird auch gern von Tümmlern zur Rast aufgesucht.

Die Straße von Gubal

»Kabelleger« Fakten

GPS-Position: N 27° 41,202'
E 33° 48,128'

Technische Daten

Länge über alles: ca. 70 m
Breite: ca. 9 m
Schiffstyp: Dampfsegler
Antrieb: Dampfmaschine/Hilfssegel
Beladung auf der letzten Fahrt:
elektrisches Material, Kabel, Keramikisolatoren, Bunsenelemente
Sonstiges: Wrack ist stark zerstört, aber wunderschön bewachsen.
Untergang: um +/- 1900
Ort: Little Gubal Island
Hoheitsgewässer: Ägypten

Der »Kabelleger« in Kürze

Maximale Tiefe des Wracks: 30 m
Minimale Tiefe des Wracks: 10 m
Strömungen: Bisweilen heftig, ggf. ist ein »driftdive« erforderlich.
Sicht: Bedingt durch die Strömungen ist die Sicht am Tauchplatz sehr schwankend.
Sehenswert: Das Heck mit Schraube und Ruder, das Mittschiff, der Schornstein und die bewachsenen Spanten und Rumpfreste.

Kabelleger

Bei dem Kabelleger handelt es sich vermutlich um ein Frachtschiff, das in London produziertes, elektrisches Material der Firma Siemens Brothers & Co. beförderte. Der Name »Kabelleger« geht auf eine große Kabeltrommel zurück, die neben dem Wrack gefunden wurde. Wahrscheinlich sank der Frachter bereits vor über 100 Jahren. Genaueres ist bis heute nicht bekannt. Taucher treffen hier auf ein herrlich bewachsenes Wrack aus der Frühzeit der Dampfschiffahrt. Im Heckbereich (30 m tief) ist die dreiblättrige Schraube und das überdimensionale Ruderblatt noch gut erhalten. Mittschiffs herrscht ein großes Trümmerchaos mit nur schwer erkennbaren Einzelteilen. Riffaufwärts erstrecken sich weitere Trümmerareale. Lediglich ein Teil des Vorschiffs ist noch zu erkennen, die Bugsektion fehlt. Das läßt darauf schließen, daß das Schiff noch eine Weile auf dem Riff festsaß, bevor es endgültig zerstört wurde, abrutschte und sich in einer Tiefe zwischen 10 und 25 m auf die Backbordseite legte. Vorsicht: wegen der oft starken Strömung am Kabelleger laufen Taucher leicht Gefahr, abgetrieben zu werden!

Die Straße von Gubal

Die Straße von Gubal liegt am Ausgang des Golfs von Suez und zählt weltweit zu den am stärksten befahrenen Schiffahrtswegen (ca. 20 000 Schiffsbewegungen pro Jahr). Alle Schiffe, die den Golf verlassen oder in Richtung Suezkanal fahren, müssen dieses Nadelöhr passieren. Der Blick auf die Seekarte unterstreicht eindrucksvoll die Gefahren für die Schiffahrt. Gegenüber dem ägyptischen Festland liegen zunächst die Aschrafi Inseln, gefolgt von den beiden Keisum Inseln, Little Gubal, Gubal Island und Tawila Island. Darauf folgen fünf kleinere Riffe mit wunderbaren Tauchgründen. Auf der Linie von Nordwest nach Südost ragt das Riff

Tauchplätze am Roten Meer

Sha'ab Abu Nuhas besonders weit nach Osten in das Fahrwasser. Dort scheiterten sogar Schiffe mit modernster Navigationstechnik. Den Abschluß der vielen Inseln und Riffhindernisse bildet Shadwan. Auf der Ostseite verengt sich die Straße von Gubal durch die Ölfelder des Sha'ab Ali und den Shag Rock. Hier beträgt die Wassertiefe im Gegensatz zu der ebenfalls stark befahrenen Straße von Tiran mit dem sich anschließenden Golf von Aqaba nur wenige Meter. Zusätzlich erschweren oft starke Strömungen das sichere Manövrieren ganz erheblich. In diesem Gebiet können viele Taucher von einem »rauhen« Roten Meer mit hohen Wellen, stürmischem Wind und starken Strömungen berichten. Zusätzlich liegen die Unterwasser-Sichtweiten oft unter dem gewohnten Durchschnitt (strömungsbedingte Sedimentaufwirbelung im Flachwasser). Trotz der oft widrigen Umstände ziehen die bis jetzt bekannten Wracks Taucher magisch an. Es bleibt zu vermuten, daß in Zukunft noch weitere versunkene Schiffe entdeckt werden.

»Rosalie Moller« – der Kohlenfrachter

Die »Rosalie Moller«, ursprünglich als Stückgutfrachter »Francis« in Glasgow vom Stapel gelaufen, belieferte im Zweiten Weltkrieg britische Truppen in Ägypten mit Kohlen. Als sie am 08.10.1941 mit 4680 t Ladung in der Straße von Gubal vor Anker lag, geriet ihr ein deutscher Heinkel HE-111 Bomber zum Verhängnis. Heute steht das 110 m lange Schiff gut erhalten in fast 50 m Tiefe wie »geparkt« aufrecht auf dem sandigen Meeresgrund. Wegen der großen Tiefe, der starken Strömung und trüben Sichtverhältnissen bedürfen Wracktauchgänge an der »Rosalie Moller« besonderer Vorbereitungen und sind nur erfahrenen Tauchern zu empfehlen. Damit den örtlichen Tauchschulen die Entscheidungsfreiheit bleibt, verraten wir die Lage des Wracks nicht!

Nach etwa 18 m freiem Fall erscheinen in gespenstischer Atmosphäre die Konturen der Masten und des Schornsteins. Die besten Erkundungsmöglichkeiten bestehen, indem das Wrack vom Heck oder vom Bug beginnend betaucht wird. Wer sich dem Heck nähert, erkennt sofort den wunderschönen, dichten Korallenbewuchs, der das Schiff bereits überzogen hat. Mittig auf dem aufgeräumt erscheinenden Achterdeck befindet sich unterhalb eines Stahlgerüstes die gut erhaltene Ruderanlage. Die geschwungene Heckform erinnert mehr an Segelschiffe als an einen alten Dampfer. Der vierblättrigen Schraube in 43 m (!) Tiefe fehlt das rechte Blatt. Im Bereich der Schiffsaufbauten scheint alles noch sehr aufgeräumt, selbst in einer kleinen Kombüse stehen Töpfe und Pfannen an ihrem Platz, als warteten sie auf ihren Gebrauch. Hinter den Aufbauten erhebt sich der mächtige Schornstein, auf dem ein großes, aufgesetztes »M«, das Emblem der Reederei Moller, prangt. Die Schornsteinbasis, in Höhe der oberen Mittschiffsaufbauten, liegt in einer Tiefe von 30 bis 32 m. Unmittelbar nach dem Schornstein und einem flachen Aufbau mit zwei kleinen Winden schließt sich ein schmaler Kohlenbunker für die schiffseigene Dampfmaschine an. Danach erheben sich die Überreste der ehemaligen Brücke mit dem blaugrün angelaufenen Steuerstand aus massivem Messing. Weiter in Richtung Bug liegen die beiden vorderen, mit

Die Straße von Gubal

Oben:
Der vordere Lademast der »Giannis D« ist über und über mit Weichkorallen besiedelt

Mitte:
Das Heck der 1941 gesunkenen »Rosalie Moller«

Unten: Wird heute noch selten betaucht, das Wrack der »Minija«

Tauchplätze am Roten Meer

»Rosalie Moller« Fakten

Technische Daten

Länge über alles: 110 m
Breite: 16 m
Tiefgang: 8 m
Vermessung: 3963 BRT
Schiffstyp: Stückgut-/Schüttgutfrachter (Shelterdecker)
Antrieb: Dampf
Geschwindigkeit: 14 Knoten
Bauort: Glasgow, Schottland
Erste Reederei: Booth Steam Ship Co. (Ld.), Liverpool, England
Letzte Reederei: Moller Line (Ld.), Schanghai
Beladung auf der letzten Fahrt: Kohlen
Sonstiges: Hohe Sedimentationsrate am Wrack, große Tiefe (Bug 50 m, Heck 43 m, Oberdeck 30 m)
Untergang: 08.10.1941
Ort: Straße von Gubal, Ägypten
Ursache: Versenkt durch einen deutschen Bomber (vermutlich He-111)

Die »Rosalie Moller« in Kürze

Maximale Tiefe des Wracks: 50 m (Bug)
Minimale Tiefe des Wracks: 18 m (Spitzen von Masten und Schornstein)
Strömungen: Oft starke Strömungen.
Sicht: Am besten in den frühen Morgenstunden, am Nachmittag oft schlecht.
Sehenswert: Die intakten Aufbauten mit Schornstein, Lademasten, Kombüsen, die Brücke mit Resten des Steuer- und Kompaßstandes, die Einrichtungen und Gerätschaften, die Mannschaftsräume, die Messingbullaugen und -beschläge, der Maschinenraum, der Bug sowie die Ruderanlage am Heck.

Kohlen gefüllten Laderäume. Besonders schön bewachsen und dick verkrustet präsentiert sich der Fockmast mit Ausguck, von dem noch die ehemaligen Spannseile zum Schiffsrumpf hinabführen. Ein besonderes Erlebnis vermittelt ein Abstieg zum Bug. Aus der Distanz erscheint das Wrack wie ein Geisterschiff, das gleich Fahrt aufnehmen will.

Sha'ab Abu Nuhas

Das Sha'ab Abu Nuhas ragt als kleines, aber tückisches Hindernis in die schon immer stark befahrene Straße von Gubal und geriet schon vielen Schiffen zum Verhängnis. Selbst für Schiffe mit moderner Technik stellt das Riff eine Gefahr dar. Sechs zum Teil bekannte Wracks aus den letzten 130 Jahren, davon vier aus neueren Tagen, liegen am Sha'ab Abu Nuhas auf Grund. Ob es in der Vergangenheit an dieser Stelle noch weitere Schiffsunglücke gegeben hat, ist nicht überliefert. Da das Riff steil in größere, für Sporttaucher nicht mehr erreichbare Tiefen abfällt, bleiben nur Vermutungen.
Selbst ein so berühmtes Wrack wie die »Carnatic« wurde erst 1984 per Zufall wiederentdeckt, obwohl sie fast vor der »Haustür« des Sha'ab Abu Nuhas liegt. Neue Wracks, wie zum Beispiel ein kleines Wasserschiff, das sich in Verlängerung der Kiellinie der »Kimon M« seewärts in etwa 50 m Tiefe befindet, sind reine Zufallsfunde.
Der Name Sha'ab Abu Nuhas leitet sich von dem arabischen Wort »Nuhas« ab, was soviel wie Kupfer oder Bronze bedeutet. Die Namengebung führt wahrscheinlich auf den Untergang des Wein-

Sha'ab Abu Nuhas

oder Flaschenwracks »Carnatic« zurück, die 1869 u.a. mit einer Kupferplattenladung versank. Die wertvolle Fracht wurde kurz darauf von freitauchenden Beduinen geborgen. (Das Gerücht von einem in den 70er Jahren versunkenen Schiff mit Kupferladung ist sachlich falsch).

Tauchgänge an der nordwestlichen Kante in der flachen Brandungszone sind bei Wellengang gefährlich. Dort, wo noch die rostigen Überreste eines Schiffsbugs und anderes Metall auf dem Riffdach liegen und ein kleines Leuchtfeuer die Schiffahrt vor den Gefahren des Sha'abs warnt, lassen Brandung und Dünung selbst bei schwachem Seegang einen Abstieg an der Riffkante zum Abenteuer werden. Schnorchelexkursionen sind in diesem Bereich des Riffs nur bei spiegelglatter See möglich, gewähren dann aber phantastische Einblicke auf die zerschmetterten Vorschiffe von zwei Frachtern aus jüngerer Zeit. Einige Meter seewärts können Taucher in ruhigerem Wasser die Schönheiten der Wracks um das Sha'ab Abu Nuhas genießen. Vor unerwartet auftretenden Strömungen und starken Winden ist man allerdings nie ganz sicher. Die widrigen Umstände beeinträchtigen dann auch die Verhältnisse unter Wasser, so daß die Sicht nur wenige Meter betragen kann.

Am Sha'ab Abu Nuhas warten nachweislich fünf bekannte, davon vier relativ gefahrlos betauchbare Wracks auf den Besucher. Wenn man sich dem Riff von Nordwesten nähert, so liegen direkt vor dem Sha'ab von rechts beginnend die »Giannis-D« (Holzfrachter), gefolgt von der »Carnatic« (»Wein- oder Flaschenwrack«), das älteste und bekannteste Wrack vor Ort. Daran schließt sich die »Chrisoula K« an, die ehemals den Namen »Dora Oldendorff« trug und auch der »Fliesenfrachter« genannt wird. In manchen Quellen wird sie fälschlich als »Chris-Uhler« bezeichnet. Das vierte Wrack in Folge ist die »Kimon M« (Linsenfrachter), das einzige Schiff ohne erkennbare Ladungsreste. Der verrostete Bug auf dem Riffdach zur linken gehört zum fünften Wrack, von dem aber außer einigen wenigen Metallresten nichts mehr zu finden ist und dessen Name, Herkunft und Geschichte noch völlig im Dunkeln liegen. Das derzeit letzte bekannte, sechste Wrack ist das bereits erwähnte kleine Wasserschiff.

»Giannis-D« – der »Holzfrachter«

1983 befand sich der 99 m lange griechische Frachter »Giannis-D« mit einer Teakholzfracht auf dem Weg von Rijeka (Jugoslawien) nach Hodeidah (Jemen),. Ein fataler Navigationsfehler brachte das Schiff am 19. April 1983 von seinem Kurs ab und ließ es auf das Sha'ab Abu Nuhas aufprallen. Alle Versuche der Besatzung, das Schiff wieder flott zu machen, scheiterten. Ein Hilfeangebot von Rudi Kneip, der zufällig zur gleichen Zeit mit einem Tauchschiff in der Nähe kreuzte, lehnte die Besatzung ab. Als die Taucher auf ihrem Rückweg erneut an der Unglücksstelle vorbeifuhren, befand sich die Besatzung bereits auf Shadwan in Sicherheit. Das weitere Schicksal des Schiffs besiegelten in kurzer Zeit die See und die Frühjahrsstürme. Nach einigen Monaten sank es bis auf eine Tiefe von 27 m auf den Meeresgrund. Die Backbordseite ist heute völlig zerstört. Nur der abgebrochene Bug blieb noch für lange Zeit als Erinne-

Tauchplätze am Roten Meer

Links:
Spannende Atmosphäre bietet fast jedes Wrack und bei entsprechender Schräglage auch manchmal Orientierungsprobleme

Unten links:
Sehr fotogen das Heck der »Sarah H«

Unten rechts:
Die »Giannis D« liegt seit 1983 auf dem Meeresgrund

Rechte Seite oben:
Markantes Zeichen für das Wrack der »Carnatic«: die Halterung für den Bugspriet

Rechte Seite unten:
Das Wrack der »Dunraven« liegt fast vollständig auf dem Kopf

Sha'ab Abu Nuhas

rung an das Unglück auf dem Riffdach liegen, bevor er ebenfalls versank.

Einheimische Fischer bargen die Fracht und unterstützten damit die örtliche Holzindustrie und die Schiffsbauer erheblich. So manches Schiff, das heute Taucher zu den schönsten Plätzen um Hurghada bringt, wurde wohl mit dem Holz aus der Ladung der »Giannis-D« gebaut. Heute sind das noch gut erhaltene Achterschiff mit der Brücke und weiteren Aufbauten sowie dem Maschinenraum und die beiden großen Masten am Heck die herausragenden Merkmale des Wracks.

Die markante Schieflage der »Giannis D« macht das Betauchen der Brücke, des Maschinenraums und der Kajüten zu einem besonderen Erlebnis. Fast waagerecht verlaufende Treppen, schräge Wände und ein Boden, der den Flossen immer im Weg ist, lassen surreale räumliche Empfindungen aufkommen.

Über die aufgestellten Luken kann der Maschinenraum betaucht werden. Haben sich die Augen erst einmal an das Zwielicht gewöhnt, erkennt man die große, 6-zylindrige Maschine, im Licht von Unterwasserlampen sogar weitere Details. Die überdimensionalen Ventile mit ihren Ventilfedern auf dem Zylinderkopf sind genauso zu sehen wie Tanks, Rohrleitungen und andere Versorgungseinrichtungen. Laufroste unterteilen die einzelnen Stockwerke des Maschinenraums, in die man weiter vordringen kann. An einigen Stellen schimmern an den Wänden und der Maschine noch die Reste des ehemaligen Farbanstrichs durch; hier und da sind alte Schablonenaufschriften zu lesen. Hat der Taucher den Maschinenraum über die Lüftungsluken am Oberdeck wieder verlassen, können als nächstes die große Winde am Heck oder der fast waagerecht ins Wasser ragende Mast aufgesucht werden. Hier finden sich wunderbare Motive für Filmer und Unterwasserfotografen. Noch dominiert der Bewuchs auf den Ladebäumen, den Masten und den herabhängenden Seilen. Der Schiffskörper, den sich die Hartkorallen langsam zu erobern beginnen, wirkt eher unansehnlich. Die »Giannis D« ist eben noch ein relativ junges Wrack.

Schwimmt man weiter zum Riff oder folgt ganz einfach dem gedachten Kielverlauf zum Bug, so überquert der Taucher zunächst die Bruchkante an der Brücke bzw. am hintersten Laderaum. Danach folgt ein großes Trümmerareal, das ehemalige Mittschiff. In diesem Bereich wurde alles zerschmettert: Teile der Bordwände, Laderaumabdeckungen, Rohrleitungen und wenige Reste der ehemaligen Mahagoni- und Teakladung bedecken in wirrem Durcheinander den Meeresboden, der hier zwischen 15 und 20 m Tiefe liegt. Auch im weiteren Umfeld des Schiffs liegen noch etliche Wrackteile auf dem sandigen Grund verstreut. Es macht wenig Sinn, sich hier lange aufzuhalten, denn wesentlich interessanter ist der Bug der »Giannis D«. Er liegt zwischen 10 und 18 m am aufsteigenden Riff auf seiner Backbordseite. Der vordere Lademast ragt ebenfalls, wie schon am Achterschiff, ins offene Wasser. Knäuel von Tauen und Seilen haben sich darum verfangen, zum Teil hängen sie herab oder haben sogar noch Verbindung zum Vorderdeck. Gerade der Lademast und diese Seile sind zum festen Untergrund für viele Weichkorallen und anderen Blumentiere geworden. Ein phantastisches Szenario, das sich in kleinen Ansätzen

Sha'ab Abu Nuhas

»Giannis D« Fakten

GPS-Position: N 27° 34,644'
E 33° 55,391'

Technische Daten

Länge über alles: 99,50 m
Breite: 16,01 m
Tiefgang: 6,52 m
Schiffstyp: Stückgutfrachter
Antrieb: 2 x 6 Zylinder Diesel (Akasaka Tekkosho K.K. Diesels Ltd.- Japan)
Leistung: 3000 PS
Geschwindigkeit: 12 Knoten
Land: Japan
Beladung: Tropische Hölzer, vorzugsweise Teakholz und Mahagoni.
Sonstiges: Frühere Namen des Schiffs waren: »Markos« und »Shoyo Maru«.
Untergang: Am 19.4.1983 gestrandet, ca. sechs Wochen später zerbrochen und danach untergegangen.
Ort: Sha'ab Abu Nuhas, Ägypten
Verluste: Keine

Die »Giannis D« heute

Minimale Tiefe des Wracks: 5 m
Maximale Tiefe des Wracks: 27 m
Strömungen: Bisweilen moderate Strömungen. Bei starkem Wind ist am Wrack kein Tauchen möglich.
Sicht: Recht gut, beste Zeit in den frühen Morgenstunden, Nachmittags bessere Lichtverhältnisse.
Sehenswert: Das gut erhaltene Heck, der Maschinenraum, die Brücke, die Bugsektion, die bewachsenen Masten und die Ladebäume.

auch in Bereichen der Bordwand des Vorschiffs wiederfindet. Hier haben sich zudem in den Nischen und Bruchkanten Schwärme von Glasfischen angesammelt. Große Napoleonfische patrouillieren mit Regelmäßigkeit am Bug, ihrem neuen Revier, entlang. Hier ist auch noch ein Teil der Holzbalken zu sehen, die einst zur Schiffsladung gehörten.

Die »Giannis D« hatte nach ihrer Havarie offensichtlich noch den Anker geworfen, denn von der Steuerbordseite windet sich die mächtige Ankerkette zum Riffdach hin. Aufmerksame Taucher können unterhalb der einstigen Reling an Steuerbord die früheren Namen des Wracks erkennen. Einer seiner Namen war »Markos«. Er steht als aufgeschweißtes Relief auf der Bordwand. Darunter ist noch ein weiterer Name in abbröckelnder weißer Farbe auszumachen: »Shoyo Maru«, der Name, unter dem die »Giannis D« einst vom Stapel lief. Die »Giannis D« ist ein ideales Schiff für spektakuläre Wrackfotos und beeindruckende Filmsequenzen. Sie bietet genau jene traum- oder geisterhafte, schon fast kitschige Atmosphäre, die man sich bei versunkenen Schiffen vorstellt. Das Wrack ist auch jedem Anfänger mit erfahrener Begleitung zu empfehlen. Tiefen zwischen 5 und 27 m lassen bei ruhiger See problemlose Abstiege zu.

Die »Carnatic« – auch »Flaschenwrack« oder »Weinfrachter«

Die »Carnatic«, die sich heute auch das Flaschenwrack oder der Weinfrachter nennt, befand sich 1869 auf dem Weg durch den Suezkanal zur indischen Hafenstadt Bombay. Dabei driftete das Schiff durch die starke Strömung bei völ-

»Carnatic«: Fakten

GPS Positionen N 27° 34,756'
E 33° 55,617'

Technische Daten

Länge über alles: 23 m
Breite: 12,70 m
Tiefgang: 6,16 m
Schiffstyp: Fracht- und Passagierschiff / Postdampfer
Antrieb: Segel und Dampfmaschine (4 Zylinder, vertikal Tandem-Verbund)
Leistung: 1 0870 PS
Geschwindigkeit: 12 Knoten
Land: Großbritannien
Ladung: Baumwolltücher, Kupferplatten, Post, 40 000 Pfund in Goldmünzen, Champagner- und Weinflaschen
Personen: 203 Passagiere und 27 Mann Besatzung
Untergang: 14.09.1869
Ort: Sha'ab Abu Nuhas, Ägypten
Verluste: 27 Personen

Die »Carnatic« heute:

Minimale Tiefe: 18 m
Maximale Tiefe: 25 m
Sicht: Verhältnismäßig gut, beste Tauchzeit in den frühen Morgenstunden.
Strömung: Mäßige Strömungen, Bei starkem Wind ist das Tauchen nicht möglich.
Sehenswert: Bug und Heck mit Schraube, Ankerwinde, Maschinenüberreste. Am Achterschiff befindet sich eine große Tischkoralle auf einem Stahlträger.

lig ruhiger See gegen ein Riff und versank trotz verzeifelter Rettungsaktionen mitsamt der Besatzung und einem wertvollen Schatz im Wert von etwa 40 000 englischen Pfund. Das Wrack der »Carnatic« liegt heute in etwa 25 m Tiefe und zählt zu den schönsten, die das Rote Meer zu bieten hat – wenngleich die Goldmünzen schon geborgen wurden!

Die »Carnatic« zählte um 1862 zu den modernen Segelschiffen, die durch die zusätzliche Ausstattung mit einer Dampfmaschine schnell und zuverlässig größere Entfernung zeitlich berechenbar und wetterunabhängig zurücklegen konnte. Sie schaffte die Strecke von England bis nach Sri Lanka in für damalige Verhältnisse fast unvorstellbaren 49 Tagen. Der 1870 PS-Antrieb ermöglichte dem Schiff eine Geschwindigkeit von stattlichen 12 Knoten.

Nach dem Untergang am 14.09.1869 leiteten die Besitzer die sofortige Bergung der Münztruhen ein. Erst 1984 entdeckten Taucher das Schiff wieder und sorgten damit für die Jahressensation im Roten Meer. Gerade weil das Schiff nicht so tief liegt, zählt es heute zu den besonderen Wrackattraktionen des Tauchgebietes. Sehr gut können Taucher an der »Carnatic« den historischen Übergang von der Segel- zur Dampfschiffahrt nachvollziehen. Der Bug und das Heck sind noch recht gut erhalten und zeigen viele Spanten und Querträger sowie Überreste von ehemaligen Zwischendecks. Sogar die gewaltige Ankerwinde könnte bereits dampfgetrieben gewesen sein. Darauf deuten die Rohrleitungen hin, die noch

In der »Carnatic« hat man das Gefühl, als befände man sich in einem gotischen Dom

Sha'ab Abu Nuhas

Tauchplätze am Roten Meer

Sha'ab Abu Nuhas

gut zu erkennen sind. Die abgeknickten Segelmasten befinden sich in der Schiffsmitte, die allerdings ziemlich zerstört ist. Gut zu erkennen sind dagegen die mittlerweile sehr schön bewachsenen Überreste der Dampfmaschine und des Kessels. Ein weiteres Highlight der »Carnatic« befindet sich am Heck des Schiffes. Das Ruderblatt und die riesige, dreiblättrige Schraube bilden exzellente Fotomotive und faszinieren mit ihrem farbenprächtigen Bewuchs jeden Taucher stets aufs Neue. Unter Deck befinden sich unzählige Scherben von einstigen Wein- und Champagnerflaschen, die zur Bevorratung der Gäste in der I. Klasse dienten. Daher leitet sich auch der Spitzname »Weinfrachter« oder »Flaschenwrack« ab. Insgesamt erfreut sich dieses Wrack bei Tauchern großer Beliebtheit, nicht zuletzt, weil es an jeder Stelle mit Weichkorallen, Anemonen, Schwämmen und Seescheiden überzogen zu sein scheint.

»Chrisoula K« – der »Fliesenfrachter«

Die »Chrisoula K«, ursprünglich ein deutsches Schiff namens »Dora Oldendorff«, befand sich auf dem Weg vom süditalienischen Gallipoli nach Djidda (Saudi Arabien), als es am 30.08.1981 in voller Fahrt das Sha'ab Abu Nuhas rammte. Das Schiff versank mitsamt 3700 t italienischer Bodenfliesen (deshalb auch »Fliesenfrachter«). Heute liegt das Wrack leicht nach rechts geneigt in einer sicher zu betauchenden Tiefe. Die vierblättrige

Traumhafte Fotoperspektiven bieten Schraube und Ruderblatt der »Chrisoula K«

»Chrisoula K« Fakten

GPS-Position: N 27° 34,823'
E 33° 55,731'

Technische Daten

Länge über alles: 101,05 m
Breite: 14,84 m
Tiefgang: 7,27 m (als Volldecker)
Vermessung: 3.807,34 BRT
Schiffstyp: Stückgutfrachter
Antrieb: einfach wirkender 2-Takt MAN Dieselmotor – Typ G 9 Z 52/90 mit Nachladung
Leistung: 1 x 2700 PS/136 rpm
Geschwindigkeit: 13,5 Knoten
Erste Reederei: E. L. Oldendorff. Lübeck-Travemünde, Deutschland
Letzte Reederei: Clarion Marine Co. SA., Piraeus, Griechenland
Beladung auf der letzten Fahrt: Bodenfliesen
Sonstiges: Bei starkem Wind ist am Wrack Tauchen nicht möglich.
Untergang: Am 30.8.1981 gestrandet, später zerbrochen und untergegangen.
Ursache: Kollision mit einem Riff.
Ort: Sha'ab Abu Nuhas, Ägypten
Verluste: Keine

Die »Chrisoula K« in Kürze

Maximale Tiefe des Wracks: 24 m
Minimale Tiefe: 2 m (Bugreste)
Strömungen: Mäßige Strömungen, bei starkem Wind kein Tauchen möglich.
Sicht: Verhältnismäßig gut, beste Zeit in den frühen Morgenstunden, Nachmittags aber bessere Lichtverhältnisse, dafür mehr Trübstoffe im Wasser.
Sehenswert: Das gut erhaltene Heck, Maschinenraum, Schiffswerkstatt, bewachsenen Masten und Ladebäume und im Vorschiff die Ansammlung von Gasflaschen.

Tauchplätze am Roten Meer

Schraube und das Ruder sind bei 24 m erreicht. Die hinteren, flachen Aufbauten, die Reling und die Davits für die Rettungsboote sind noch komplett vorhanden. Im Bereich des letzten Laderaums ist der Schiffsrumpf geknickt und stark verdreht. Von der stark beschädigten linken Seite ragt ein Mast mit seinen Ladebäumen ins tiefe Blau. Vom hinteren Mast reichen schön bewachsene Seile bis auf den weißsandigen Grund hinab. In den Laderäumen stapeln sich noch die Fliesenpakete. Im Anschluß daran erheben sich in der Mitte die Überreste der Aufbauten. An der Steuerbordseite, in Höhe des Maschinenraums, liegt auf dem Meeresgrund der abgebrochene Schornstein der »Chrisoula K«. Von der erheblich zerstörten Brücke kann man durch zwei Oberlichter in den Maschinenraum tauchen. Der Bug, der etwa fünf Jahre auf dem Riff lag, bevor er versank, rutschte nur knapp unter die Wasseroberfläche. Achtung: Dort kann nur bei ruhiger See getaucht werden! Die sichtbaren Bugreste auf dem Riff gehören zu einem unbekannten Wrack.

»Kimon M« – der Linsenfrachter

Die »Kimon M«, ein 106 m langer und 15 m breiter Stückgutfrachter, sank am 12.12.1978. Das in Hamburg gebaute Schiff befand sich mit 4 500 t Linsenfracht auf dem Weg von Iskender (Türkei) nach Bombay, als es vom Kurs abkam und ein anderes Wrack rammte. Im Laufe der Jahre rutschte das Wrack am Riff ab und liegt heute mit einem Neigungswinkel von fast 90° auf der Steuerbordseite in Tiefen zwischen 12 und 30 m. Das Vorschiff weist auf das Riff, vor dem die zerschmetterten Überreste des Bugs den ansteigenden

»Kimon M« Fakten

GPS-Position: N 27° 34,900'
E 33° 55,813'

Technische Daten

Länge über alles: 106,43 m
Breite: 14,70 m
Tiefgang: 6,75 m
Schiffstyp: Motorfrachtschiff
Antrieb: 2 x 8 Zylinder Diesel auf eine Welle gekoppelt
Leistung: 2940 PS
Geschwindigkeit: 13 Knoten
Bauort: Hamburg, Deutschland
Erste Reederei: Willy Bruns GmbH Hamburg
Letzte Reederei: Janissios Shipping Co. S.A. Panama
Beladung auf der letzten Fahrt: Linsen (4 500 t)
Sonstiges: Wrack liegt auf Steuerbordseite, Vorschiff mit dem Bug ist stark zerstört.
Untergang: Am 12.12.1978 gestrandet, später zerbrochen und untergegangen.
Ort: Sha'ab Abu Nuhas
Hoheitsgewässer: Ägypten.
Ursache: Vom Kurs abgekommen und Kollision mit einem Wrack am Riff.
Verluste: Keine

Die »Kimon M« in Kürze

Maximale Tiefe des Wracks: 30 m
Minimale Tiefe des Wracks: 12 m
Strömungen: Bisweilen moderate Strömungen in der Tiefe, oft starke Brandung. Dünung im Flachwasserbereich. Bei starkem Wind ist kein Tauchen möglich.
Sicht: Gut in den frühen Morgenstunden, Nachmittags bessere Lichtverhältnisse, aber mehr Eintrübungen.

Hurghada

Meeresgrund bedecken. Da lange Zeit wenig über die Herkunft des Schiffes bekannt war, benannten es Taucher erfinderisch als die »Seastar«. Die Linsenfracht lockte schnell unzählige Fische an und machte die »Kimon M« zu einem attraktiven Tauchziel. Tauchgänge beginnen vorzugsweise in der größten Tiefe, am Heck. Dort ragen die Schraube und das riesige Ruderblatt völlig unversehrt aus dem sandigen Untergrund. Rechts um das Heck herumtauchend sieht man die hinteren Aufbauten, die großen Winden auf dem Achterdeck und die flachen Schiffsaufbauten. Im Laderaum liegt noch festgekeilt zwischen Stahlplatten und verbogenen Trägern ein großer Bronzepropeller (vermutlich die Ersatzschraube?). Weiter zum Riff befinden sich die Mittschiffsaufbauten, Überreste des Schornsteinansatzes und der schön zu betauchende Maschinenraum. Vom Wrack zeigen die Masten und Ladebäume weit ins offene Wasser. Dicht daneben liegt der mächtige Schornstein auf dem Meeresgrund. Im vorderen Bereich wirkt das Wrack aufgrund der großen Zerstörungen recht chaotisch.

Hurghada

Kaum ein Name ist so eng mit dem Tauchen am Roten Meer verbunden, wie der des Ortes Hurghada an der Ostküste des ägyptischen Festlandes. Hurghada liegt etwa 120 km südlich von Suez und entwickelte sich seit den späten 70er Jahren in rasanter Geschwindigkeit vom verträumten Fischerdorf zu einem modernen Bade- und Tauchzentrum mit mehr als 35 km hotelgesäumter Küstenlinie.

Oben: Aus dem kleinen Fischerdorf Hurghada ist bedingt durch den Tauchtourismus eine Stadt mit über 100 000 Einwohnern geworden

Unten: Die Abdul Menetm Read Moschee, die wohl schönste in Neu-Hurghada

Reisten die ersten Taucher noch vornehmlich aus Deutschland und Italien an, so trifft sich heute die internationale Taucherszene in Hurghada. Rund 50 000 Sporttaucher aus aller Welt jährlich be-

Tauchplätze am Roten Meer

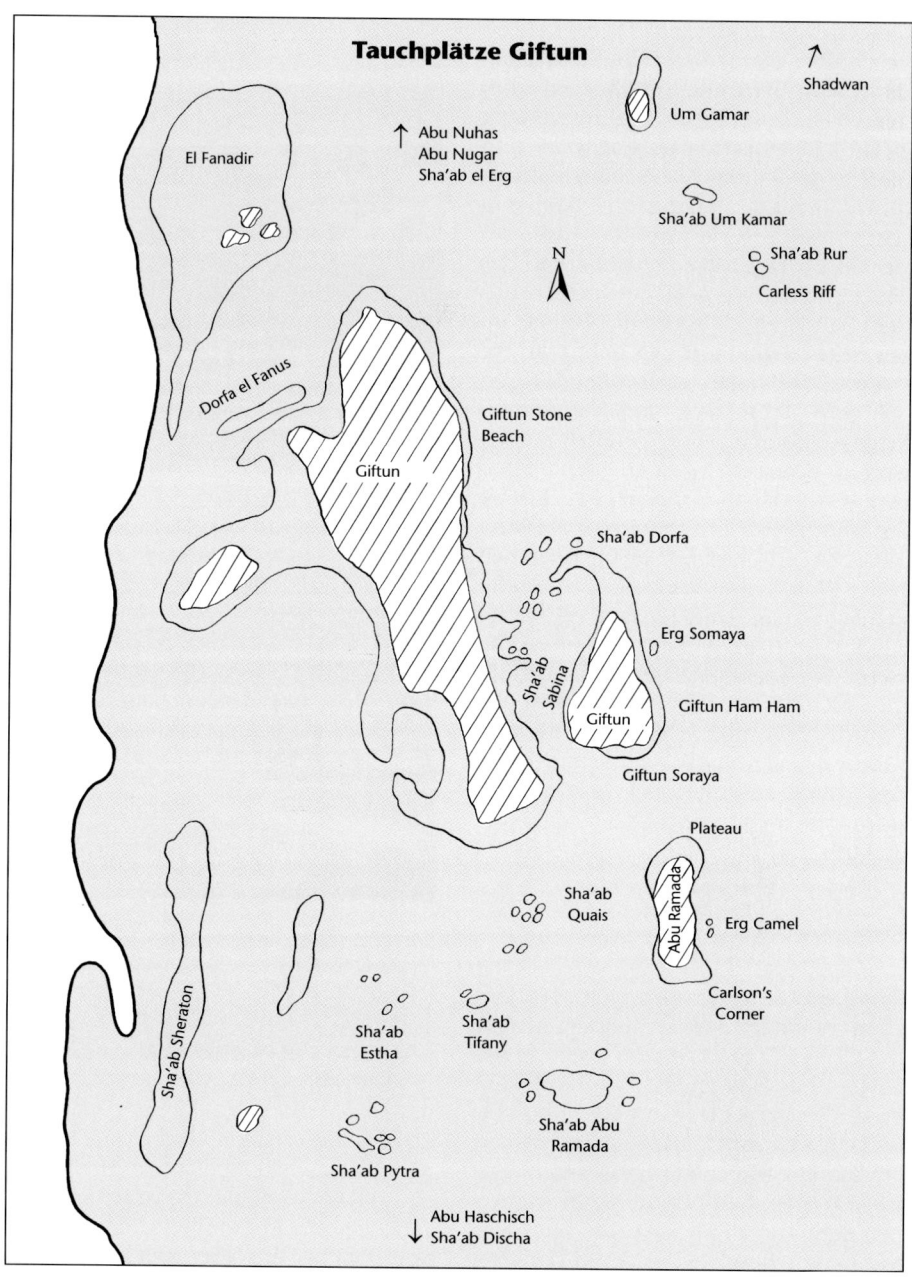

Hurghada

weisen, daß die Riffe um Hurghada ihren Reiz noch nicht verloren haben. Hurghada ist »in«, und das aus gutem Grund, denn die Tauchplätze zählen nach wie vor zu den Schönsten, die das Rote Meer zu bieten hat. Zusätzlich liegen sie mit 10 bis 30 km Entfernung von der Küste zu den schnell erreichbaren Tauchdestinationen. Um die Vielfalt und die Schönheiten der Tauchplätze zu erkunden, bedarf es keiner tiefen Abstiege. Schon auf den seichten Riffdächern entfaltet sich die gesamte Pracht maritimen Lebens. Auch Schnorchler können an vielen Plätzen eindrucksvolle Einblicke in die tropische Unterwasserwelt gewinnen.

Typisch für den Tauchbetrieb in Hurghada sind Tagesausfahrten mit großen, geräumigen Tauchschiffen. Es werden in der Regel zwei Tauchgänge durchgeführt, bevor man am frühen Abend wieder den heimatlichen Hafen erreicht. Viele Tauchschulen bieten zusätzlich Mehrtagestörns zu entfernter gelegenen Plätzen an. Diese Schiffe sind wiederum speziell für solche Reisen ausgerüstet und bieten einen erhöhten Komfort, um die meist eine Woche lange Fahrt angenehm zu gestalten.

Viele der beliebten Tauchplätze liegen zwischen den Inseln Shadwan und Giftun Island, so z. B. der Sha'ab el Erg, an dem im Winter regelmäßig Mantaschulen vorbeiziehen, oder der Umm Kamar (Die Mutter des Mondes) mit einem überaus üppigen Korallenbewuchs. Selbst Hans Hass tauchte und filmte längere Zeit an diesem Riff. Taucher, die Großfischbegegnungen bevorzugen, sollten das Carless Riff besuchen, wo beste Chancen bestehen, Riffhaie, Barrakudas und andere Arten zu sichten. Das »Aquarium« (Sha'ab Abu Ramada) macht seinem Namen alle Ehre und erweist sich als ein idealer Tauchplatz zur Fischfotografie.

Neben den farbenfrohen Riffen hält das

In den Riffen am Sha'ab Abu Ramada ist die Begegnung mit Zitronenfaltern keine Seltenheit

Speziell für Tauchgänge ausgerüstete Schiffe bringen die Taucher zu den schönsten Stellen des Meeres

Tauchplätze am Roten Meer

Rote Meer um Hurghada weitere Highlights bereit. Viele Taucher reisen beispielsweise wegen der zahlreichen Wracks an. Allein nördlich und westlich der Insel Shadwan sanken elf Schiffe, sechs davon sogar am Sha'ab Abu Nuhas. Um Hurghada liegen etwa 40 Tauchplätze der Spitzenklasse, für die, will man sie näher kennenlernen, ein Urlaub gar nicht ausreicht. »Wiederholungstäter bei steigender Tendenz«, lautet die Auswertung der Statistik vieler eingesessener Tauchschulen. Kein Wunder, wer die Plätze einmal gesehen hat, wird immer wieder dorthin zurückkehren.

Um bei der Zunahme des Tauchtourismus einen vernünftigen Schutz der Riffe zu gewährleisten, gründeten die ortsansässigen Tauchbetriebe im März 1995 die »Hurghada Environmental Protection and Conservation Association« (HEPCA), die von den ägyptischen Behörden anerkannt arbeitet. Die Organisation verfolgt das Ziel, die Tauchgebiete von Hurghada über Safaga und Marsa Alam bis hin zur sudanesischen Grenze zum Nationalpark zu erklären und nach dem Vorbild vom Ras Mohammed unter Naturschutz zu stellen. Ein sichtbares Zeichen erster Erfolge ist die Akzeptanz der zum Schutze der Riffe gesetzten Ankerbojen.

Shadwan

Am Ausgang des Golfs von Suez markiert die Insel Shadwan das Ende der Straße von Gubal, jenen Bereich, wo sich der Golf zum Roten Meer erweitert. Die unbewohnte, etwa 25 km lange Insel liegt etwa 3 bis 4 Bootsstunden von Hurghada entfernt. Während beider Kriege zwischen Ägypten und Israel war Shadwan ein weit vorgeschobener, israelischer Außenposten. Noch immer soll es aus jenen Tagen verminte Areale auf der Insel geben, die wildes Campen zu einem nicht kalkulierbaren Risiko machen. Im Südosten des Eilandes gibt es neben dem alten Leuchtturm noch ein kleines Camp der ägyptischen Armee. Die Insel führte neben den Highlights des Sha'ab Abu Nuhas lange ein taucherisches Schattendasein. Da um Shadwan unbekannte Wracks vermutet werden, erhielt das Tauchgebiet einen neuen Reiz. Zwei Tauchspots werden kurz beschrieben.

All Habus

All Habus liegt westlich der Insel direkt am Fuße der höchsten Erhebung. Die geschützte Lage ermöglicht witterungsunabhängige Tauchgänge. Der Platz ist durch eine flache, etwa 15 m tiefe Sandfläche gekennzeichnet, auf der unzählige Korallenblöcke mit typischer Flora und Fauna stehen. Der gesamte Tauchplatz gleicht einem Labyrinth, in dem man sich nur schlecht zurecht findet. Es empfiehlt sich, All Habus für einen Zweit- oder Drittauchgang aufzusparen, bzw. am Nachmittag anzulaufen. Dann steht die Sonne im Westen besonders günstig und taucht das ganze Areal in ein optimales Licht.

Dorfet Albuha

Was im Westen am Nachmittag zu empfehlen ist, gilt für den Tauchplatz Dorfet Albuha auf der Ostseite von Shadwan am Morgen. Die genaue Stelle befindet sich etwa drei Kilometer nördlich des Leuchtturms, der im Südosten der Insel liegt.

Hurghada

Links: Ausgewachsene Tischkorallen erreichen nicht selten einen Durchmesser von 3 m

Rechts: Vorsicht: Blaupunktrochen können Tauchern mit ihrem giftigen Stachel schmerzhafte Verletzungen zufügen

Dorfet Albuha liegt so betrachtet ziemlich weit südlich. Nach einem kleinen Absatz in etwa 15 bis 20 m Tiefe beginnt ein steiler Drop-Off, der sich im unendlichen Blau zu verlieren scheint. Dort ziehen häufig Großfische vorbei. Die Steilwand selbst besitzt einen wunderschönen, strömungstypischen Bewuchs. Abstiege können bei Dorfet Albuha nur bei ruhigem Seegang erfolgen. Zusätzlich treten häufig Strömungen auf (»Shadwan Express«).

Sha'ab el Erg

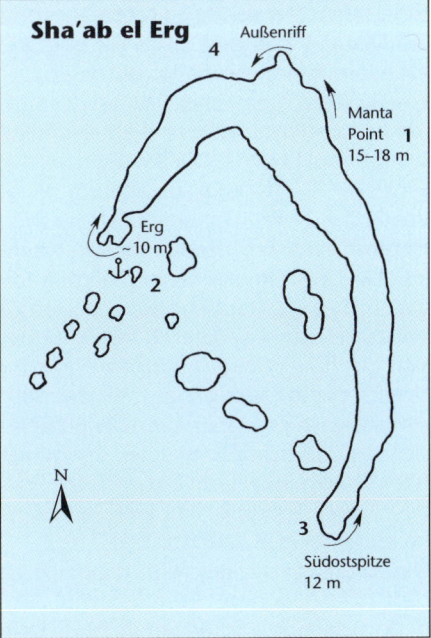

Das sichelförmig gebogene Riff Sha'ab el Erg besitzt eigentlich vier unterschiedliche Tauchstellen. Großer Beliebtheit erfreut sich der sogenannte »Manta Point« (Platz 1), an dem von Januar bis März Mantaschulen beobachtet werden können. Aus diesem Grund wird das gesamte Riff fälschlicherweise häufig als Manta Point bezeichnet. Wer auf Manta-Pirsch gehen möchte, muß in dieser Jahreszeit leider oft mit eingetrübten Sichtverhältnissen rechnen, da Mantas nun einmal

Tauchplätze am Roten Meer

Links: Weichkorallen entfalten ihre ganze Schönheit bei Nacht

Rechts: Maskenfalterfische ernähren sich von Polypen der Hart- und Weichkorallen

planktonreiches Wasser bevorzugen – zum Leidwesen für alle Unterwasserfotografen. Der sandige Meeresgrund ist am Manta Point etwa 15 m tief und von einzelnen Korallenblöcken durchsetzt.

Eine weiterer Tauchplatz liegt an der Südwestspitze (Platz 2) Dort ankern in der Regel die Tauchboote. Die Leeseite ermöglicht hier Flachwassertauchgänge bis in etwa 12 m Tiefe. In einem Kanal zwischen Hausriff und Erg stehen große Tischkorallen, zwischen denen auf dem sandigen Grund verschiedene Rochenarten zu entdecken sind. Dieser Bereich eignet sich gut für Anfänger und besonders für sichere Nachttauchgänge. An der südostwärtigen Innenseite des Riffs erheben sich bei Durchschnittstiefen zwischen 8 und 10 m einige bunt bewachsene Felsblöcke mit der typischen Flora und Fauna eines ruhigen Tauchplatzes.

Die Südostspitze des Riffs (Platz 3) ist durch ausgedehnte Feuerkorallenfelder gekennzeichnet. Sie liegen in 12 m Tiefe und darüber. Das Außenriff im Nordosten (Platz 4) fällt bis etwa 25 m schräg ab und verzaubert seine Besucher mit einer intakten, farbenfrohen Korallenlandschaft. Hier verweilen hin und wieder »schlafende« Weißspitzenhaie. Auf dem sich anschließenden Grund haben sich Röhrenaale angesiedelt, die ihre wiegenden Körper aus dem sandigen Meeresboden strecken. Wer sie aus der Nähe beobachten möchte, benötigt viel Geduld. Bei hastigen Annäherungsversuchen ziehen sie sich blitzschnell in ihre Röhren zurück und lassen sich längere Zeit nicht mehr blicken.

Sha'ab Abu Nigara

Das Riff Sha'ab Abu Nigara (auch »Abu Nugar«) liegt mit zahlreichen interessanten Felsformationen im Norden vom Sha'ab el Fanadir. Leider zeigt dieses Riff deutliche Spuren vergangener Dynamitbefischung. Die Tauchboote ankern in

Hurghada

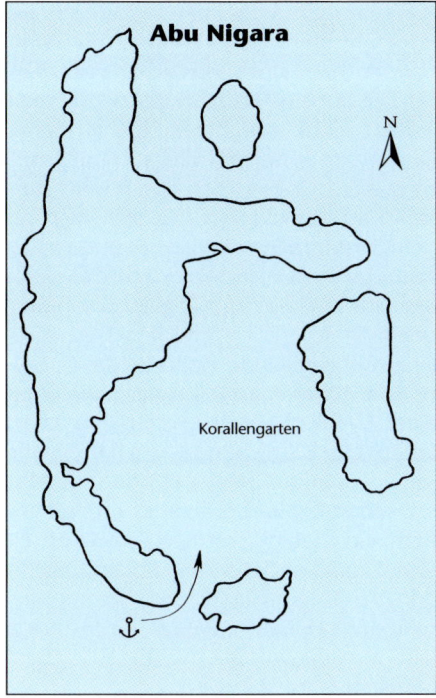

der Regel im geschützten Südteil. Südostwärts des Sha'abs erheben sich vom Meeresgrund drei Felsen, die eine beeindruckende Weichkorallenvielfalt zeigen. Von besonderer Anmut ist der Korallengarten, in dem schon in geringen Tiefen Schwarze Korallen stehen. Die durchschnittliche Tiefe beträgt im Bereich der Felsen etwa 10 bis 14 m. Das Sha'ab Abu Nigara ist eine ideale Stelle für Fotografen, die hier eine besonders große Artenvielfalt maritimer Lebewesen vorfinden.

Umm Kamar

Umm Kamar, die »Mutter des Mondes«, ist eine kleine Insel mit einem großen vor-

gelagerten Riff. Dieses liegt auf einer gedachten Linie etwa zwischen Giftun und Shadwan. Das Tauchgebiet ist in etwa einer Bootsstunde (9 km) von Hurghada aus zu erreichen. Im Süden befinden sich die Riffe Sha'ab Umm Kamar und das Carless Riff. Am Südende von Umm Kamar markiert ein Leuchtturm die genaue Lage. Die Insel selbst ist etwa 400 m lang, das gesamte Riff erstreckt sich über eine Länge von mehr als 2 km. Die idealen Ankerplätze im Süden sind deutlich mit Bojen markiert.

Die Schönheit dieses Riffes erkannte schon der Tauchpionier Hans Hass. Die Überreste eines alten Haikäfigs weisen noch heute auf seine vergangenen Filmarbeiten hin.

Im Wind- und Strömungsschatten der südlichen Ankerstelle liegt einer von vielen abwechslungsreichen Tauchgründen (Platz 1). Wer der ostwärtigen Steilwand nach Norden folgt, findet nach kurzer Zeit in etwa 20 m Tiefe ein turmähnliches, 15 m großes Felsengebilde. In dessen Spalten, Nischen und Hohlräumen sind Glasfischschwärme und zahlreiche

Die Insel Umm Kamar

Tauchplätze am Roten Meer

Rotfeuerfische beheimatet. Wer sich auf ungefähr 30 bis 35 m weiter in Richtung Norden hält, stößt wiederum nach kurzer Zeit auf eine kleine Höhle, in die man jedoch nicht weit hineintauchen kann. Der gesamte Bereich des südlichen Ankerplatzes zeichnet sich durch viele bunte Korallenblöcke aus, die sich hier auf dem Sandboden verteilen. Im oberen Abschnitt lädt das Riff mit unzähligen Spalten und Löchern zu näheren Erkundungen ein.

Eine steil abfallende Wand an der Ostseite von Umm Kamar kennzeichnet den Platz 2. Hier geht es zügig auf über 40 m hinab. Diese strömungsexponierte Stelle scheint weniger betaucht, denn sie zeigt sich noch fast unberührt. Es scheint zudem ein Lieblingsort von größeren Fischen zu sein, allen voran die dickbäuchigen, behäbigen Napoleonfische und verschiedene Haiarten. Weiter nordostwärts läuft die Riffkante in etwa 50–60 m Tiefe auf einer Sandfläche aus.

Bei guten Wetterbedingungen kann auch die Nordseite des Umm Kamars (Platz 3) betaucht werden. Hier werden Tiefen zwischen 10 und 15 m erreicht. Der sandige Meeresgrund ist mit Steinkorallen aller Art übersät – ideal für Fotografen, die

Oben:
Ein Taucher inspiziert die Überreste des Haikäfigs, mit dem einst Hans Hass arbeitete

Mitte:
Viele Napoleonfische sind sehr neugierig, was den Fotografen und Filmern zu Gute kommt

Unten:
Die filigrane Schönheit der Gorgonien wird erst im Makrobereich sichtbar

Hurghada

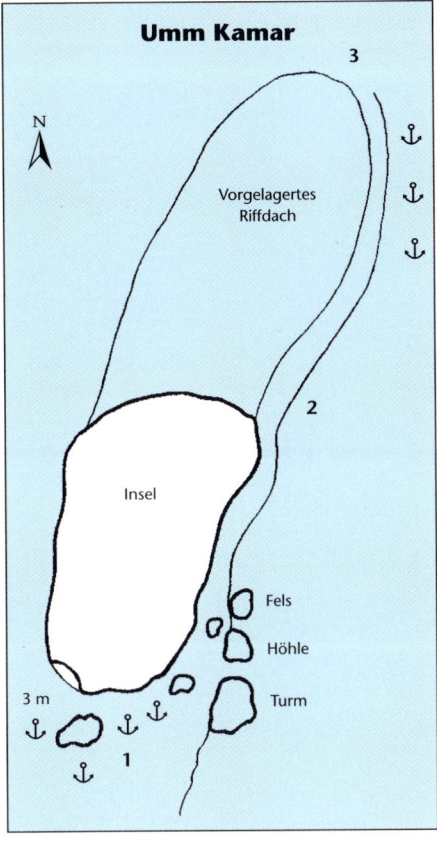

sehr großen Fächergorgonien und vielen Weichkorallen von respektabler Größe bewachsen. Einzelne Korallenblöcke kennzeichnen die Südseite des Riffs. Hier erreicht der sandige, schräg abfallende Grund mit 15 bis 20 m keine größere Tiefe. Viele Tauch- und Safariboote nutzen die windgeschützte Lage und gehen hier vor Anker, denn am Sha'ab Rur kann bei jedem Wetter getaucht werden. Eine besondere Attraktion ist ein freistehender Riffpfeiler im Südwesten, der wunderbar bewachsen ist und von 20 m Tiefe bis dicht unter die Wasseroberfläche reicht. In seinen Löchern halten sich unzählige kleine Fische, insbesondere Glasfische, auf. Die geschützte Südostseite vom Sha'ab Rur eignet sich ebenfalls als guter Ankerplatz. Schwimmt man von Süden aus in ostwärtige Richtung, umrundet die Spitze und folgt dem Riffabfall dann in die Tiefe, so beginnt nach einem Absatz in 25 bis 35 m der sandige Grund. Schon beim Abstieg findet der Taucher verschiedene Wrackteile eines offensichtlich kleineren Schiffes. Bleibt er diesen Trümmern weiter auf der Spur, so stößt er bei etwa 30 bis 35 m auf die Überreste der Hecksektion eines Bootes, das einst etwa 25 m lang und 6 bis 8 m breit war. Bei

sich der Makrofotografie verschrieben haben. Dieser Platz eignet sich wegen der geringen Wassertiefe ideal für Wiederholungstauchgänge oder für Anfänger.

Die Insel Umm Kamar und Sha´ab Rur

Im Südwesten der Insel Umm Kamar liegt das Sha'ab Rur (auch Sha'ab Umm Kamar). Die West- und Südwestseite dieses kleinen, aber feinen Riffs ist mit

diesem Wrack handelt es sich nachweislich um ein ehemaliges Patrouillienboot der ägyptischen Marine. Es lief im Sommer 1962 bei tiefstehender Sonne auf das Riff auf und zerbrach bei den anschließenden Bergungsversuchen in zwei Teile, bevor es endgültig versank. Außer dem zerstörten Achterschiff, einigen Versorgungsleitungen, Tanks und den Resten der beiden Motoren mit Turbolader gibt es an diesem Wrack nur wenig zu erforschen. Da das Patrouillenboot einen Rumpf besaß, der vorzugsweise aus

Tauchplätze am Roten Meer

Holz und Aluminium bestand, haben die vergangenen Jahrzehnte nicht mehr viel vom Wrack übrig gelassen.

Interessanter ist es daher im oberen Bereich des Sha'ab Rur. Hier kann man zwischen den vielen Spalten und Einschnitten unzählige bunte Riffische beobachten. Wer in der Tiefe bleibt und sich an der Ostseite in nördlicher Richtung hält, stößt in etwa 30 m Tiefe auf eine imposante Steilwand, die sich nach unten im unendlichen Blau zu verlieren scheint. Hier ließen kräftige Strömungen große

Rechts: Das Wrack des Patrouillienbootes ist eine der Hauptattraktion am Sha'ab Rur

Unten: An den Steilwänden von Sha'ab Rur wachsen viele Weichkorallen

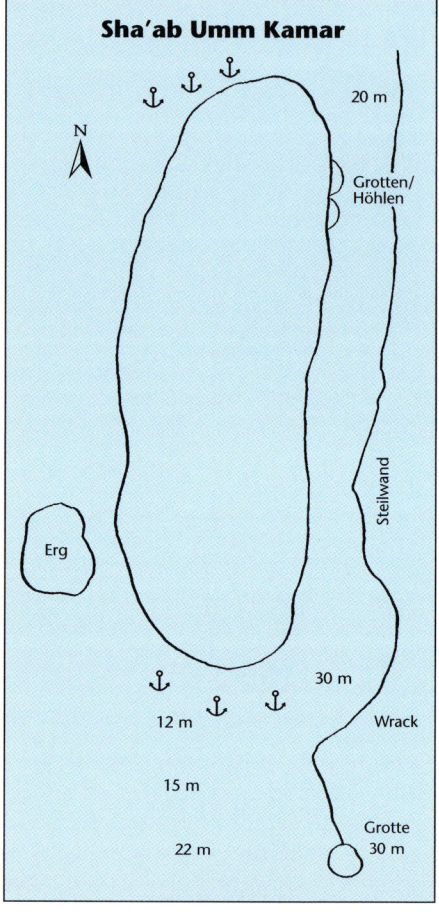

Gorgonen und unzählige Weichkorallen entstehen. In den flachen Bereichen zwischen 15 und 20 m locken eindrucksvolle Grotten und Höhlen. Die Ostseite eignet sich mehr für Strömungstauchgänge, soweit es Wind- und Wetterbedingun-gen sowie der Erfahrungsstand der Tauchgruppe zulassen. Ebenfalls wetterabhängig gestaltet sich das Betauchen der Nord- und Nordostseite des Riffs. Können die Tauchschiffe an dieser Stelle ankern,

# Hurghada

Tauchplätze am Roten Meer

Große Zackenbarsche sind imposante Erscheinungen und können über zwei Meter groß werden

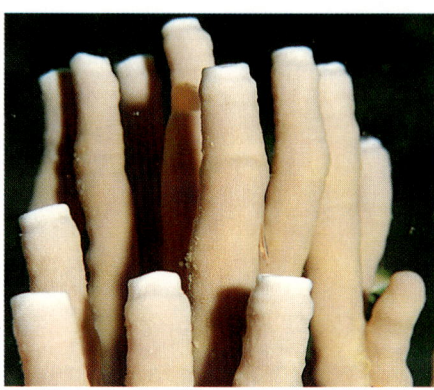

Selbst die »blassen« Schwämme können ein interessantes Fotomotiv abgeben; man muß nur den richtigen Blickwinkel finden

empfiehlt es sich, die Nordspitze zu umrunden, denn gleich danach beginnt eine wunderschöne Steilwand, die sich ostwärts fortsetzt. Zertrümmertes Korallengestein im Riff markiert deutlich die Stelle eines Schiffsunglücks, das aber schon viele Jahre zurückliegt. Das Schiff sank, nachdem es das Sha'ab Rur rammte. Es rutschte die Steilwand hinab und liegt heute für Sporttaucher unerreichbar in über 100 m Tiefe.

Das gesamte Tauchgebiet des Sha'ab Rur gilt als besonders fischreich: Haie, große Barrakudas, Barsche, Napoleonfische, Rochen und Schildkröten zählen zu den ständigen Besuchern dieser eindrucksvollen Korallenwelt.

Carless Riff

Das Carless Riff liegt etwa 5 km von Giftun entfernt und ist bei Tauchern sehr beliebt. Zwei massive, hübsch bewachsene Felsblöcke mit 20 bis 25 m Durchmesser erheben sich von einem Plateau aus etwa 18 m Tiefe empor, bleiben aber unter der Wasserfläche verborgen. Die einzelnen, freistehenden Formationen können bei ungünstiger Wetterlage nur schwer betaucht werden. Bei zu starkem Wind ist das Tauchen sogar ganz unmöglich. Bei guten Wetter- und Strömungsbedingungen hingegen ankern die Boote meist an der Westseite. Das Carless Riff ermöglicht dann an den flachen Felsen einfache Tauchgänge in etwa 15 m Wassertiefe.

Unweit des Plateaus fällt an der Ostseite eine Steilwand bis in große Tiefen ab. Damit bieten sich den Tauchern gleich mehrere Möglichkeiten, am Carless Riff Abstiege vorzunehmen. Wen es in die Tiefe zieht, der mag dem Steilhang (Platz 1) folgen. Die Chance, auf Haie, Barrakudas und andere Großfische zu treffen, ist hier in den frühen Morgen- und späten Nachmittagsstunden am größten. Der Hang bietet auch eine gute Alternative, wenn zu viele Taucher die beiden Felsblöcke frequentieren.

Hurghada

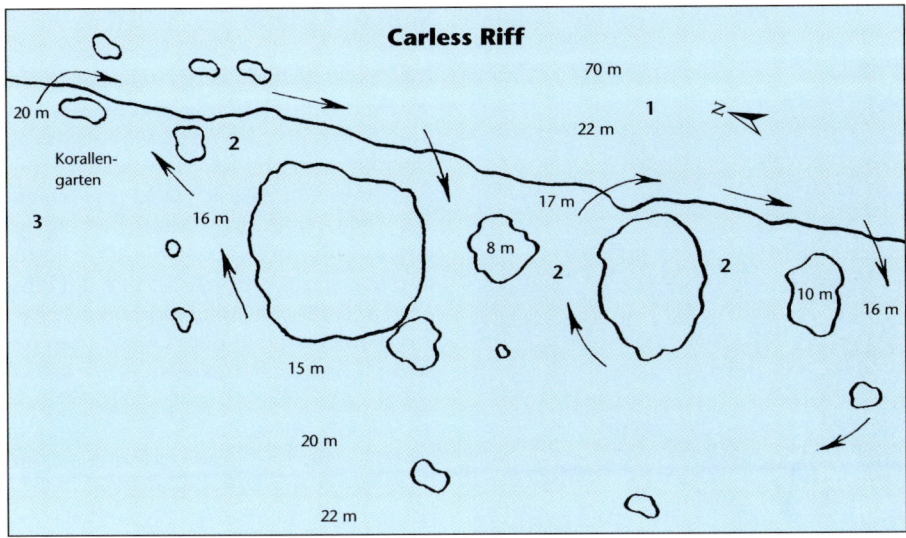

Die Felsen (Platz 2) präsentieren eine Fülle maritimer Lebensformen; vor allem sind es aber die zahlreichen, übergroß erscheinenden Muränen, die an der Basis der Blöcke zwischen einzelnen Korallen und Gesteinsformationen die Taucher immer wieder faszinieren. Weiterhin stehen dort beeindruckende Wimpelfischschwärme. Außerdem kann man Papa-

Rechts unten:
Nicht selten kommen die nachtaktiven Muränen am Tage aus ihren Verstecken

Links unten:
Maskenpapageifische können über 40 cm groß werden

Tauchplätze am Roten Meer

Rotfeuerfische werden bis zu 35 cm groß; ihre Stacheln sind extrem giftig

Sha'ab Fanadir

Das Sha'ab Fanadir liegt eine Bootstunde nördlich von Hurghada und ist ein etwa 2 km langes Riff. Die Westseite von Sha'ab Fanadir, rund drei Kilometer von der Küste entfernt, eignet sich aufgrund fehlender Tiefe nicht zum Betauchen. Umso interessanter ist dagegen die kurze Nord- und die langgestreckte Ostseite des Riffs. Am Ende der Nordseite ragen drei Felsen aus dem Wasser, in deren Nähe gern geankert wird. Dort befindet sich zugleich die beste Einstiegsstelle. Die steile Ostseite fällt bis auf etwa 15 m ab, geht in einen Sandgrund über und setzt sich ab etwa 30 m mit einem weiteren Steilabfall fort. Für Taucher ist diese Stelle wenig interessant! Viel abwechslungsreicher präsentiert sich dagegen die ostwär-

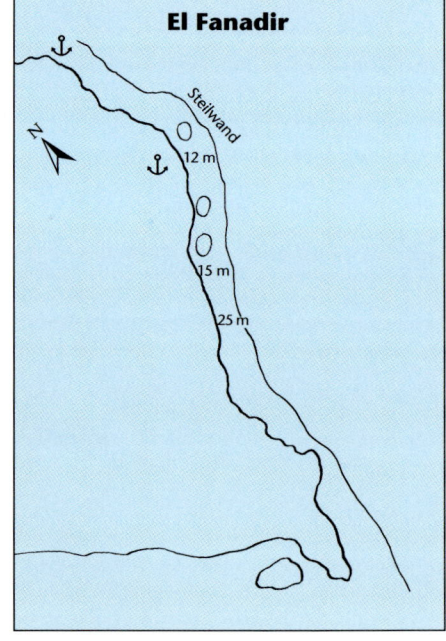

gei- und Doktorfische bei der Nahrungssuche beobachten, wenn sie emsig den Grund nach Beute absuchen.

Eine weitere Möglichkeit, das Carless Riff zu erleben, bietet der auf der Nordseite des Riffs gelegene Korallengarten (Platz 3). Er wird auf seiner Ostseite von einem Steilabfall und westlich von Sandgrund begrenzt. Im Norden fällt der Meeresgrund allmählich auf 30 m Tiefe ab und verliert sich im blauen Nichts. Eine Fülle von Weich- und Hartkorallen bildet hier eine wunderschöne Unterwasserlandschaft, die fast einem Aquarium gleicht.

Hurghada

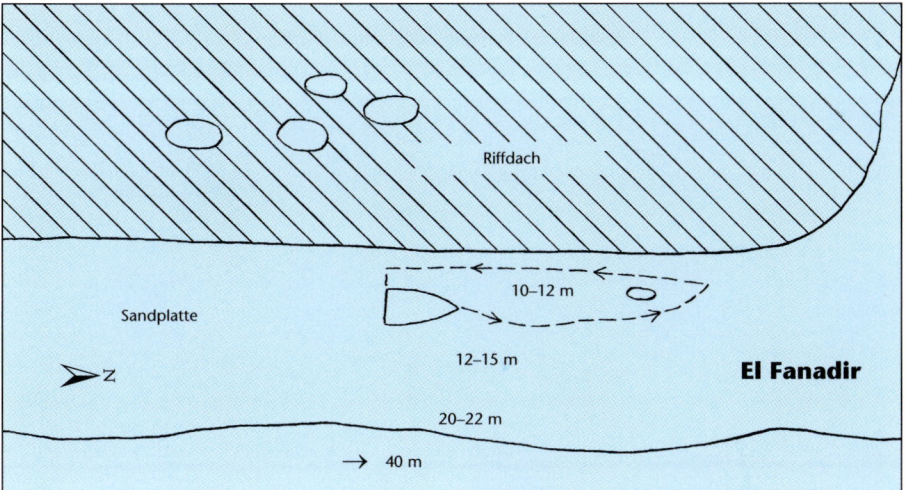

tige Riffwand zwischen 5 und 15 m Tiefe. Sie weist im Verlauf einen schönen Korallenbewuchs mit zahlreichen kleinen Überhängen und Spalten auf, in denen Glas- und Rotfeuerfische Unterschlupf suchen. Insgesamt scheint die hohe Population von Skorpionfischen charakteristisch für dieses Riff. Weitere Besonderheiten des Riffs sind gelbe Muränen, Oktopusse und Schildkröten sowie die auf dem Plateau zu findenden Teufelsfische. An der Riffwand können Taucher mit geschultem Auge Anglerfische entdecken.

Dorfa el Fannus

Der Begriff Fannus (Leuchtturm) deutet auf ein kleines Leuchtfeuer auf diesem Riffkomplex hin, das sich westlich der Giftun Insel in Höhe des bekannten Arabia Beach Hotels erstreckt. Bekannt wurde Dorfa el Fannus vor allem durch die Delphine, die bisweilen die Außenseite des Riffs aufsuchen, um dort zu rasten. Dies

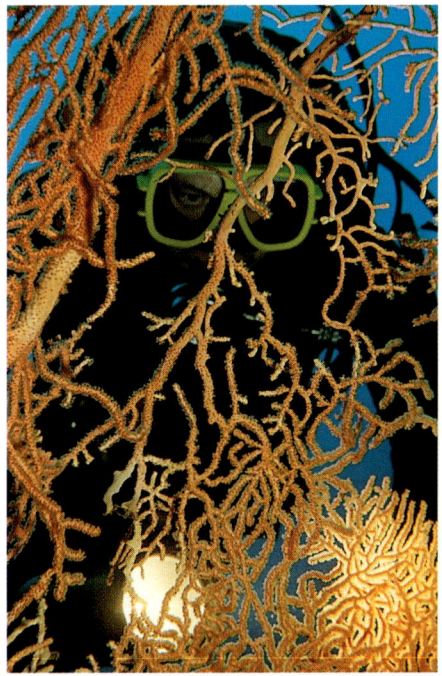

Gorgonien können bizarre Formen annehmen

Tauchplätze am Roten Meer

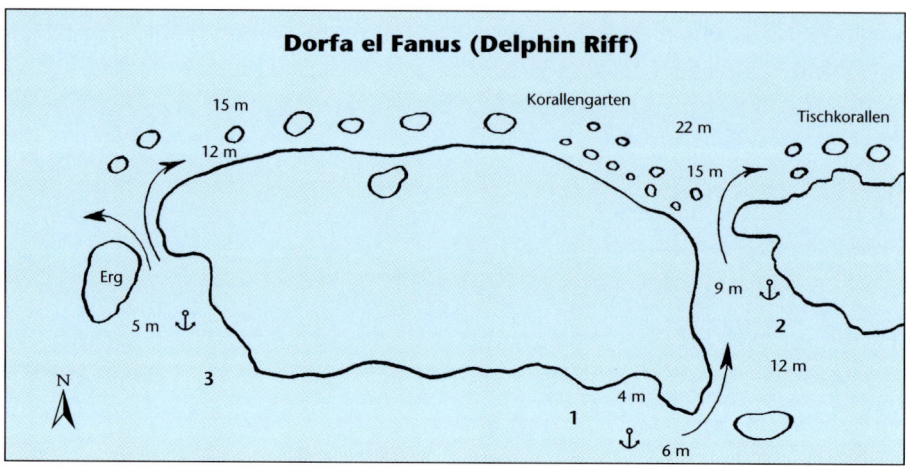

brachte dem Riff auch den Namen Dolphin Reef ein. Der innere Bereich ist leider stark beschädigt und eignet sich wegen geringer Tiefen bis maximal 7 m eher zur Anfängerausbildung.

Für geübte Taucher bieten sich drei Möglichkeiten an, um diesen Tauchplatz komplett zu erkunden. Man beginnt an der Südostecke (Platz 1), taucht durch einen Durchbruch im Riff und folgt dem wunderbar bewachsenen Teil zur Linken, bis in etwa 10 m Tiefe ein schöner Korallengarten mit vielen Weichkorallen beginnt. Bereits auf dem Weg dorthin stehen viele Fischschwärme und große Barrakudas.

Wird vom zweiten Ankerpunkt (Platz 2) aus getaucht, hält man sich nordostwärtig in Richtung auf die beiden kleinen Korallentürme in 20 m Tiefe. In den Sommermonaten halten sich dort häufig

Das Berühren der Feuerkorallen sollte man vermeiden, da es zu schmerzhaften Nesselungen kommen kann

Hurghada

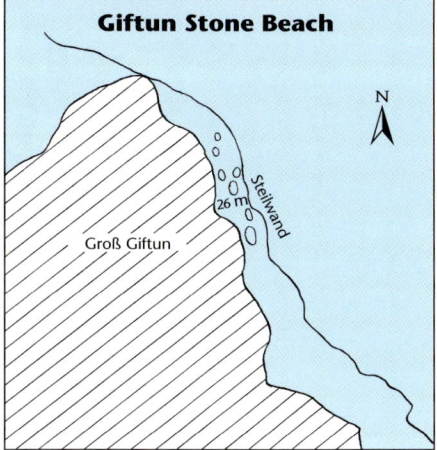

Meeresschildkröten auf und die standorttreuen Zackenbarsche lugen aus ihren Verstecken hervor. In etwa 22 m Tiefe lockt eine große Artenvielfalt beeindruckender Tischkorallen und großer Fächerkorallen. Die dritte Möglichkeit zur Rifferkundung besteht an der westlichen Außenkante (Platz 3). Ihr Bewuchs und der reiche Fischbestand machen diesen Platz zu einer wahren Augenweide. Die Nordseite des Riffs kann nur bei optimalen Wetterbedingungen betaucht werden, bietet dann allerdings abwechslungsreiche Tauchabstiege.

Hamda oder Giftun Stone Beach

Hamda liegt östlich der großen Giftun Insel und stellt einen attraktiven Tauchplatz dar. Die Tauchboote ankern hier in der Regel in der kleinen Bucht oder an dem in das offene Wasser ragenden Riffvorsprung (hier etwa 20 m tief). Weiter ostwärts fällt das Riff unmittelbar steil auf über 40 m ab – eine Steilwand, die jeden Taucher begeistern wird! Auch Großfische lassen sich hier häufig blicken. Den besten Lichteinfall an der Steilwand haben Unterwasserfotografen in den Vormittagsstunden. Im flacheren Bereich der seichten Schräge, oberhalb des Ankers, dominiert der Hartkorallenbewuchs mit einer großen Muränenpopulation. Südlich des Ankerplatzes schließt sich in 20 bis 25 m Tiefe ein ausgedehntes Korallenfeld an. Dort befinden sich eine Reihe für den Taucher interessante kleine Höhlen. An den meisten Stellen des Hamda ist die Strömung nur sehr gemäßigt, so daß sich dieser Platz hervorragend für weniger geübte Taucher eignet. Je weiter man jedoch an strömungsexponierte Stellen herantaucht, desto üppiger entfaltet sich der Korallenbewuchs.

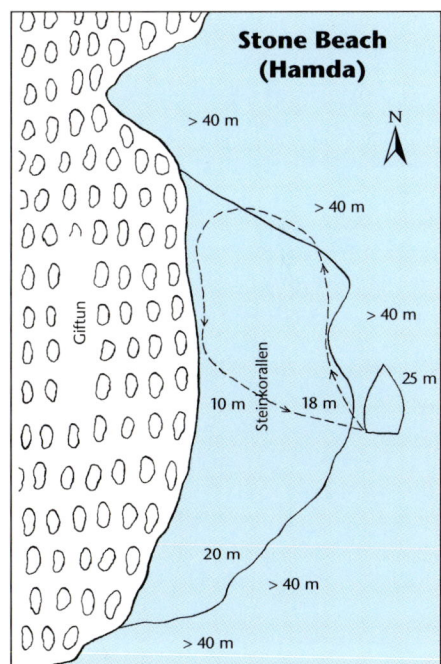

Tauchplätze am Roten Meer

Sha'ab Dorfa

Nordostwärts der kleinen Giftun Insel liegt das Sha'ab Dorfa, das bei ungünstiger Witterung gerne als Ausweichtauchplatz angelaufen wird. Vorzugsweise wird an der Leeseite des Riffs geankert (Tiefe am Sandgrund etwa 5 m). In nordwestlicher Richtung tauchend, beginnen nach wenigen Metern die ersten Korallenformationen. Bereits dort befinden sich in etwa 8 bis 13 m interessante Blöcke mit artenreichem Bewuchs. Weiter nördlich gelangt man an die Riffaußenseite, die bisweilen gut beströmt wird. Aus diesem Grunde siedeln dort unzählige Weich- und Fächerkorallen, die wiederum Fischschwärme anlocken.

Der Rotmeer-Forellenbarsch ist häufig bei Tauchgängen an Wracks anzutreffen

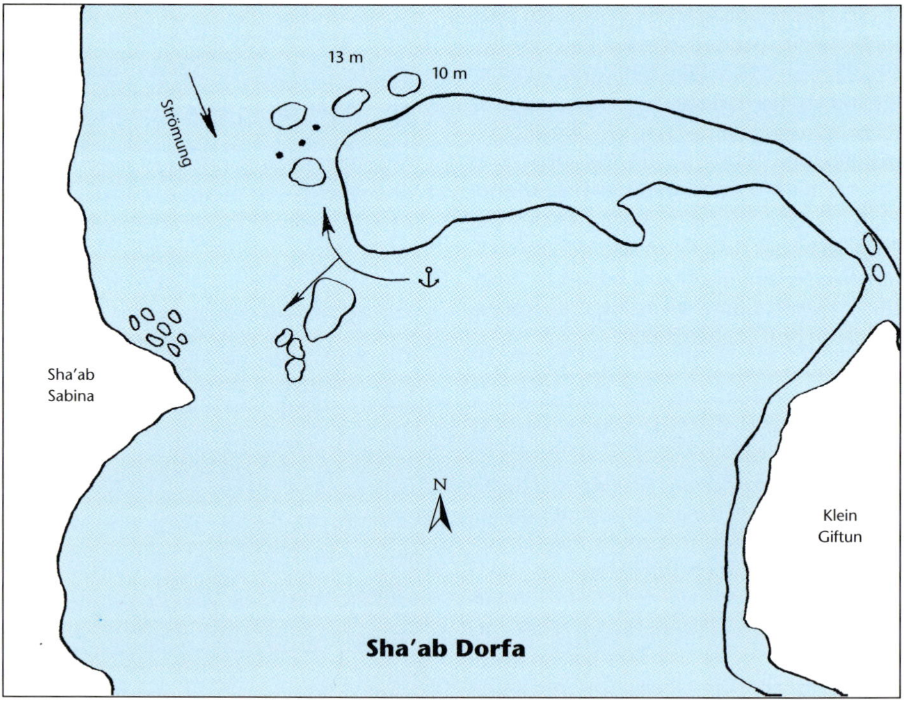

Hurghada

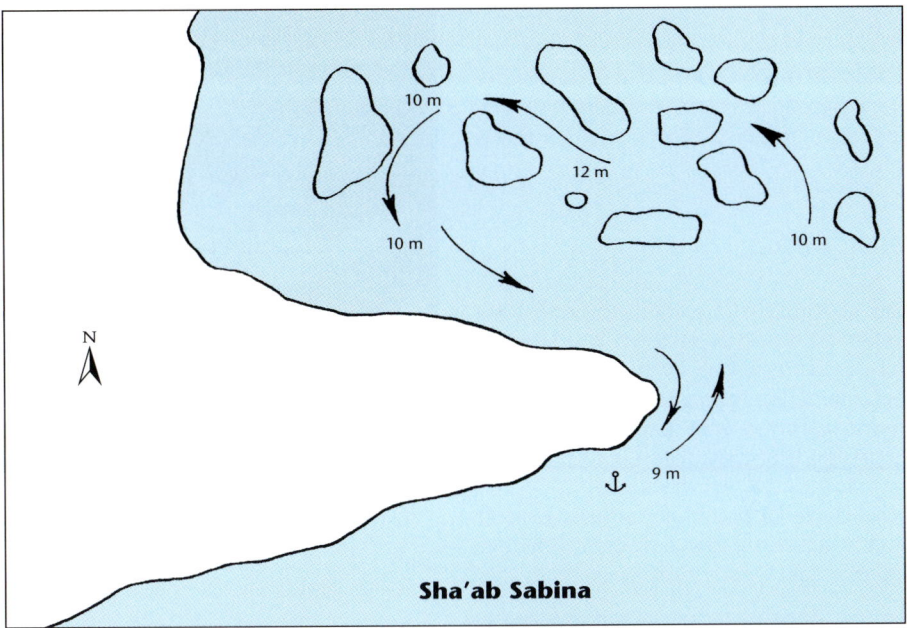

Sha'ab Sabina

Auch größere Einzelgänger, wie Zackenbarsche oder Barrakudas, finden sich hier zur Beutesuche ein.

Der Krokodilsfisch, auch Alligatorfisch genannt, ist durch seine gute Tarnung oft erst beim zweiten Hinsehen zu erkennen

Sha'ab Sabina

Dieses Riff liegt etwas südlich des Tauchplatzes vom Sha'ab Dorfa. Hier erheben sich vom 10 bis 12 m tiefen Sandgrund zahlreiche, wunderschön bewachsene Korallenblöcke. Die Schwämme, die sich dort niedergelassen haben, leuchten zusammen mit den vielen Weichkorallen in allen Farben. Für Liebhaber der Makrofotografie eine unerschöpfliche Fundgrube. Der abwechslungsreiche Tauchplatz bietet auch vielen Tieren Unterschlupf. Drachenköpfe, Rochen und Krokodilfische tarnen sich durch Anpassung an den Untergrund.

Tauchplätze am Roten Meer

Sha'ab Sabina eignet sich wegen der geringen Tiefen vorzüglich für den zweiten Tagestauchgang oder Exkursionen in der Dämmerung. Er bietet bequemes, sicheres, aber trotzdem abwechslungsreiches Tauchen.

Klein Giftun

Der geschützte Tauchplatz kann fast bei jeder Witterung angelaufen werden. Besonders interessant ist die Südostkante bzw. die Südseite von Klein Giftun. An der südostwärtigen Ecke endet der »Giftun Express«. Wer mag, kann auch von diesem Tauchplatz aus die auf Seite 155 beschriebene Doppelhöhle aufsuchen und durchqueren, um danach allmählich über das Plateau wieder zum Ankerplatz zu-

Maskenkugelfische, normalerweise Einzelgänger, treten nur zur Paarungszeit in Gruppen auf

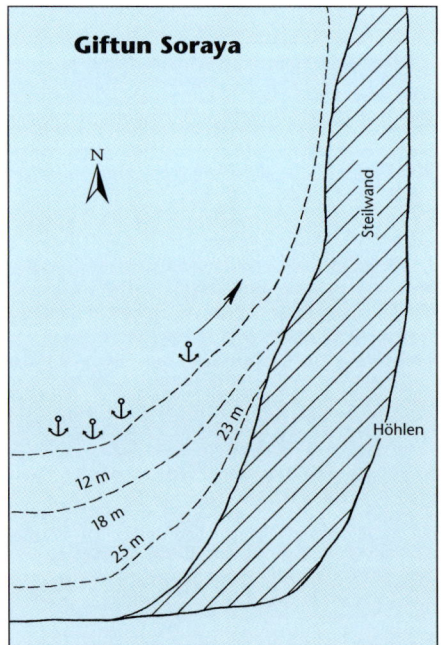

rückzutauchen. Am Erg Giftun halten sich auffällig viele Napoleons, Muränen und Kugelfische auf.

El Saghir und Giftun Soraya

El Saghir an der Ostseite von Klein Giftun ist ein Tauchplatz, der es in sich hat und nur von gut trainierten, erfahrenen Tauchern aufgesucht werden sollte. Die wundervolle, bis auf 60 und 90 m abfallende Steilwand zieht sich zum Teil dicht an Klein Giftun entlang. Boote können dort nicht ankern, so daß die Tauchgänge direkt vom fahrenden Boot aus starten. Man läßt sich dann mit der meist ordentlichen Strömung, die scherzhaft: »Giftun Express« genannt wird, treiben und hinterher wieder »auffischen«. Der Ausgangspunkt liegt genau vor einer kleinen Bucht, rund 50 m nördlich der winzigen

Hurghada

Militärstation, die sich auf der Insel unterhalten wird.

Unter Wasser fällt die Wand im Wechselspiel kahler Felsen und großer, farbiger Fächergorgonen, die weit in die Strömung ragen, steil in die Tiefe ab. Auffallend viele gelbe und rote Peitschenkorallen sowie dicke Äste Schwarzer Korallen zieren in 30 m Tiefe den Steilabfall. Nach etwa 500 m erreicht der »Giftun Express« einen Felsvorsprung (Achtung: bereits 42 m tief!), an dem man eine zweigeteilte Höhle bequem durchtauchen kann. Danach beginnt der Aufstieg zu einer korallenbesetzten Ebene, die in 15 m beginnt und bis zur Insel ansteigt. Ein für Taucher abwechslungsreicher Bereich!

Taucht man westlich über das Plateau hinweg, so erreicht man eine seichte Lagune, in der das Tauchschiff bereits auf seine Gäste wartet.

Natürlich kann man auch am südlichen Ende von Klein Giftun tauchen. Dort läßt

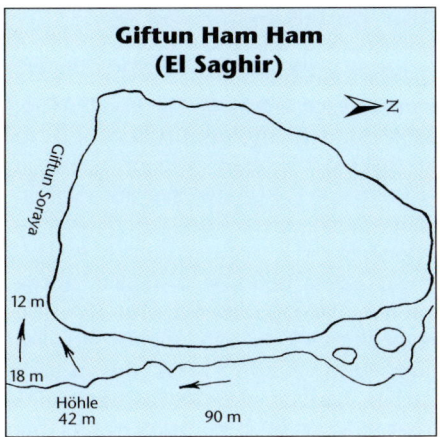

in der Regel die Strömung sehr schnell nach und der Strömungsschatten beginnt. Trotz meist eingetrübter Sicht gedeiht auch hier eine erstaunliche Vielfalt an Weich- und Fächerkorallen. Dieser Bereich ist bei vielen Tauchschulen unter dem Begriff Giftun Soraya bekannt.

Schwarze Korallen sind häufig in großer Tiefe und an strömungsexponierten Stellen anzutreffen

Tauchplätze am Roten Meer

Abu Ramada

Die etwa ein Kilometer lange Riff von Abu Ramada liegt südlich von Klein Giftun und zählt zu den interessantesten und abwechslungsreichsten Tauchplätzen im Norden von Hurghada. Vier unterschiedliche Tauchreviere lassen sich hier beschreiben.

Im Norden befindet sich ein ausgedehntes Plateau, das in 10 bis 12 m Tiefe beginnend weiter nordwärts bis auf über 40 m tief abfällt. Das Plateau ist im flachen Bereich dicht mit Feuerkorallen überdeckt. In größeren Tiefen trifft man auf Blöcke mit Weichkorallen. An der besonders reizvollen Nordostecke gehen Plateau und Riff in 30 m Tiefe in einen Steilabfall über. Diese Wand, an der sich stets Napoleons, Makrelen, Thunfische und Riffhaie einfinden, ist mit Schwarzen Korallen, wundervollen Gorgonen und

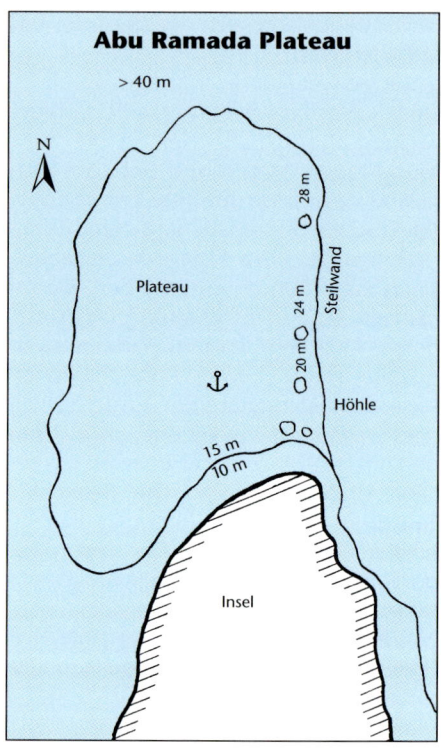

Wimpelfische sind manchmal in einem Schwarm von über 20 Tieren anzutreffen

Peitschenkorallen bewachsen. Direkt an der Ecke liegt in 22 m Tiefe eine kleine Höhle (nicht betauchbar), die ein eindrucksvolles Szenario tropischer Unterwasserwelt kreiert. In den Vormittagsstunden erzeugt das Sonnenlicht an der Steilwand ein bezauberndes Spiel von Licht und Farben. Strömungstauchgänge gehören hier zur Tagesordnung.

Die Ostseite von Abu Ramada steht ganz im Zeichen eines weiteren, eindrucksvollen Steilabfalls, der strömungstypischen Bewuchs aufweist. Auch lassen sich allerlei große Fische beobachten. Die Wand verläuft nach Süden, wo sie dann in strömungsschwächeren und seichteren Regionen endet. Vor der Ankerbucht

Hurghada

liegt in 23 m Tiefe eine weitere attraktive Stelle, die Abu Ramada Cave. Der hohe Korallenblock heißt auch »Pizzaofen«. Dort stehen unzählige, silbrig schimmernde Glasfische, die durch das Hineintauchen aber nur unnötig gestört würden.

Südlich davon liegt am Halök Abu Ramadan in einer kleinen Bucht ein weiterer Ankerplatz. Vorgelagert fällt ein Plateau zunächst auf 20 m Tiefe ab und verliert sich dann als senkrechte Wand ins unendliche Blau. Die Szenerie gleicht dem nördlichen Abschnitt mit üppigen Weichkorallen. Außerdem finden sich hier Groß- und

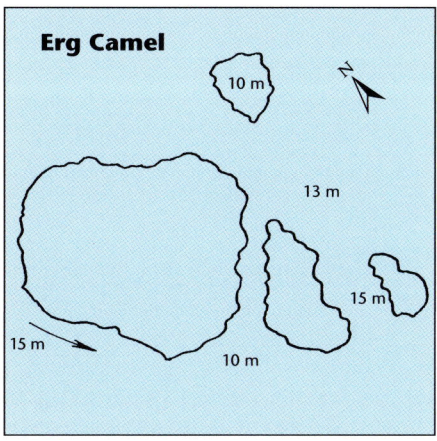

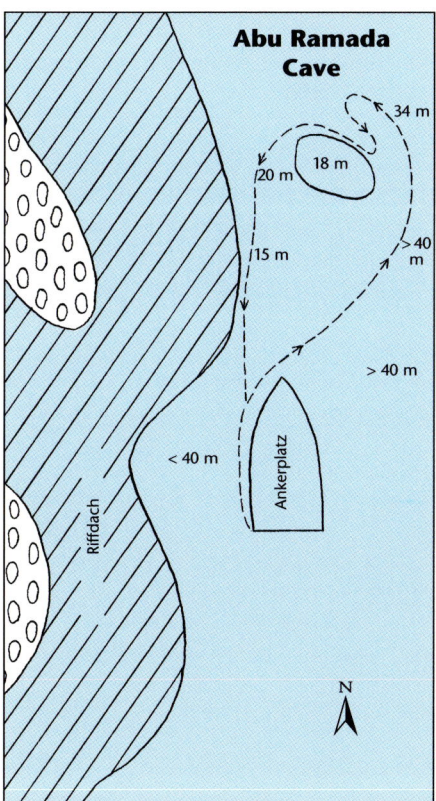

Schwarmfische aller Art. Im Südosten erheben sich unweit des Tauchplatzes vier Korallenfelsen, die in ihrer Form und Anordnung an einen Kamelhöcker erinnern und deshalb auch den Namen »Erg Camel« erhielten. Die »Höcker« ragen aus 17 m Tiefe vom Grund empor. Nur zwei davon erreichen die Wasseroberfläche. Neben dem Korallenbewuchs besticht dieser Tauchplatz mit großen Schwärmen von Wimpelfischen und dem bunten Gewimmel der unzähligen Fahnenbarsche.

Der Süden Abu Ramadas scheint weniger interessant. Er lockt lediglich Filmer und Fotografen, die sich ein spezielles Thema ausgedacht haben und hier in Ruhe arbeiten wollen.

Sha'ab Abu Ramada

Das Sha´ab Abu Ramada ist ein flaches, ovales Riff südlich von Giftun, das von etwa 15 m Tiefe bis dicht unter die Wasseroberfläche ansteigt. Korallenblöcke durchsetzen den hellen Meeresgrund und bie-

Tauchplätze am Roten Meer

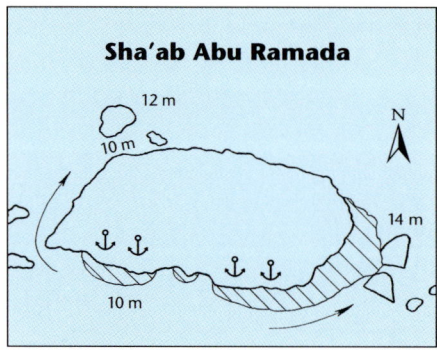

Sha'ab Abu Ramada

ten unzähligen kleinen Fischen Schutz. Dazwischen liegen vereinzelt Rochen getarnt im Sand. Die geringen Tauchtiefen erlauben mit einem Abstieg eine komplette Umrundung des Platzes, der aufgrund der Überfülle kleiner Fischarten den Beinamen »Aquarium« trägt. Zu Recht, wie wir meinen! Besonders im Bereich des nördlichen Riffabschnitts scheint unter Wasser ein selten zu beobachtendes, regelrechtes Gedränge zu herrschen. Wimpelfische, Doktorfische und Falterfische stehen dicht an dicht. Auch andere Fischarten zeigen nur eine geringe Fluchtdistanz – ein Leckerbissen für Filmer und Fotografen! Etwa 60 m nördlich entfernt steht ein weiterer, eindrucksvoll bewachsener Korallenblock.

Der ostwärtige Abschnitt vom Ras Abu Ramada zeigt hingegen einen anderen Bewuchs mit Weichkorallen und vielen niederen Tierarten, die sich auf den Felsvorsprüngen angesiedelt haben. Ein Tauchplatz, der keinesfalls ausgelassen werden sollte!

Strukturen von Gorgonenfächern sind immer wieder ein fotografisches Experiment wert

Hurghada

Besonders an strömungsexponierten Stellen können Weichkorallen riesige Ausmaße annehmen und eignen sich besonders als attraktive Fotokulisse

»Minija« – der Minensucher

Nach dem Sechstage-Krieg 1967 war der Suezkanal gesperrt und der Sinai von Israel erobert worden. Der Yom Kippur-Krieg war noch nicht ausgebrochen, doch kam es immer wieder zu Zwischenfällen zwischen Israelis und ägyptischen Streitkräften. Am 6. Februar 1970 befanden sich israelische Mirage III und Ouragan-Bomber im Anflug auf Hurghada. Ziel waren (vermutlich) die nahegelegen Radaranlagen. Ein Angriff mußte aus geringer Höhe erfolgen, um dem gegnerischen Radar zu entgehen. Betrachtet man heute die Trümmer der zerstörten Radarstation, ist davon auszugehen, daß der Angriff von Seeseite und von Sharm el Sheikh aus erfolgte. Zu diesem Zeitpunkt lag die »Minija«, ein Minensuchboot der ägyptischen Marine, im Hafen von Hurghada vor Anker, also genau in der Einflugschneise der Bomber. Binnen weniger Minuten wurde die »Minija« versenkt, ohne daß sie einen Schuß abgegeben hatte. Das Schiff drehte sich beim Sinken auf die linke Seite. Beim Aufprall riß der Hauptmast ab, der jetzt nördlich vom Rumpf auf dem sandigen Meeresgrund liegt. Durch die Explosion riß ein Teil des Hecks ab und liegt nun als großes Trümmerstück hinter dem Rumpf.

Tauchplätze am Roten Meer

Das Wrack der Minija läßt sich schwer lokalisieren. Wer es in gut 30 m Tiefe betaucht, dem fällt zunächst die starke Neigung des Wracks nach Backbord auf, ansonsten erweckt es aber den Anschein, als sei es noch recht intakt. Wenngleich die Sicht in Hafennähe nicht den gewohnten Bedingungen des Roten Meers entspricht, lassen sich bei genauerer Betrachtung sofort die Spuren des Angriffs und der massiven Zerstörungen am Schiff erkennen. Von den Aufbauten, die sich über zwei Decks erstrecken, ist das oberste Deck fast völlig zerstört. Nur das darunterliegende Deck kann betaucht und

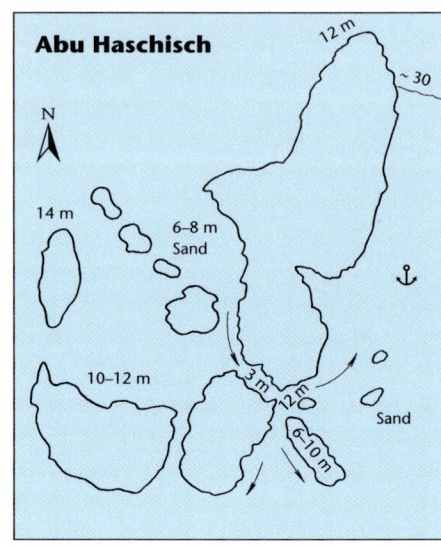

Die Schönheit von Federsternen wird für das Auge nur bei einem Nachttauchgang und mit Hilfe des Makro-Objektivs sichtbar

inspiziert werden. Man sollte beim Hineintauchen jedoch sehr vorsichtig sein! Wird längs der Steuerbordseite getaucht, so stößt man auf ein großes Loch im Rumpf, das von der Ursache des Untergangs zeugt. Auf dem Grund steht noch das zum Himmel gerichtete Flakgeschütz, so wie es in Stellung gebracht worden war, als die israelischen Bomber kamen.

Taucht man vom Bug zum Heck, passiert man Mittschiffs den Schornstein der »Minija«, auf den das flachere Achterdeck folgt. Auch hier steht noch ein »feuerbereites« Heckgeschütz, das glücklicherweise nicht einmal mehr den Fischen Furcht einjagt. Beim Angriff wurden etliche Teile der Aufbauten und der Ausrüstung ins Wasser geschleudert, die heute südwestlich neben dem Wrack liegen. Hierzu zählen u. a. auch gefährliche Geschützmunition. Davon dürfte noch einiges scharf sein, Taucher sollten also Abstand halten!

Hurghada

Abu Haschisch

Etwa 15 km südlich von Hurghada befindet sich ein langgezogenes Riff, an dessen nordostwärtiger Spitze die gleichnamige Insel Abu Haschisch liegt. Die besten Stellen, das Abu Haschisch Riff zu betauchen, sind an der Ostseite. Dort fällt eine Steilwand auf 30 m ab und ermöglicht es auch weniger geübten Tauchern, bei mäßiger Strömung das Gefühl von »drift-dives« zu erleben. Bisweilen zeigen sich hier auch Großfische. Sogar Walhaie sollen schon gesichtet worden sein. (Wir hatten leider kein Glück ...)

Neben der Steilwand bietet sich besonders die Südspitze von Abu Haschisch für weitere Exkursionen an. Ein vorgelagertes Sandplateau mit einer hübschen Korallenlandschaft beherbergt einen artenreichen Fischbestand. Blaupunktrochen genießen dort den Sandgrund und in den zahlreichen Spalten der Korallenblöcke verstecken sich gerne Muränen.

Tauchgänge müssen nicht immer in die Tiefe führen. Selbst am Riffdach kann man Stunden verbringen, um die Fülle des Lebens an diesem Ort zu erfahren

Tauchplätze am Roten Meer

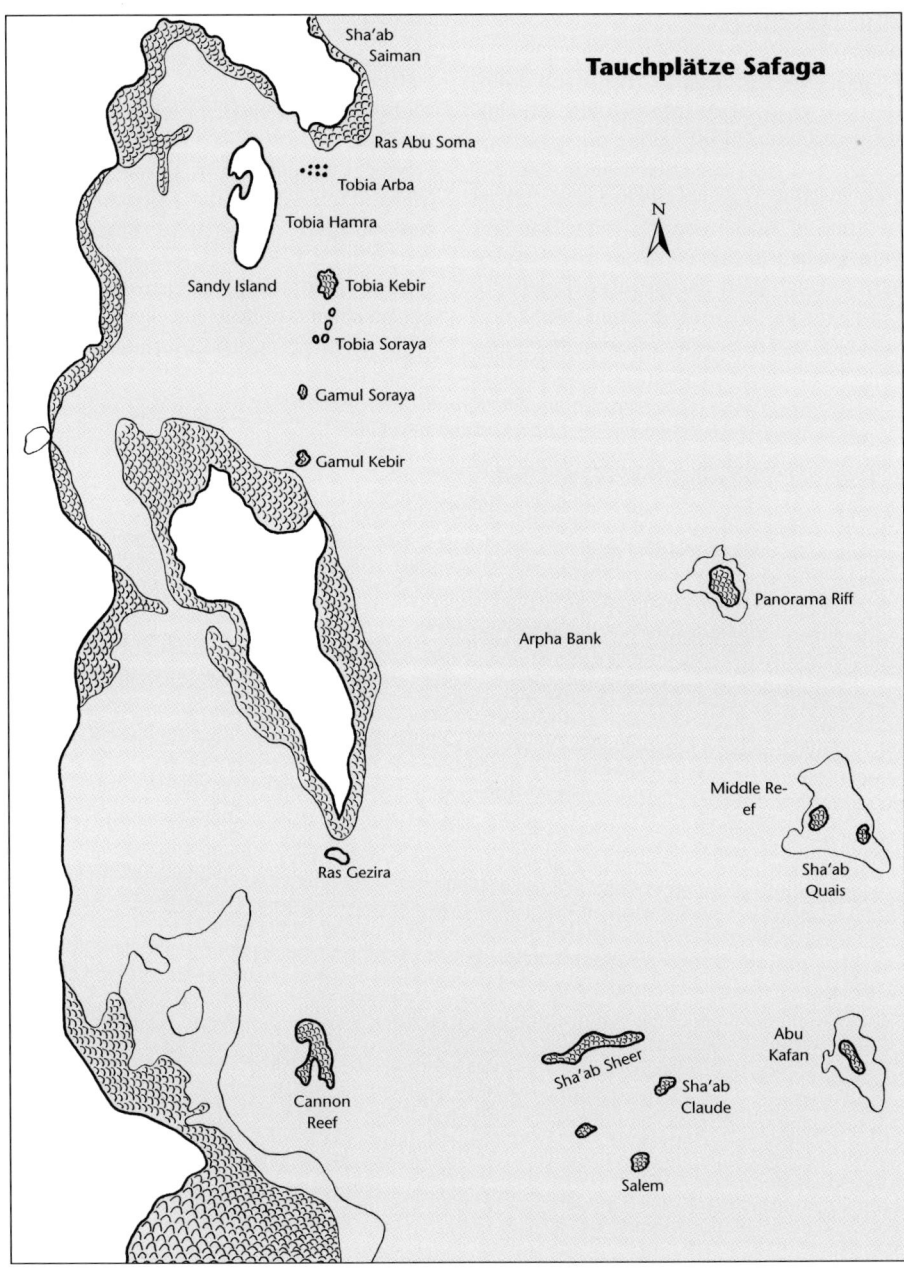

Safaga

Oben: Auf den Straßen bieten Händler ihre Waren an

Links: Oft ist die Hauptstraße von Safaga überfüllt und für Fahrzeuge kaum passierbar

Safaga

Die Stadt Safaga mit dem gleichnamigen Hafen liegt etwa 80 km südlich des ehemaligen Taucherzentrums Hurghada. Die Entwicklung zur zweiten großen Tauchdestination auf dem ägyptischen Festland begann Ende der achtziger Jahre. Mit den ersten Hotelanlagen entstanden auch die ersten Tauchbasen. Die traumhaften Tauchplätze , die vorher nur auf abenteuerlichen Exkursionen mit geländegängigen Fahrzeugen oder auf längeren Schifftörns zu erreichen waren, lagen nun direkt vor der Haustür (oder nur wenig südlich entfernt). Dank einer konsequenten Bewerbung dieser Region und dem Engagement von Touristikpionieren wie dem Deutschen Manfred Balzer vom Barrakuda Club, setzte ein Taucherboom ein, der heute dem im bekannten Hurghada in nichts nachsteht. Auch der Deutsche Volker Clausen von »Orca Red Sea« zählt mit seinen Basen in Safaga und Hurghada zur ersten Adresse für Taucher. Die Tauchplätze konzentrieren sich nordöstlich und südöstlich der Hafenstadt sowie seewärts hinter den vorgelagerten Inseln »Safaga Island« und um »Sandy Island«. Die geschützten, nordöstlichen Plätze werden bevorzugt angelaufen, wenn weiter draußen die See zu hoch geht. Spektakulärer dagegen sind die südöstlichen Tauchplätze, deren exponierte Lage in offener See größere Abwechslung versprechen.
Eines scheinen die Tauchplätze von Safaga und Hurghada gemeinsam zu haben: sie liegen nicht besonders tief und sind schnell zu erreichen.

Tauchplätze am Roten Meer

Tabak-Falterfische sind meistens paarweise anzutreffen, sie ernähren sich von Würmern und Krebsen

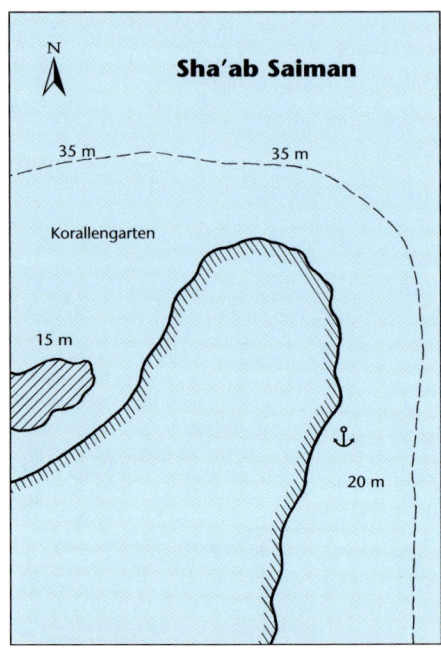

Sha'ab Saiman

Nördlich von Safaga liegt zwischen Sharm el Naga und dem Ras Abu Soma das Sha'ab Saiman, ein Riff, das sich mit einer Felsspitze vom Festland aus ins offene Meer erstreckt. Wind und Dünung rollen von Nord nach Süd auf das Riff, jedes Ankern sollte daher aus Gründen des Umwelt- und insbesondere des Riffschutzes an dieser Stelle vermieden werden. Lediglich bei schwachem Nordwind und bei Windstille eignet sich der nördliche Bereich als Ankerplatz, um von dort sicher zu tauchen. Die südwärts gelegene Riffkante fällt verhältnismäßig steil bis auf 18 m ab, geht danach in eine Schräge bis auf 20 m über und fällt dann weiter ab. In der Steilwand gibt es viele kleine Löcher und Spalten, die gute Motive für die Makrofotografie bieten. Schon ab 3m Tiefe stehen einige auffallend schöne Korallenformationen. Die herausragende Lage des Riffs lockt an der Ostseite mit reichem Nahrungsangebot oft Haie an. Die dem Norden zugewandte Seite beherbergt in etwa 15 bis 20 m Tiefe einen bezaubernden Korallengarten. Hier bedecken Formationen von wunderbaren Steinkorallen den sandigen Untergrund und in unmittelbarer Nähe besticht ein mächtiger Korallenblock mit seiner filigranen Lebensvielfalt. Dort halten sich immer einige Barrakudas auf. In Richtung Norden schließt sich in etwa 35 m Tiefe ein weniger erforschter Steilabfall an. Dieser Bereich sollte nur bei gutem Wetter und auch nur von erfahrenen Tauchern aufgesucht werden.

Safaga

Ras Abu Soma

Das Ras Abu Soma, ebenfalls nördlich von Safaga gelegen, liegt dicht unter Land. Die Nordostspitze kann bei starker Brandung nur schwer betaucht werden. Die gewaltige Kraft der Brandung verursachte in Teilen des Riffs bereits natürliche Zerstörungen. Zusätzlich erschweren starke Strömungen, die bisweilen sogar gegen den Hauptstrom verlaufen, den Tauchern oft den Abstieg.

»Die Wand« fällt bis auf 20 m ab, geht dann in einen sandigen Untergrund über, um bei etwa 30 m einen erneuten Drop Off zu erreichen, der sich dann bis in 80 m Tiefe verliert. An der Wand dominiert ein großer Gorgonenbewuchs. Oft ziehen Großfische vorbei. Zu den weiteren Attraktionen zählen Höhlen und Auswaschungen in etwa 30 m Tiefe. Der ruhigere südliche Riffteil bietet geschützte Ankerplätze in Wassertiefen zwischen 8 und 15 m. Die herrliche Korallenlandschaft fällt hier bis auf 25 m ab. Der tiefere Bereich ist durch sandige Areale mit vereinzelten, bunt bewachsenen Korallenblöcken aufgelockert. Dort leben zahlreiche Drückerfische und Rochen. Krokodilfische liegen gut getarnt im hellen Sand und sind hier nur schwer zu erkennen.

Achtung: in Richtung Nordosten teilt sich an der Riffecke die Strömung. Bei unruhiger See kann man an dieser Stelle leicht abtreiben!

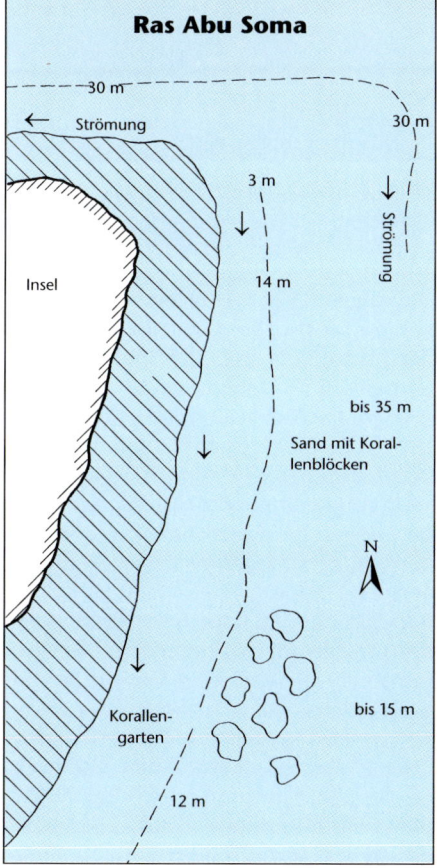

Unberührte Natur am Ras Abu Soma

Tauchplätze am Roten Meer

Tobia Arba

Tobia Arba ist eigentlich ein kleines Sha'ab. Sieben Korallentürme, die fast bis zur Wasseroberfläche emporragen, erheben sich vom 12 bis 15 m tiefen Meeresgrund. Tobia Arba zeichnet sich vor allem durch seinen traumhaften Bewuchs aus. Zum überwältigenden Fischreichtum dieser wundervollen Korallenlandschaft zählen auch die beliebten »Zackis«, einige solitäre Napoleonfische und zahlreiche Skorpionfische. Großfische lassen sich am Tobia Arba aufgrund der geschützten Lage kaum blicken.

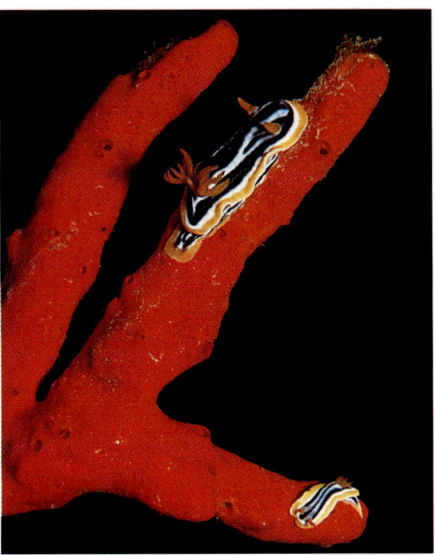

Pyjamaschnecken weiden auf einem Schwamm

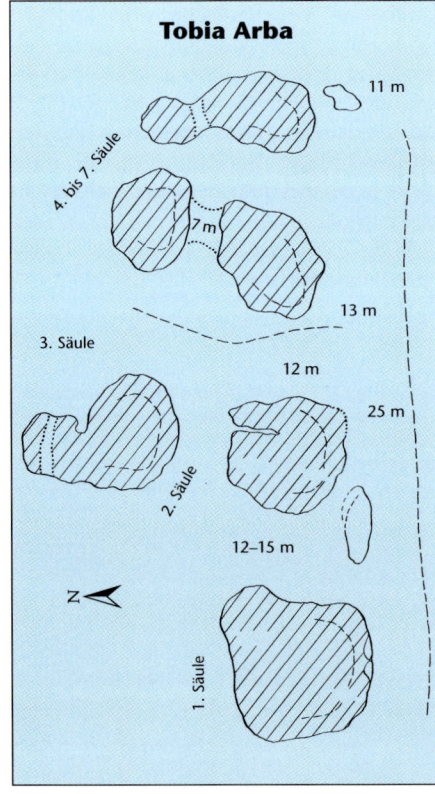

Die einzelnen Türme teilen sich wie folgt auf: im Westen liegt in etwa 15 m Tiefe der größte Block mit einer hübschen Höhle an der Basis. Dort stehen bevorzugt die großen Barsche. Weiter nach Osten steht der zweite Block. Er besitzt einen kleinen Überhang und wird von vielen Rotfeuerfischen bewohnt. Fotografen finden dort besonders im Makrobereich zwischen den wunderschönen Weichkorallen interessante Motive.

Von dort gelangt man in nördlicher Richtung an den dritten großen Korallenturm. Ihn durchzieht ein kleiner Canyon, der bis auf 4 m Wassertiefe ansteigt. Am Canyon stehen häufig größere Fischschwärme. Östlich davon erheben sich vier weitere Korallentürme etwa gleicher Größe, die in der Anordnung zueinander fast eine viereckige Grundfläche beschreiben.

Safaga

Südlich des kleinen Sha'abs fällt der Meeresgrund bis auf etwa 25 m Tiefe ab. Tobia Arba ist ein Tauchplatz, der sich auch hervorragend für Anfänger eignet, aber auch für erfahrene Taucher eine Fülle maritimer Schönheiten des Roten Meeres bereithält und im Bereich zwischen 2 und 6 m besonders für Fotografen interessante Motive bietet.

Tobia Hamra

Der 1,5 bis 2 km lange Tauchplatz führt an einer 10 m tiefen Riffkante entlang und endet im Süden bei der winzigen Insel, bzw. Sandbank »Sandy Island«. Am Grund liegt ein größeres Areal mit Steinkorallen, dessen Breite zwischen 20 und 60 m variiert. Das Korallenareal wird von straßenähnlichen Sandabschnitten durchzogen, die sich seewärts erstrecken.

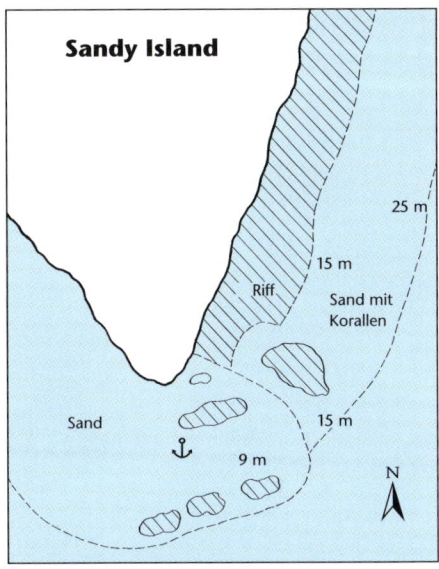

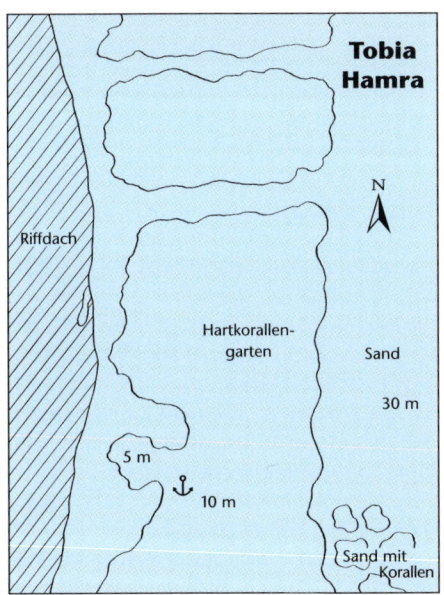

Wegen des transparenten Wassers ist das Rote Meer ein El-Dorado für Fotografen

Tauchplätze am Roten Meer

Viele Höhlen weisen oft üppigsten Bewuchs auf

In den korallenbewachsenen Bereichen wimmeln unzählige Fische umher. Aufmerksame Taucher können auf dem Sandgrund Rochen, vornehmlich Blaupunktrochen, entdecken. Seewärts fällt der Untergrund allmählich schräg bis auf etwa 35 m ab. Tobia Hamra ist ein geschützter, ruhiger und einfach zu betauchender Platz, der gern für die Anfängerausbildung und zum Flachwassertauchen genutzt wird. Das spärlich bewachsene südliche Ende (Tauchplatz »Sandy Island«) eignet sich ebenfalls für Übungszwecke.

Tobia Kebir

Nordöstlich von Safaga liegt Tobia Kebir, ein Riffkomplex, der bis dicht unter die Wasseroberfläche ansteigt. Das Riff besteht aus dem Hauptriff sowie kleineren, interessanten Fleckenriffen im Süden. An der Südwestseite von Tobia Kebir befindet sich im Strömungsschatten eine sandige Lagune (Ankerplatz etwa 5 – 7 m tief). Von dort folgen in östlicher Richtung links an der Riffspitze wunderbare große Korallenansammlungen, während der Sandgrund zwischen dem Hauptriff und

Safaga

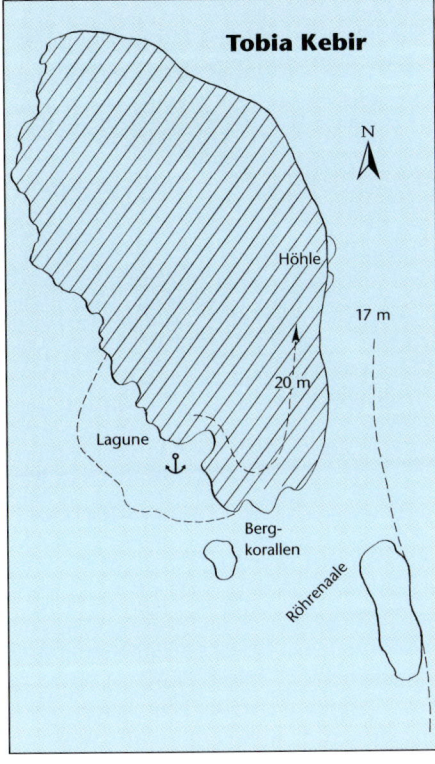

zum Durchtauchen. Weiter nördlich befindet sich das Revier größerer Fischschwärme. Östlich von Tobia Kebir fällt der Meeresgrund auf etwa 20 m ab, um dann weiter seewärts die 40-Metermarke zu überschreiten. Die Wassertiefe um die südlichen Korallenblöcke beträgt etwa 13 bis 15 m. Strömungsabgewandte Riffseiten sind meist schwächer bewachsen.

Tobia Soraya

In Verlängerung von Tobia Kebir liegt die ausgedehnte Korallenlandschaft Tobia Soraya mit vielen einzelnen Blöcken (max. 15 m tief). Beginnt man den Tauchgang am größten Felsen im Südwesten – dort ankern meist die Schiffe – empfiehlt sich die Route durch die beiden hübschen Canyons, um dann im großen Bogen Richtung Norden die weiteren Korallen-

Die Tauchplätze von Safaga liegen unmittelbar vor der Küste und sind schnell mit Tauchschiffen zu erreichen

dem großen Korallenblock zur Rechten eine Röhrenaalkolonie beheimatet. Von der Spitze aus sollte in nördliche Richtung getaucht werden, aber Vorsicht: hier trifft meist die Strömung auf das Riff! Die östliche Wand des Riffs ist mit dicken Steinkorallen unterschiedlichster Art überzogen. Wer ein geschultes Auge hat, kann am Riff noch die Reste von verkrusteten Amphoren ausmachen. Sie sind mit einem hübschem Bewuchs überzogen und mit den Korallen bereits fest »verbacken«. Auf dem Weg nach Norden liegt in etwa 6 m Tiefe eine attraktive Höhle. Sie bietet von außen einen faszinierend farbenprächtigen Anblick, eignet sich aber nicht

Tauchplätze am Roten Meer

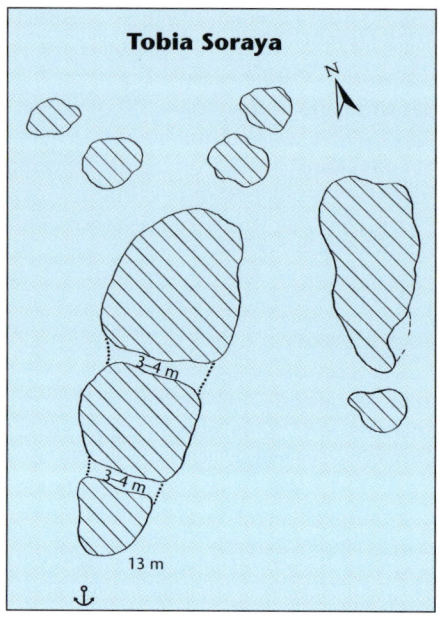

Schildkröten sind gute Schwimmer und können tiefer als 1 000 m tauchen

blöcke zu besuchen. Jeder Block verspricht erlebnisreiche Abwechslung mit Überhängen, kleinen Höhlen und artenreichem Fischbestand. Auffallend erscheinen die jeweils wunderschön bewachsenen Ostseiten der einzelnen Korallenfelsen. Tobia Soraya ist ein ideales Flachwassertauchgebiet, in das es sich lohnt, ein wenig Zeit zu investieren.

Gamul Soraya

Die interessantesten und am schönsten bewachsenen Stellen von Gamul Soraya befinden sich an der Ost- und Nordseite des Riffs. Da der bevorzugte Ankerplatz im Süden liegt, empfiehlt es sich, »Riff linke Schulter« an der Riffwand entlang zu tauchen. Gleich zu Beginn sieht man in 15 m Tiefe auf der Sandfläche eine Kolo-

nie Röhrenaale. Direkt am Riff werden Tiefen von etwa 11 m (im Norden) bis 15 m (im Osten) erreicht. Hier kann man ausgedehnte Korallenformationen mit unzähligen Fahnenbarschen und anderen kleinen Korallenfischen bewundern. Besonders an der Nordostseite, wo zwei

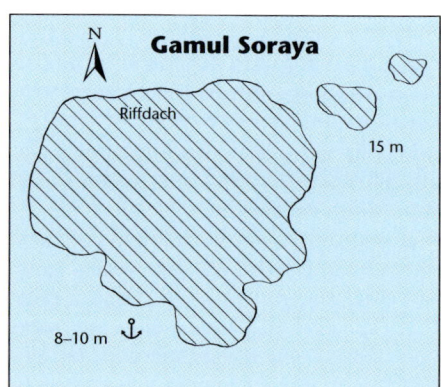

Safaga

wunderschöne, vorgelagerte Korallenblöcke stehen, halten sich etliche große Lippfische und Drücker auf. Mit etwas Glück lassen sich dort sogar Schildkröten beobachten.

Gamul Kebir

Der Riffkomplex Gamul Kebir liegt nördlich von Safaga Island. Herausragendes Merkmal ist eine kleine, riffgeschütze Lagune, in der es für Taucher jedoch nicht viel zu entdecken gibt. Die schöneren Stellen befinden sich im Süden (Ankerplatz bei Nordwind) und im Osten. Dort gibt es auch zwei Seegrasfelder zu bestaunen. Die kleinen Überhänge und Höhlen des Riffs sollten mit einer leistungsstarken Lampe ausgiebig erkundet werden.

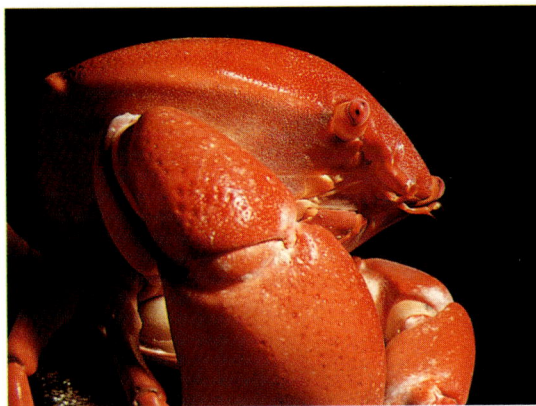

Bei Nachttauchgängen begegnet man häufig Krabben und Langusten

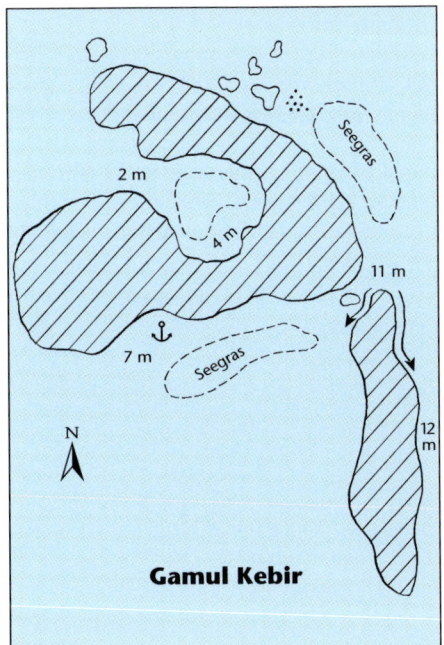

Gamul Kebir fällt an der Ostseite ca. 12 m tief ab. An der Nordostseite lagern fünf hübsche Korallenblöcke, an denen sich unzählige kleine Korallenfische tummeln. An der Nordspitze (Ankerplatz bei Südwind) liegt 15 m tief ein weiterer Korallenblock vorgelagert, der sich wunderschön bewachsen präsentiert. Leider erschweren häufig Wind, Wellen und Dünung das Betauchen des Nordabschnitts.

Panorama Riff: Nord- und Südseite

Das Panorama Riff zählt zu den beliebtesten Tauchplätzen, die von Safaga angesteuert werden. Das leicht ovalförmige Riff bildet auf seinem Dach einige seichte Lagunen. Es teilt sich windbedingt in zwei Tauchbereiche (Nord- und Südseite). Die Nordseite kann nur bei ruhiger See betaucht werden. Dann zeigt sich das Rote Meer von seiner schönsten Seite. Erst gleitet der Taucher über ein Plateau hin-

Tauchplätze am Roten Meer

weg, das bis in etwa 22 m Tiefe abfällt und mit den buntesten Korallen überzogen ist. Danach schließt sich ein Steilabfall an, der auf über 40 m hinabreicht. An der Steilwand stehen wunderbare Schwarze Korallen neben gewaltigen Gorgonenfächern und überdimensionalen Weichkorallen. Überhänge und Höhlen laden dazu ein, näher inspiziert zu werden. An der Nordspitze entfaltet sich strömungsbedingt ebenfalls ein üppiger Korallenbewuchs. Auch Riffhaie patrouillieren oft am Panorama Riff. Schildkröten, große Rochen, Napoleon- und viele Schwarmfische zählen zu den weiteren Highlights dieses Tauchplatzes. Selbst im flacheren Bereich gibt es beim Auftauchen eine große Artenvielfalt maritimer Lebensformen zu bewundern.

Die Spanische Tänzerin, eine der größten und schönsten Nacktschnecken tropischer Meere

Schon in 20 m Tiefe trifft man auf riesige Gorgonien

Bei Strömung empfehlen sich »drift dives« von der Nordwestecke entlang der Westseite des Riffs. Sie tragen die Taucher meist bis zum südwestlichen Bereich des großen Korallenriffs, wo weitere Steilhänge und Felsvorsprünge locken, die über

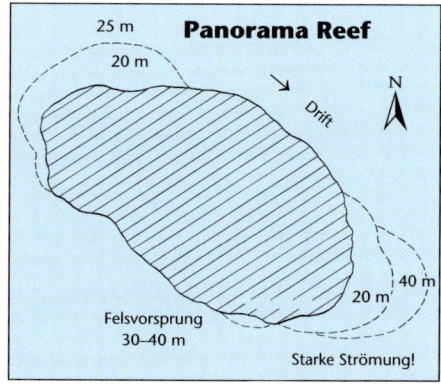

Safaga

40 m tief abfallen. Strömungs- und witterungsbedingt gibt es eine Driftalternative an der Ostseite des Riffs.
Die Südseite, häufig zugleich die Leeseite des Panorama Riffs, ist mit einem Seezeichen deutlich markiert (Ankerplatz).
Das Riff fällt in Stufen ab und bietet ein buntes Kaleidoskop der Fauna und Flora des Roten Meeres. Sogar in geringeren Tiefen lohnt es sich, gleich mehrere Tauchgänge zu verbringen. In 3–10 m Tiefe haben sich auf einem Korallenvorsprung zahlreiche Anemonen angesiedelt. An den Steilabfällen können regelmäßig Großfische beobachtet werden. Achtung: an der südöstlichen Ecke, wo die vorgelagerten Felsen liegen, treten oft starke Strömungen auf, die Taucher ins freie Wasser ziehen können.

Arpha Bank

Arpha Bank zählt zu den besten und zugleich anspruchsvollsten Tauchplätzen um Safaga. Der riesige Korallenfelsen westlich des Panorama Riffs beginnt in etwa 30 m Tiefe und reicht auf über 400 m hinab. Deshalb läßt er sich auch nur bei ruhiger See oder mit technischen Hilfsmitteln genau lokalisieren. Hat man ihn einmal gefunden, erwarten den Taucher absolute Highlights, angefangen von Hammerhaien, Barrakudas und großen Makrelenschwärmen, bis hin zu Schwarzen Korallen und riesigen Weich- und Fächerkorallen. Achtung: aufgrund der großen Tiefe und der exponierten Lage (Strömung!) eignet sich Arpha Bank vornehmlich für geübte Taucher.

Viele Feuerkorallen sind mit roten Schwämmen bewachsen

Tauchplätze am Roten Meer

Die Domäne der Nachttauchgänge, die Makro-Fotografie. Hier: Struktur einer Fischschuppe

Middle Reef

Das Middle Reef, ein fast rundes Korallenriff, hat einen Durchmesser von etwa 400 m. Das Riffdach ragt bis knapp unter die Wasseroberfläche (2 bis 6 m). Umgeben wird es von einer Art Sockel mit einem schrägen Plateau, dessen Kante im 20 m-Bereich als Steilabfall in große Tiefen abbricht. Im Süden und Südosten des Riffs erstreckt sich auf dem Plateau eine wunderschöne Korallenlandschaft, die von vielen Tauchern als das Non-Plus-Ultra aller bekannten Korallengärten umschwärmt wird.

Hier tummelt sich einfach alles, was das Rote Meer an Kleingetier zu bieten hat. Da das Riff im offenen, tieferen Wasser liegt, finden sich zusätzlich oft Haie, Barrakudas und kapitale Barsche ein. Die

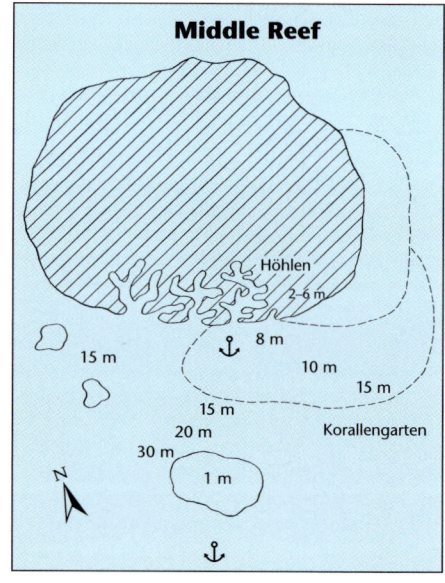

Safaga

überwiegend klaren Sichtverhältnisse am Middle Reef unterstreichen die Einmaligkeit der Szenerie erheblich.

An der südwestlichen Ecke durchziehen das Riff viele Löcher, Grotten und Spalten wie ein Schweizer Käse. Südlich davon erhebt sich aus etwa 20 m Wassertiefe ein Felsen mit etwa 30 m Durchmesser, das Erg vom Middle Reef. Der sehr interessante Korallenblock, der fast bis an die Oberfläche reicht, kann hervorragend mehrfach spiralig von unten nach oben umtaucht werden. Dort halten sich oft kleine Haie auf; mit etwas Glück ziehen auch größere vorbei!. Gleich neben dem Erg geht es abrupt in die Tiefe.

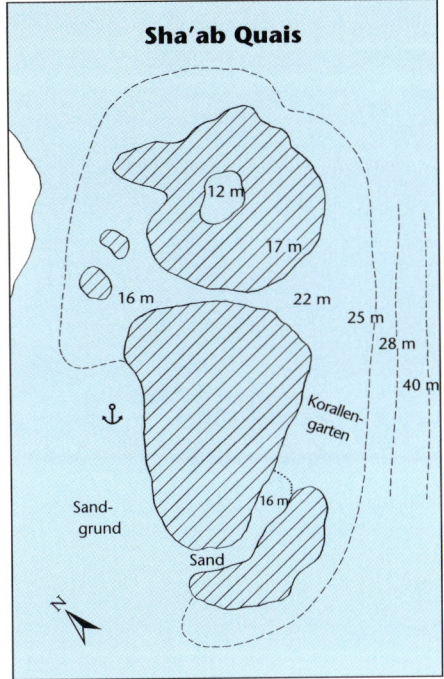

Bizarre Korallenformation im Gegenlicht

Sha'ab Quais

Das kleine Sha'ab Quais liegt südöstlich vom Middle Reef und reicht mit beiden Hauptsockeln bis knapp unter die Oberfläche. Um das Riff herum verteilen sich in etwa 15 m Tiefe weitere, kleinere Korallenblöcke. Zwischen den beiden großen Riffteilen beträgt die Wassertiefe ungefähr 8 bis 10 m. Die imposante Steilwand im Osten bricht auf über 50 m ab. Begegnungen mit Barrakudas, Riffhaien und anderen Großfischen sind hier jederzeit möglich. Bevorzugter Ankerplatz am Sha'ab Quais ist der geschützte, südwestliche Bereich des größeren Riffsockels, wo sich ein sandiges Areal erstreckt, auf dem oft Rochen ruhen. Die östliche Seite weist hingegen in Tiefen von 15 bis 20 m einen

Tauchplätze am Roten Meer

Nachts hüllen sich Papageifische zum Schutz vor Freßfeinden in einen Schleimsack

Abu Kafan

Abu Kafan liegt südlich der gedachten Verlängerungslinie vom Panorama Riff über das Middle Reef und Sha'ab Quais hinaus. Das Riff mit Nord-Süd-Ausdehnung hat im geschützten südlichen und westlichen Bereich die besten Ankerplätze. Abu Kafan läuft im Süden spitz aus und wird auf drei Seiten von steilen Korallenwänden begrenzt, die auf über 100 m fast senkrecht abfallen. Auf dem südlich vorgelagerten Plateau erhebt sich aus ca. 18 m Tiefe ein markanter, säulenartiger Korallenblock, der fast die Oberfläche erreicht. Ein traumhafter Platz, an dem alles beobachtet werden kann, was das Leben in einem intakten Riff bietet. Zum Riff hin steht eine stattliche Tischkoralle mit einigen Metern Durchmesser. Gleich daneben befindet sich an der Südwestspitze ein imposanter Überhang.

Die fast senkrecht abfallende Ostseite besticht mit großen Weichkorallen, Gorgonenfächern und Schwarzen Korallen.

herrlichen Garten mit Stein- und Weichkorallen sowie einen artenreichen Fischbestand auf. Leider ist die Betauchbarkeit des Middle Reefs stark witterungsabhängig.

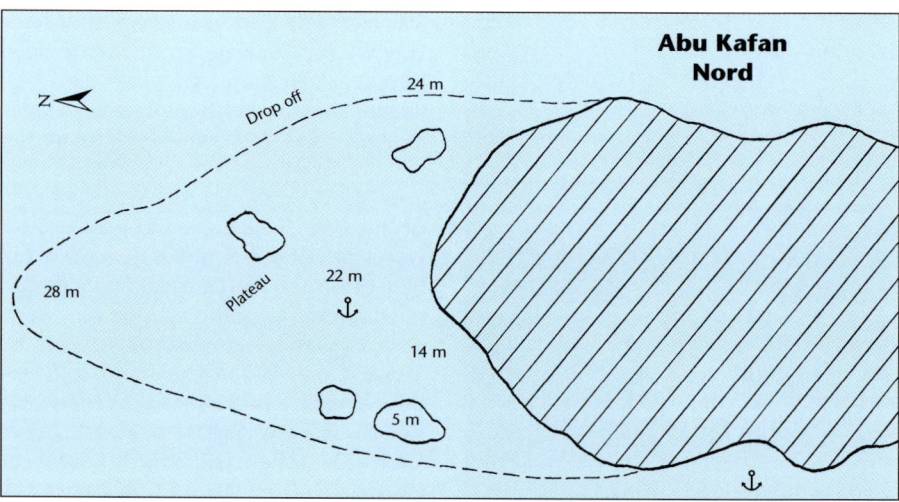

Safaga

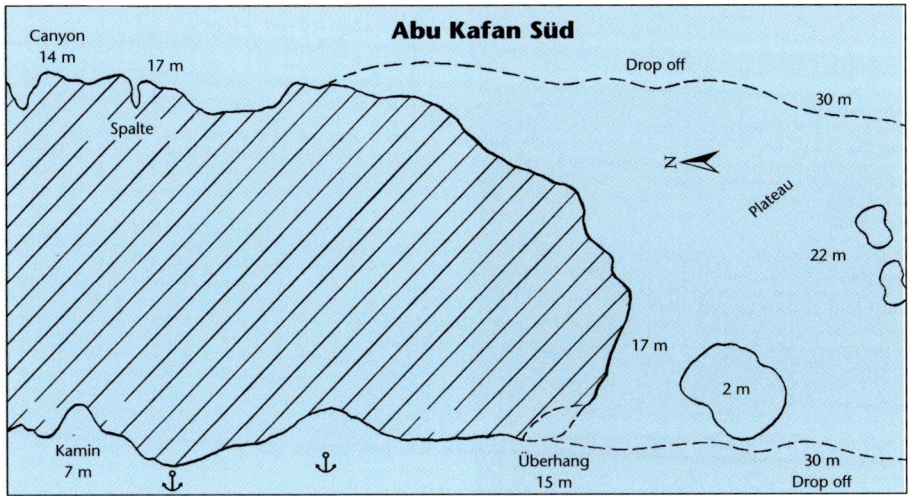

Dort können auch starke Strömungen auftreten, die wiederum zu spannenden Strömungstauchgängen einladen. Etwa in der Mitte der Ostseite lockt in 17 m eine tiefe Spalte im Riff zu genauerer Erkundung. Nicht weit davon bietet auf 14 m ein Canyon eine weitere Attraktion. Die östliche Steilwand ist mit vielen Spalten und Überhängen durchzogen, die interessante Eindrücke vermit-teln. Die Westseite ist nicht so dicht bewachsen, aber auch einen Tauchgang wert.

Die Nordseite ist nur bei ruhiger See zu betauchen. Ähnlich wie im Süden zieht sich hier ein kleines Plateau in 22 bis 28 m Tiefe ins offene Meer, das an seinen Kanten senkrecht ins unendliche Blau abfällt. Zwei größere Korallenblöcke beeindrucken dort mit üppigem Bewuchs. An der Nordspitze von Abu Kafan stehen große Weich- und Fächerkorallen und häufig Riffhaie, Rochen und Barrakudas. Mit etwas Glück schwimmen auch Schildkröten oder Mantas vorbei.

Sha'ab Saidi, Sha'ab Claude und Sha'ab Jean-Francois

Diese drei Tauchplätze befinden sich südlich des Sha'ab Sheer. Sha'ab Saidi ist annähernd rund und reicht ca. 20 m tief hinab. Der Durchmesser des großen Korallenblocks beträgt etwa 50 m. Die Nord- und Westseite ist mit traumhaft schönen Weichkorallen besetzt, so daß sich ein ganzer Tauchgang lohnt.

Gleich neben dem Sha'ab Saidi folgt das Sha'ab Claude. Es besteht aus einem großen Korallenblock sowie zwei mittelgroßen Felsen. An den Südenden liegen jeweils die bevorzugten Ankerplätze. Der große Block des Sha'ab kann mit einem Tauchgang bequem umrundet werden. Er fällt auf etwa 20 m ab und bietet im Westen eine ausgedehnte Korallenlandschaft mit einigen Sandflächen, auf denen immer wieder schlafende Haie zu beobachten sind. Die Süd-, bzw. die Südostseite zeigt ebenfalls eine hübsche Flora

Tauchplätze am Roten Meer

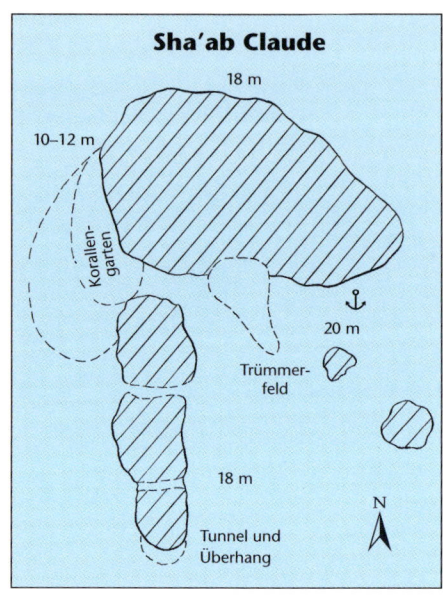

und Fauna, die leider durch ein großes Trümmerfeld unterbrochen wird. Vermutlich verursachte der Aufprall der »Salem Express«, die später weiter südlich am Sha'ab Francois versank, diese Zerstörungen (eine nicht bewiesene Annahme!). An der Ostseite erstrecken sich in etwas größerer Distanz weitere Korallenformationen, die bis auf 30 m Tiefe hinabreichen. Besonders beliebt sind bei Tauchern die beiden kleineren Korallenblöcke mit abwechslungsreichen, schön

Oben: Einer der möglichen Korallenblöcke, die der »Salem Express« zum Verhängnis wurden

Mitte: Taucher an der unteren Schraube der »Salem Express«

Unten: Eines der 10 Rettungsboote, die offensichtlich beim Sinken des Schiffes nicht mehr zum Einsatz kamen

Safaga

bewachsenen Formationen (Spalten, Höhlen Überhänge und Canyons) in 15 bis 20 m Tiefe.

Das Sha'ab Jean-Francois markiert die Stelle, an der die »Salem Express« versank. Neben dem Wrack besticht hier der große Fischreichtum und die bizarre Korallenvielfalt. Ob man hier in Verbindung mit einem Abstieg zum Wrack tauchen will, sollte der jeweiligen Entscheidung des Tauchers vorbehalten bleiben, soweit dieser Ort von den Tauchschiffen überhaupt angelaufen wird.

Sha'ab Sheer

Sha'ab Sheer ist ein Riffkomplex südöstlich von Safaga. Oft wird diese Bezeichnung, obwohl nicht korrekt, auch für die Sha'abs Saidi, Claude und Jean Francois benutzt. Dieses Mißverständnis beruht auf den ersten offiziellen Meldungen über die »Salem Express-Katastrophe«, die nur das Sha'ab Sheer als Ort nannten, obwohl das Schiff etwas weiter südöstlich davon, am Sha'ab Jean Francois, versank. Das Sha'ab Sheer erstreckt sich in Ost-West-Ausdehnung über 2 km Länge und reicht bis dicht unter die Wasseroberfläche. An der windgeschützten Südseite (10 bis 15 m tief) ankern nachts gerne Tauchkreuzfahrtschiffe.

Das Sha'ab bietet eine wenig attraktive Nordseite, an der bei guter Witterung lediglich die Aussicht auf Großfischbegegnungen begeistern könnte. An der schöneren Nordostecke liegt in 10 m Tiefe ein wundervoller Korallengarten. Eine ähnliche Ansammlung von Hart- und Weichkorallen befindet sich an der Nordwestspitze in 20 m Tiefe. Der Westseite nach Süden folgend, erreicht man eine

Seestern auf rotem Schwamm

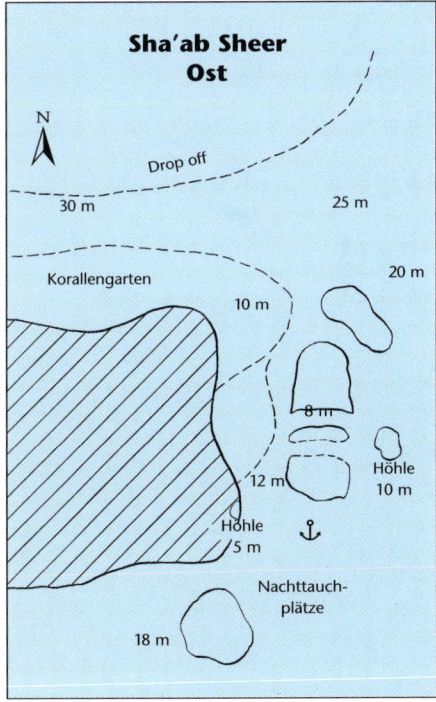

Tauchplätze am Roten Meer

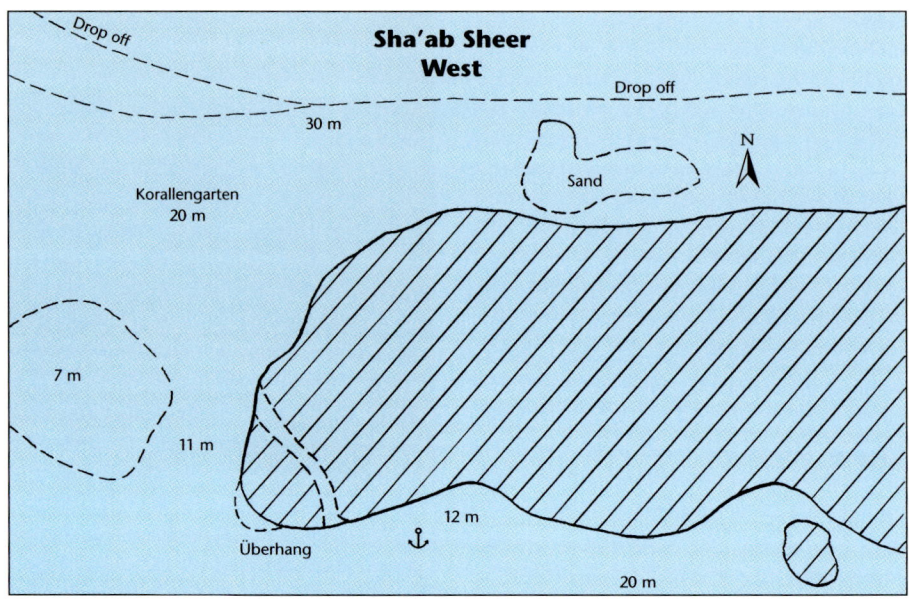

Gorgonie im Gegenlicht

10 m breite und ca. 12 m tiefe Passage. Diese Art Canyon liegt etwa 20–30 m vom Riff entfernt. An der Südwestspitze beeindruckt ein großer Überhang mit wunderschönem Bewuchs.

Die Südseite bietet keine wirklichen Attraktionen, dafür zählt die Ostkante des Sha'ab Sheer zu den schönsten und am häufigsten betauchten Bereichen. Zwischen 8 und 20 m Tiefe befinden sich mehrere Korallentürme mit phantastischem Bewuchs und beeindruckendem Fischreichtum. Verschiedene Höhlen und Überhänge zwischen 5 und 10 m verführen dazu, sie näher zu inspizieren. In südöstlicher Richtung erhebt sich etwa 50 m vom Sha'ab entfernt aus etwa 18 m Tiefe ein runder Korallenblock (Ankerplatz). Mit 20 m Durchmesser kann er während eines Tauchganges mehrfach umrundet werden - eine Hauptattraktion für nachtschwärmende Taucher.

Safaga

Ras Gezira

Das Ras Gezira, die Südspitze der Sandinsel von Safaga Island, zählt sicherlich nicht zu den Highlights unter den Top-Tauchgebieten, die Safaga zu bieten hat. Es eignet sich jedoch hervorragend zur Anfängerausbildung und für Nachttauchgänge. Ein schöner Korallengarten im Südosten der Insel (1. Ankermöglichkeit) sowie mehrere vorgelagerte Korallenblöcke im Süden (2. Ankermöglichkeit) vermitteln im Scheinwerferlicht ein eindrucksvoll Bild. Tagsüber können bereits während der Ausbildung unzählige kleine Korallenfische beobachtet werden. Die Tauchtiefen liegen zwischen 7 und 15 m. Zur Zeit ist das Ras Gezira für Taucher gesperrt, da sich dort eine ägyptische Militärstation befindet.

Drei auf einen Streich: Putzerfisch, Forskals-Barbe und Lyra-Lippfisch

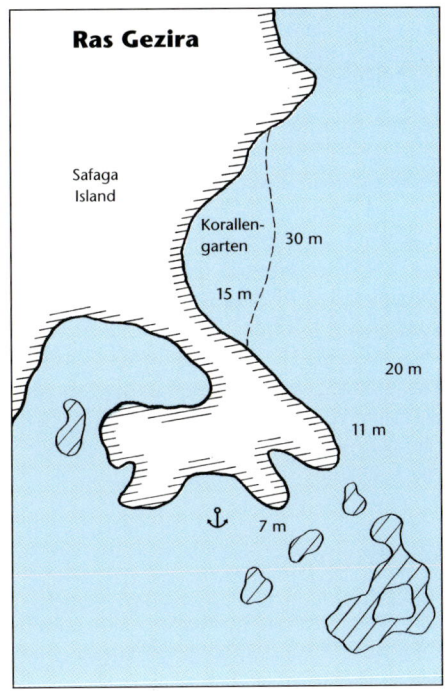

Brothers Islands

Hinter diesem Namen steht nicht nur eines der herausragendsten Tauchgebiete des Roten Meeres, er steht auch für einen der besten Tauchplätze weltweit. Die Brothers, in arabisch Al Akawein, bestehen aus zwei kleinen Felsinseln, Big Brother und Little Brother, die aus mehr als 1 000 m Meerestiefe fast senkrecht emporsteigen und von einem kleinen Saumriff umringt werden. Was die Natur an Land in dieser kargen Felslandschaft versäumt hat an Vielfalt aufzubauen, macht sie unter Wasser tausendfach wieder gut. Doch bevor diese traumhaften Plätze erreicht werden, ist eine 160 km lange Bootsfahrt vom Festland (Safaga) angesagt. Die Brothers werden deshalb nur auf Mehrtagestörns angesteuert und bieten sich auch nur im Sommer als Tauchdestination an,

Tauchplätze am Roten Meer

Der Leuchtturm auf den Big Brothers ist immer noch in Betrieb – alle 3-4 Monate wird die Besatzung abgelöst

wenn die See ruhig ist und Wellen wie Strömung einen Abstieg überhaupt erst zulassen. Der »Große Bruder« ist etwa 400 m lang und 90 m breit. Die einzigen Bewohner dieser einsamen Insel sind einige ägyptischer Soldaten, die hier auf einem verlorenen Außenposten ihren Dienst tun. Sie warten den Leuchtturm, der bereits 1883 von den Engländern errichtet wurde und hoffen darauf, alle drei bis vier Monate abgelöst zu werden. Ein rostiger Steg, einige Wirtschaftsgebäude aus Stein und Beton und wenige Zelte sind die einzigen nennenswerten Behausungen auf der Insel. Der »Kleine Bruder« liegt etwa 800 bis 1 000 m weiter südlich. Diese Insel, wesentlich kleiner als der »Große Bruder«, ist gänzlich unbewohnt; die alleinigen Herren dieses Eilandes sind die Seevögel.

Big Brother

Das unmittelbare Erleben der nachfolgenden Tauchplätze setzt voraus, daß See und Strömung mitspielen, denn nur bei ruhigem Wasser kann der Besucher die Schönheiten unter Wasser erfahren – sei es das Strömungs- oder Steilwandtauchen oder Abstiege zu den beiden Wracks. Als erstes präsentiert sich an der Nordseite der Insel in Tiefen von 10 bis 70 m das sogenannte »Eisenbahnwrack«. Seinen Namen verdankt das Schiff, das hier vermutlich um die Jahrhundertwende versank, einigen Eisenbahnrädern und Achsen, die offensichtlich Bestandteil der Ladung waren. Das Wrack ist wunderbar bewachsen und bietet die richtigen Voraussetzungen für jeden Filmer und Fotografen. Man sollte sich nur stets der Tiefe bewußt sein, die dieser Tauchplatz ermöglicht. Wer der steilen Schräge nach Südwesten folgt, der wird auf seinem Weg ein Unterwasserszenario erleben, wie er es vermutlich noch nie ge-

Schildkröte im Kreuzfeuer der Fotografen

sehen hat. Weichkorallen, und Gorgonen, Schwarze Korallen, Fischschwärme in ungeahnten Ausmaßen, Großfisch – einfach alles begegnet hier dem Taucher, der entlang der Steilwand gleitet. Man hat zudem einen steten Blick ins Freiwasser, wo die ganz großen Fische ihr Revier haben, wie Hammerhaie, die hier bisweilen zu sehen sind.

Ein zweites Wrack findet sich nordwestlich, kurz vor der Spitze des Saumriffs. Es handelt sich hierbei um die »Aida«, ein Truppentransportschiff der ägyptischen Marine, das 1956 das Riff vor der Insel ohne menschliche Verluste rammte und kurze Zeit danach unterging. Auch die Aida ist eines der sogenannten Traumwracks; allerdings auch eines, das an der Schraube in Tiefen von über 60 m führt. Dessen sollte man sich stets bewußt sein, weit entfernt vom Festland und der nächsten Dekokammer. Der Bewuchs ist einmalig, hinzu kommen die verbliebenen Spannten- und Decksstrukturten, die diesem Wrack in Verbindung mit den surrealen Lichtverhältnissen eine einmalige Atmosphäre verleihen.

Little Brother

Nicht minder attraktiv ist der »Kleine Bruder«, auch wenn es hier keine Wracks zu betauchen gibt. An dieser Insel wird vorzugsweise im Süden geankert und auch übernachtet, da sich hier der ruhigste Platz befindet. Auch Little Brother besticht durch seine einmaligen Steilwände, die sich im blauen Nichts verlieren. Riesengorgonen und Schwarze Korllen bedecken neben bunten Schwämmen und den verschiedensten Hartkorallen die Drop Offs. Schildkröten, Haie, Makrelen-

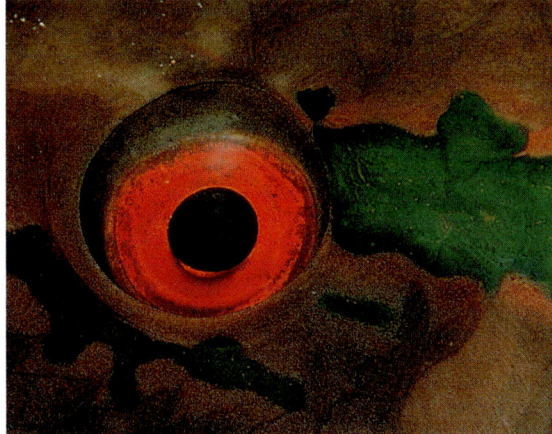

Oben: Bei Nachttauchgängen an den Little Brothers gelingen immer schöne Makroaufnahmen
Unten: Riesige Weichkorallenformationen an den Little Brothers

schwärme – einfach alles gibt sich an der Westseite ein Stelldichein. Noch üppiger, noch farbenprächtiger und vielseitiger zeigt sich die Ostseite des »Kleinen Bruders«. Hier dominiert in der Regel eine kräftige Strömung, die nicht nur den Be-

Tauchplätze am Roten Meer

wuchs besonders groß gedeihen läßt. Dieser Bereich der Insel ist für Haie wohl besonders attraktiv, zumindest sind an dieser Stelle die großen wie kleinen Vertreter ihrer Spezies nur zu häufig anzutreffen. Wie beim »Großen Bruder«, so sind auch an seinem kleinen Pendant mehrere Tauchgänge notwendig, um alle wichtigen Tauchplätze zu erleben. Im Grunde genommen kann man an den Brothers Wochen verbringen, um alle Schönheiten dieses Tauchparadises zu erfahren. Und spätestens dann werden es andere Tauchplätze, sei es am Roten Meer oder anderswo, schwer haben, gegen diesen Ort zu konkurrieren.

Ein Hinweis sei aber jedem Taucher mit auf den Weg gegeben: Die Brothers sind nicht für Anfänger geeignet, zudem sind Seenotsignale für diesen Tauchplatz unabdingbar. Nur wenige Tage im Jahr ist das Wasser um die Inseln ruhig, sonst herrschen hohe Wellen, kabblige See, kräftige Strömungen und oft starke Winde vor. Sie können Taucher schnell an die Grenzen ihrer körpertlichen Leistungsfähigkeit bringen- und das Festland ist weit.

Tauchplätze zwischen Marsa Alam und Berenice

Marsa Alam ist ein unscheinbarer Wüstenort, etwa 150 km südlich von Safaga.

Sha'ab Abu Dabbab

Am Sha'ab Abu Dabbab, einer Ansammlung kleinerer Rifformationen, liegen die durchschnittlichen Tauchtiefen im 20 m-Bereich. Eine sehr schöne Steilwand im Osten des Hauptfelsens neigt sich nach 15 m sanft bis auf über 30 m hinab. Neben der sehenswerten Nordostecke verzaubern viele kleine Korallenblöcke mit unterschiedlichen Formationen.

Elphinstone Riff

Das Elphinstone Riff, in Nord-Süd-Richtung verlaufend, zählt für Taucher zu den Highlights am Roten Meer. An den Längsseiten, die vorzugsweise mit Strömungstauchgängen erkundet werden, reichen atemberaubende Steilwände auf über 80 m hinab. Die Nordseite des Riffes beginnt in 3 m Tiefe und fällt zunächst terrassenartig auf 25 und 35 m und danach steil noch tiefer ab. Trifft die Strömung dort auf das Riff, bestehen beste Chan-

Tauchschiff ankert an den Little Brothers, im Hintergrund ist der »Big Brother« zu sehen

Marsa Alam/Berenice

cen, Großfische zu beobachten. Gleiches gilt übrigens umgekehrt für die Südseite, an der eine Steilwand zu einem Plateau in 30 m Tiefe hinabführt. Der wunderschöne Bewuchs mit großen Gorgonenfächern, bunten Weichkorallen und ein eindrucksvoller Fischreichtum sind beispielhaft für das Rote Meer. Um das Elphinstone Riff zu erkunden, müssen mindestens zwei Tauchgänge eingeplant werden. Je nach Tageszeit bestimmt der Sonnenstand die besten Lichtverhältnisse an der Ost- oder Westseite.

Sha'ab Marsa Alam

Sha'ab Marsa Alam liegt an der Ostseite. Im 20 m-Bereich ist eine Sandfläche vorgelagert. Um die vielen Korallenblöcke wimmeln unzählige kleine Meeresfische und sorgen für ein farbenfrohes Bild. Nördlich eines markanten Felsens im Südosten befindet sich eine wunderschöne Steinkorallenlandschaft. Danach schließt sich eine Steilwand an (30 bis 80 m tief!). Die Wand vom Hauptriff ist im Osten von interessanten Überhängen und Höhlen durchzogen. Der westliche Teil bietet einen geschützten Ankerplatz, von dem aus sich Nachttauchgänge im 10 m Bereich anbieten. Ein weiteres Riff, das mit außergewöhnlich artenreichem Fischbestand besticht, liegt nur wenige hundert Meter südöstlich (Erg Gota Marsa Alam).

Oben: Anlegesteg in Marsa Alam

Unten: Eine Herausforderung für jeden Unterwasserfotografen – bizarre Korallenformationen im Gegenlicht

Tauchplätze am Roten Meer

Oben links: Im südlichen Teil des Roten Meeres kommen immer wieder sonderbar geformte Korallenformationen vor

Oben rechts: Großaugenbarsche (Piracanthus bamrur, Forskal) können bis zu 45 cm groß werden

Links: Besonders bei Nachttauchgängen entfalten Weichkorallen ihre ganze Schönheit

Kleines Bild Mitte rechts: Kaiserfische (Pomacanthus imperator, Bloch) erkennt man an den Längsstreifen und an der dunklen Augenbinde. Sie können bis zu 38 cm groß werden

Marsa Alam/Berenice

Sha'ab Samadai

Sha'ab Samadai gleicht einer nach Südwesten gebogenen Sichel. Die geschützte Seite eignet sich hervorragend für sichere Nachttauchgänge (5 bis 14 m tief). Tagsüber liegt der schönste Bereich um die formationsreichen Korallentürme, die sich südlich an das Hauptriff im Westen anschließen. Der Meeresgrund neigt sich von 12 bis über 60 m hinab. Die Korallenfelsen ragen bis knapp an die Wasseroberfläche und ermöglichen auch Schnorchlern interessante Einblicke in die maritime Lebensvielfalt des Roten Meeres. Taucher finden unter Wasser ein abwechslungsreiches Riff mit Überhängen, kleinen Canyons und Durchlässen.

No Name Riff

Im Norden von Sha'ab Sharm erheben sich zwei Riffsockel aus dem Meer, die bis knapp unter die Wasseroberfläche emporragen. Sie liegen ungeschützt im Meer und können deshalb nur bei gutem Wetter betaucht werden. Das Riff ist bekannt für die vielen Haie (Weißspitzen-Riffhaie, Graue Riffhaie, Hammerhaie), die von einer imposanten Steilwand aus beobachtet werden können.

Sha'ab Sharm

Das längliche Riff dehnt sich in Süd-West-Richtung aus. An den Längsseiten bricht es jeweils steil ab. Die schönsten Plätze liegen an den beiden Spitzen des Riffs. Im Norden liegt in 30 m Tiefe ein Riffvorsprung, unter dem ein Bereich mit weißen Weichkorallen auffällt. Dort hilft ein markanter Korallenblock als Orientierungspunkt. Der eindrucksvolle Drop Off verliert sich im tiefen Blau. Die Südspitze reicht ebenfalls bis weit unter die Sporttauchgrenze hinab. Im 30 m Bereich besiedeln wunderschöne, große Weichkorallen das Riff.

No Name Riff am Ras Hornkorab

Nahe am Ras Hornkorab liegt in 25 m Tiefe ein riesiger Korallenblock, den man bei einem Tauchgang gut von unten nach oben umrunden kann. Er findet Erwähnung, weil der Bewuchs einem bunten Weichkorallenteppich entspricht und es aussieht, als wimmelten Millionen kleiner tropischer Meeresbewohner über dem farbigen Bewuchs. Leider sind die Tauchmöglichkeiten an diesem außergewöhnlichen Platz stark strömungsabhängig.

Sha'ab Wadi Lahami

Der eindrucksvollste Teil des Sha'ab Wadi liegt im Süden, wo es terrassenartig auf über 40 m hinuntergeht. Viele Schwarmfische, die ständig die Taucher begleiten, versprechen an diesem interessanten Riff abwechslungsreiche Tauchgänge.

Abu Galawa

Das Gebiet Abu Kalawa besteht aus drei Hauptriffen, die sich in Nord-Süd-Richtung ausbreiten, sowie einem kleinen Erg westlich des mittleren Riffs. Es erhebt sich aus 26 m Tiefe. Der Steilabfall im Norden ist recht uninteressant und kahl. Viel schöner bewachsen zeigt sich dagegen die kleine Nordwand (10 m). Ihr gegenüber liegt eine geschützte Lagune, in der häufig Nachttauchgänge durchgeführt werden. Zwischen Erg und dem zweitem Riff befindet sich ein 35 m langes Wrack, dessen Bug bei Ebbe aus dem Wasser ragt. Es liegt auf der Steuerbordseite und ist aufgrund des Bewuchses fast nicht mehr zu erkennen. Der Maschinenraum kann noch betaucht werden, während die Aufbauten schon ziemlich zerstört sind. Das Heck befindet sich in 17 m Tiefe auf dem Sand. Vermutlich handelt es sich um einen alten Schlepper.

Ein neueres Wrack ruht nördlich von Sha'ab Sataiha (in Seekarten: »Fury Schoals«). Dort versank ein 18 m langes Segelboot (18 m tief). Der spärliche Bewuchs weist darauf hin, daß die Havarie nicht lange zurückliegen kann. Ansonsten ist das Sha'ab Sataiha bis auf ein paar Grauhaie, die dort vorbeiziehen, eher uninteressant.

Seesternportrait

Sha'ab Masur

Sha'ab Masur, ein längliches Riff mit Nord-Süd-Verlauf, liegt im Osten von Abu Galawa. An den Längsseiten versprechen wunderschöne Steilwände im 30 m Bereich ein einmaliges Tauchvergnügen (meist Strömungstauchgänge). Besonders sehenswert zeigt sich das Riff im Süden mit einem herrlichen Plateau auf etwa 20 m. Dort siedeln vornehmlich große, intakte Hartkorallen. Drei markante Rifftürme prägen das Bild des Vorsprungs, der schräg auf etwa 38 m abfällt, um dann steil abzubrechen. Im Norden liegt in ungefähr 20 m Tiefe ein weiteres Plateau. Dort wo die Strömung auf das Riff trifft, warten oft einige Großfische auf Beute.

Daedalus Reef

Um dieses traumhafte Riff zu erreichen, ist ein seetüchtiges Boot erforderlich und es sind zudem einige Tage einzuplanen. Der Tauchplatz liegt etwa 180 km südlich der Brothers, weit ab vom Festland mitten im Meer. Das Daedalus Reef steigt aus großer Tiefe empor, erreicht aber bis auf wenige Zentimeter die Oberfläche nicht. Markantes Zeichen des etwa 200 m langen Reefs ist der große Leuchtturm auf dem Riffdach, der zur Sicherheit der dicht am Korallenriff verlaufenden Schiffahrtsstraße installiert wurde. Die Nordseite des Riffs ist durch einen steil abfallenden Hang gekennzeichnet, der sich im unergründlichen Blau verliert. Sein Gegenstück, der Süden, ist durch ein sandiges Plateau charakterisiert, das etwa bei 20 m

Bei Steilwandtauchgängen trifft man immer wieder auf Riesengorgonien

Tauchplätze am Roten Meer

beginnt und circa 50 m Tiefe erreicht, bevor es ebenfalls in große Tiefen entschwindet. Da die Strömung vorzugsweise in Nord-Süd-Richtung verläuft, bieten sich Drift-Tauchgänge an der Ost- bzw. Westseite des Daedalus Reef's geradezu an.

Diese beiden Seiten des Riffs fallen fast senkrecht ab und sind Dank der konstanten Strömungen durch einen dichten Besatz von Weichkorallen und großen Gorgonenfächern gekennzeichnet. Auch der Bestand an Fischen aller Arten ist überwältigend – vom kleinen Korallenfisch angefangen bis hin zu den großen Schwarmfischen oder einigen kapitalen Einzelgängern. Ohne große Schönfärberei kann bemerkt werden, daß das Daedalus Riff mit zu den schönsten Tauchplätzen im südlichen Roten Meer zählt und das Begegnungen mit großen Haien erlaubt, wie z. B. Hammerhaie, die anderenorts schon eher zur Seltenheit geworden sind.

Zabargad Island

Ein großes Saumriff mit einer herrlichen Flora und Fauna umgibt diese Insel inmitten des Roten Meeres. Eine besonders schöne Unterwasserlandschaft zeigt sich im südöstlichen Bereich, wo große Formationen von unterschiedlichsten Steinkorallen die Szenerie prägen.In seiner groben Struktur zeigt sich diese Süsost-

Oben: Rocky Island, im Hindergrund ist die Insel Zabargad zu sehen

Unten: Die vielfarbigen Weichkorallen bestimmen die Rifflandschaft

Marsa Alam/Berenice

kante als ein Steilabfall bis etwa 25 m, der dann in ein schräg abfallendes Plateau übergeht, das in unergründlichen Tiefen entschwindet. Der Reiz dieses Tauchplatzes liegt jedoch in den Tiefen bis zu 25 m. Hier gibt es unmittelbar vor der Steilwand zahllose Einkerbungen, Spalten, Überhänge, kleinere Höhlen und Korallenpfeiler. Auf Grund der exponierten Lage von Zabargad ist üppiger Bewuchs an der Riffwand und den Korallenblöcken ein herrausragendes Merkmal dieses Tauchplatzes. Besonders die vielfarbigen Weichkorallen bestimmen das Bild. Der Fischreichtum ist außergewöhnlich groß und vielfältig. Dieses gilt für die kleinen Fische genauso wie für ihre großen Artgenossen, wobei Napoleons eher schon zum Standard von Zabargad Island zählen. Um die Insel patrouillieren viele unterschiedliche Haiarten – vom kleinen Riffhai bis hin zu den größeren Vertretern, denen man beim Tauchen immer wieder begegnen kann.

Wem der Artenreichtum am Riff zuviel wird, der mag sich einem der beiden Wracks zuwenden, die vor Zabargad liegen. Neben dem Tauchschiff »Neptuna«, das hier vor der Insel am 29.4.1981 unterging und sich schon in einem recht desolaten Zustand befindet, ist es das Wrack eines vermutlich russischen Frachters unbekannten Namens, der nordöstlich der Mole versank. Das Schiff liegt fast parallel zum Riffverlauf und ist ein wenig zur linken Seite gekippt, wobei die Bugsektion allerdings völlig aus der Kiellinie nach Backbord verdreht ist. Ein Mast reich dabei fast bis an die Wasseroberfläche. In Tiefenbereichen 2 bis etwa 20 m stellt es ein ideales Wrack dar, das zu längeren Erkundungen einlädt. Vor allem der recht intakte Zustand mit den vielen noch erhaltenen Details macht einen Besuch am »Russen« zwingend notwendig. Der Bewuchs hält sich noch in Grenzen, dafür haben aber viele unterschiedliche Fische den Frachter mittlerweile als ihr neues Zuhause angenommen.

Rocky Island

Südöstlich von Zabargad liegt die Felseninsel Rocky Island. Dieser Platz hat es, wie die meisten der frei im Roten Meer liegenden einsamen Inseln und Riffe, in sich. Permanente Strömungen unterschiedlicher Stärke lassen rund um die Insel Weichkorallen, Gorgonen und Steinkorallen in allen Variationen entstehen und bieten zudem günstige Wachstumsbedingungen. Daß die Möglichkeit auf

Die Schildkröten an den Rockys haben jegliche Scheu verloren

Tauchplätze am Roten Meer

Haie, Mantas, Barrakudas Makrelen und auch auf kapitale Schildkröten zu treffen an diesem Ort besonders groß ist, versteht sich fast von selbst. Eine Tatsache, die den schon fast legedären Ruf dieses Tauchplatzes mitbegründet hat.

Rocky Island ist von einem eng begrenzten Saumriff umgeben, das je nach Strömungslage, Wind und Wellen überall betaucht werden kann. Beonders reizvoll ist die Ostseite mit ihrem fast glatten Steilabfall, der bis in 50 m Tiefe entschwindet und dann nach einer kleinen Terrasse in großen Tiefen abfällt. Im Norden und in weiterer Folge auch im Westen zeigt sich die Riffwand stärker zerklüftet, Spalten, Kerben und Einbuchtungen mit kleinen Überhängen bestimmen hier das Bild. Im Südosten und Süden der Insel, der auch gern als Ankerplatz angelaufen wirde, dominiert nach einer noch immer recht steilen Wand ab 25 m Tiefe eine Schräge, die sich aber allmählich in größeren Tiefen verliert.

Trotz oder auch gerade wegen der exponierten Lage der Insel kann die Unterwassersicht auf Grund erhöhten Planktonaufkommens bisweilen schlecht sein; eine Regel läßt sich dabei nicht aufstellen. Wenn die Gewässer um Rocky Island aber eine miserable Sicht aufweisen, ist es bei Zabargad, am Daedalus Reef oder selbst an den Brothers in der Regel auch nicht viel besser.

Die Zweibandbrasse (Acanthopagrus bifasciatus Forsskal) ist nicht selten in kleinen Gruppen am Saumriff anzutreffen

Sudan

Die Riffe vor der sudanesischen Küste zählen zweifelsohne zu den schönsten und zugleich am wenigsten erforschten des Roten Meeres. Schon die Tauchpioniere Hans Hass und Jacques Cousteau schwärmten von den einzigartigen maritimen Kostbarkeiten dieser Gewässer. Kronjuwelen gleich, bekommen Taucher sie allerdings kaum oder nur sehr schwierigen Umständen zu Gesicht. Im Sudan existiert so gut wie keine touristische Infrastruktur für tauchende Gäste. Die einzigen Möglichkeiten beschränken sich auf Tauchkreuzfahrtschiffe, mit denen man von weit her aus dem Norden anreist oder von Port Sudan aus startet. Zusätzlich erschweren die politischen Verhältnisse Tauchreisen in den Sudan. So bleiben die Riffe zur Zeit nur wenigen echten Abenteurern vorbehalten, die, wenn

Sudan

die politische Lage es gerade einmal zuläßt, sich mit unzuverlässigen Flugverbindungen, Nachschubproblemen und der Entsagung jeglichen Urlaubskomforts auseinanderzusetzen verstehen, um sich konzentriert ihrem Ziel zu widmen: Tauchabstiege an den zauberhaften sudanesischen Riffen!

Von den bekannten Plätzen stellen wir an dieser Stelle nur diejenigen vier vor, die von den meisten Safarischiffen auf ihren Tauchkreuzfahrten auch angesteuert werden. Sie zählen aber mit Sicherheit zu den Highlights der sudanesischen Gewässer.

Die Ruinen der alten Stadt Suarkin sollte man unbedingt besichtigen

Sha'ab Su'adi

Sha'ab Su'adi liegt 40 Seemeilen nördlich von Port Sudan in Höhe des Küstenortes Marsa Arakiyai. Verrostete Autoteile kündigen schon von weitem die genaue Lage des Riffs an. Die Überreste gehören zur letzten Ladung des saudi-arabischen Schiffes »Blue Belt« (nicht »Blue Bell«!), die verschiedene Fahrzeugtypen einer bekannten japanischen Automarke beförderte, bevor sie am 05.12.1977 das Riff rammte und versank. Das Wrack liegt heute kieloben am südwestlichen Riffhang in Tiefen zwischen 30 und 80 m mit seewärts weisender Schraube. Das Riff fällt von der Oberfläche schräg bis zu einem Plateau in 25 bis 35 m Tiefe ab (Bugsektion), bildet in etwa 80 m eine weitere Terrasse und verliert sich dann im tiefen Blau. Sichere Tauchgänge innerhalb der Tiefengrenze für das Sporttauchen dürfen nur auf dem ersten Vorsprung vorgenommen werden! In diesem Bereich liegen noch einige Autowracks sowie die vordere Schiffshälfte der Blue Belt.

Am Wrack der »Blue Belt«

Das Riff zeigt einen strömungstypischen, wunderschönen Korallenbewuchs mit artenreichem Fischbestand. Ein Blick ins Freiwasser verspricht zudem gute Chancen auf Großfische. Oft ziehen Haie vorbei, auch pelagische Arten lassen sich bisweilen in Riffnähe blicken.

Tauchplätze am Roten Meer

Oben links: Überreste der Unterwasserstation »Precontinent II«

Oben rechts: Der Leuchtturm von Sanganeb

Unten links: Der zurückgelassene Haikäfig dient heute nicht Tauchern, sondern vielmehr Fischen als Unterschlupf

Unten rechts: Impressionen im Wrack der »Umbria«, des wohl bekanntesten Wracks im Roten Meer

Sha'ab Rumi – West

Sha'ab Rumi liegt 22 Seemeilen nördlich von Port Sudan. Das Riff erregte weltweites Aufsehen, als Jacques Cousteau an der Westseite seine Unterwasserstation »Precontinent II.« 10 bis 12 m unter dem Meeresspiegel realisierte (siehe den Film »Le Monde sans Soleil« von Jacques Cousteau). Ein Team von acht Forschern verbrachte einen Monat in der Station, während die »Calypso« und ein italienisches Schiff (Rosaldo) in der geschützten Lagune gleich nebenan ankerten. Zwei Teilnehmer verbrachten sogar eine Woche in einer auf 26 m Tiefe verankerten Basis. Die Gesamtkonstruktion benötigte mehr als 200 t Blei zur sicheren Befestigung. Heute können Taucher die Überreste der spektakulären Versuche von einst auf dem Riffvorsprung am Durchbruch zur Lagune bewundern. Dazu gehören die Garage, die einem überdimensionalen, futuristischen Seeigel gleicht, eine Werkzeughütte und zwei Haikäfige.

Sha'ab Rumi – Süd

Die Südseite des Sha'ab Rumi wird von vielen Tauchern als einer der schönsten Plätze im Roten Meer bezeichnet. Es ist ein auffälliger Riffsockel im 20 bis 30 m Bereich, der ringsherum steil bis auf 700 m abbricht. Tauchschiffe ankern meist in der geschützten Lagune, von der aus es per Zodiac zum Tauchen geht. Das herrlich bewachsene Riff ist von unbeschreiblicher Schönheit. Darüberhinaus scheint sich am Sha'ab Rumi alles zu versammeln, was das Rote Meer an tropischen Fischen zu bieten hat. Ein besonders einmaliges Taucherlebnis vermittelt der atemberaubende Blick über die Riffkante hinab ins unendliche Blau. Eine Steigerung erfährt dies durch die häufige Präsenz großer Hammerhaie, die sich dem Taucher manchmal neugierig nähern, ansonsten jedoch eher scheu sind. Da am Tauchplatz oft Strömung herrscht, bedürfen Tauchabstiege am Sha'ab Rumi einer sogfältigen Planung (und disziplinierten Durchführung!). Aufgrund der überwiegend klaren Sichtverhältnisse verliert man schnell das Tiefengefühl und gerät unterhalb der sicheren 40 m Marke.

Sanganeb

Sanganeb liegt nordöstlich von Port Sudan. Schon von weitem deutet ein Leuchtturm auf die genaue Lage des Riffs. Die Leuchtturmwärter freuen sich immer, wenn mal einer vorbeikommt! Ähnlich dem Sha'ab Rumi bildet ein mächtiger Sockel den Tauchplatz, der sich aus 800 m Tiefe mitten aus dem Meer erhebt. Im Südwesten befindet sich ein Riffvorsprung im 20 m Bereich, der an den Kanten steil abbricht. Auch hier sind Begegnungen mit Hammerhaien möglich. Mit etwas Glück sieht man sogar mehrere Tiere auf einmal vorbeiziehen. Sanganeb ist schnell beschrieben: Steilwandtauchen par excellence, traumhafter Korallenbewuchs, eine immense Artenvielfalt tropischer Korallenfische und vorbeiziehende Großfische ergänzen sich zu einem perfekten Szenario. Oft liegen Kreuzfahrtschiffe gleich für mehrere Tage am Sanganeb vor Anker, weil die Taucher sich wohl keine Steigerung mehr vorstellen können.

Tauchplätze am Roten Meer

Für die vielen Wrackfans unter den Tauchern sei angemerkt, daß es noch eine Reihe versunkener Schiffe in sudanesischen Gewässern aufzusuchen gilt. Zu den berühmtesten zählt der italienische Frachter »Umbria« (N 19°38′07,0″, E 037°17′25,0″), der sich einen Tag vor Eintritt Italiens in den II. Weltkrieg am 10.06.41 vor den Toren Port Sudans selbst versenkte. Die »Umbria« transportierte vornehmlich hochexplosive Kriegsmunition, weshalb noch heute zur Vorsicht am Wrack geraten wird. Ein weiteres italienisches Schiff, die »Urania« (N 10°39′52″ E 040°00′19″), sank kurz zuvor (10.04.1941) und liegt bei Dahlab zwischen 0 und 25 m Tiefe. Das dritte italienische Schiff, die »Nazario Sauro«, das sich im April 1941 ebenfalls selbst versenkte, um nicht den Engländern in die Hände zu fallen, liegt bei der Insel Dahlak Kebir zwischen 3 und 39 m.

Tauchexpedition Eritrea

Wer sich noch weiter südlich nach Eritrea vortasten möchte, benötigt noch mehr Zeit, noch mehr Ausdauer und noch viel mehr Geduld, um sein Tauchziel zu erreichen. Zusätzlich müssen Taucher alles (und zwar absolut alles!), was für die »Expedition« benötigt wird, selbst mitbringen. Eine touristische Infrastruktur gibt es nicht. Um die bis jetzt bekannten Tauchplätze, wie z. B. die Dahlak Inseln (Mojeidi, Seil, Difnein Inseln) anzulaufen, startet man vornehmlich von Massaua (150 km vom Airport Asmara), besorgt sich vorher eine »Angelerlaubnis« (Paßbilder nicht vergessen!), heuert vorher einen Führer an und versucht dann, ein Boot zu chartern. Alles in allem ein zeitaufwendiges und nervenraubendes Unterfangen. Die Dahlak Inseln erweisen sich jedoch bei weitem nicht als so spektakulär wie die nördlichen Tauchgründe im Sudan – wenngleich sie auch sehr fischreich sind. Außerdem liegen die Sichtweiten meistens in »betrüblichen« Bereichen, denn der sandige Meeresboden liegt um die 126 Dahlak Inseln in nur maximal 100 m Tiefe. Die vermeintlich beste Jahreszeit fällt nicht in den Sommer, sondern beschränkt sich auf die Monate April, Mai und den späten Oktober und November. Dazwischen ist es zwar überwiegend windstill und das Meer spiegelglatt, aber über Wasser wird es unerträglich heiß.

Insbesondere bei Tieftauchgängen sollten die Tauchpartner dicht beisammen bleiben

Ägypten – Allgemeine Informationen

Eine Reise nach Ägypten wird nie eine gewöhnliche oder alltägliche Reise sein. Ägypten ist ein Land mit zahlreichen politischen, finanziellen und sozialen Problemen und bekommt diese nur schwer in Griff. Die Organisation im Lande dürfen nicht mit europäischen Maßstäben gemessen werden. Einen Anspruch an Pünktlichkeit und Präzision, wie man es vielleicht aus anderen Reiseländern gewohnt ist, sollte jeder Gast daher in den Hintergrund stellen. Es können immer wieder einmal Unregelmäßigkeiten auftreten, wobei sich kurzfristig vor Ort etwas verändert.

Doch dies alles läßt sich leicht verschmerzen, versetzen uns doch die unbeschreiblichen Kunstschätze und Hinterlassenschaften des Alten Ägypten und die für uns völlig fremde Lebensweise in Begeisterung und Erstaunen.

Einreise

Für die Einreise nach Ägypten ist ein Reisepaß erforderlich, der über das Einreisedatum hinaus noch mindestens 6 Monate Gültigkeit hat. Weiterhin benötigt jeder Einreisende ein Visum, das bei Einreise erteilt 10,– DM, und in Deutschland ausgestellt 40,– DM kostet. Visaantrag und Paßbild sind nicht erforderlich. Individualreisende, die sich ohne Reiseleitung eines Veranstalters in Ägypten aufhalten, müssen innerhalb von 7 Tagen nach der Ankunft im Land ihren Reisepaß der zuständigen Orts- oder Fremdenpolizei zur Registrierung vorlegen.

Währung/Devisen

Ein Ägyptisches Pfund (L. E.) unterteilt sich in 100 Piaster (P. T.). Der Wechselkurs beträgt 1,- DM = 2 Ägyptische Pfund. Es gibt Banknoten zu 5, 10, 25, 50 Piaster und 1, 5, 10, 20, 100 Pfund. Bei der Ein- und Ausreise dürfen maximal 20 Ägyptische Pfund mitgeführt werden. Die Geldmittel müssen bei der Einreise deklariert und der Beleg bei der Ausreise auf Verlangen der Kontrollbeamten vorgezeigt werden. Tip: Devisen immer erst vor Ort wechseln. Der Kurs ist in Ägypten viel günstiger!

Gesundheit/Impfungen

Zur Zeit sind keine Impfungen vorgeschrieben. Da die ärztliche Versorgung in Ägypten vielerorts ein Problem darstellt, empfiehlt es sich, die übliche Reiseapotheke mitzuführen. Lassen Sie sich dazu von Ihrem Hausarzt beraten, die Apotheke wird Ihnen auch gerne weiterhelfen. Wer den Nil während der Sommermonate aufsucht, der sollte sich bei einem Tropeninstitut nach empfohlenen Vorsorgeimpfungen erkundigen. Solche Institute befinden sich in Hamburg (Tropeninstitut) und München (Bayerisches Institut für Tropenmedizin).

Allgemeine Informationen

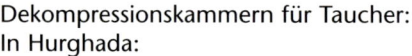

Dekompressionskammern für Taucher:
In Hurghada:
Megawish Hotel,
Tel.: (002) 0/65442622 bis -29;
Fax: (002) 0/65440255

In Sharm el Sheik
Deutschsprachiger Arzt
Tel.: (002) 0/62601011 und
(002) 0/62600922-3;
Fax: (002) 0/62600266 bis -270

Sprache

Die offizielle Landessprache ist Arabisch. Vielerorts, besonders in den Großstädten, spricht man auch Englisch oder Französisch, mancherorts wird sogar Deutsch verstanden.

Stromspannung

220 Volt, 50 Hz – mit gelegentlichen Schwankungen oder Ausfällen. DIN – Flachstecker.

Zeitverschiebung

MEZ + 1 Stunde.

Bekleidung

Für das subtropische Wüstenklima – in Oberägypten ist die Luft sehr trocken – empfiehlt sich leichte und bequeme Kleidung. Besonders wichtig sind Sonnenschutz, Sonnenbrille und Kopfbedeckung. Da der Temperaturunterschied zwischen Tag und Nacht bis zu 15 °C betragen kann, muß auch an ausreichend warme Bekleidung gedacht werden. Insbesondere Taucher frieren im Winterhalbjahr nach dem Tauchen schnell. Vermeiden Sie weiterhin auffällige Kleidung. Wer kein Aufsehen erregen möchte, verzichtet auf Shorts, zu tiefe Ausschnitte oder transparente Kleidungsstücke.

Essen und Trinken

Alle Hotels reichen arabische und internationale Gerichte. Die lokale Küche ist fett, sehr süß und sehr scharf. Das einheimische Stella Bier und ägyptische Weine sind Geschmackssache, aber durchaus genießbar. Eisgekühlte Getränke können bei großer Hitze schnell zu Durchfallerscheinungen führen. Verzichten Sie auch unbedingt auf den Genuß von Obstsorten, die sich nicht schälen lassen.

Ramadan

Die moslemische Fastenzeit Ramadan dauert etwa vier Wochen und wird streng eingehalten. Vom Sonnenaufgang bis zum Sonnenuntergang darf nichts gegessen, getrunken und nicht geraucht werden. Auch Gäste sollten sich in der Öffentlichkeit daran halten. In dieser Zeit ergeben sich Verzögerungen im Servicebereich.

Tauchschulen

Bakschisch

Bakschisch geben (und nehmen) ist ein heikles Thema in Ägypten. Trinkgeld wird für jede Dienstleistung erwartet, sollte jedoch stets angemessen sein. Geben Sie also nicht mehr und nicht weniger, als Sie es von zu Hause gewohnt sind.

Tips für Fotografen

Foto- und Videokameras müssen am Zoll deklariert werden. Filmmaterial ist in Deutschland günstiger und qualitativ besser. In Ägypten liegen Filme häufig in sonnenbestrahlten Auslagen zum Verkauf. Das Fotografieren von Menschen unterliegt den normalen Anstandsregeln. Es dürfen keine Häfen und keine militärischen Anlagen fotografiert werden.

Botschaften in Ägypten

Botschaft der Bundesrepublik
Deutschland:
Kairo Zamalek, 8
Sharia Hassan Sabri,
Tel.: 0234/10015

Botschaft der Schweiz:
Kairo, 10 Sharia Abdel Khalek Saroit,
Tel.: 02575/8133 und 02575/8284

Botschaft der Republik Österreich:
Kairo Giza, 5 Sharia Wissa Wassef,
Ecke Sharia el Nil (Riyadth Tower),
Tel.: 02570/2975

Tauchschulen

Jordanien
(Internationale Vorwahl: 00962, erste Null der Ortsvorwahl weglassen!)

Aqaba

Aquamarina Hotel & Diving Club
P. O. Box 96,
71110 Aqaba
Tel.: 0331/6250;
Fax: 0331/4271

Royal Diving Center
P .O. Box 21,
71110 Aqaba
Tel.: 0331/7035;
Fax: 0331/4206

Sea Star Water Sports
Roderick C. Abbotson
Al Cazar Hotel
P. O. Box 392,
71110 Aqaba
Tel.: 331/4131-2;
Fax: 331/4133

Red Sea Diving Center
Mohammad Al – Momany
P. O. Box 1791, Aqaba
Tel.: 331/8969;
Fax: 331/8969

Banana Diving Center
Peter Elbeshausen
Petra International Hotel
P.O. Box 1042, Aqaba
Tel.: 331/6255-58;
Fax: 331/4270

Allgemeine Informationen

Israel

(Internationale Vorwahl: 00972, erste Null der Ortsvorwahl weglassen!)

Eilat

Aqua Sport
Coral Beach, Eilat
Tel.: 07/334404;
Fax: 07/333771

Reef Hotel, Eilat
Tel.: 07/372323;
Fax: 07/370285

Lucky Divers
Galei Eilat Hotel, North Beach
Tel.: 07/335967, 335990;
Fax: 07/371057

Red Sea Sports Club, Eilat
Tel.: 07/378339, 379685;
Fax: 07/378163

Sea Surveyor
P.O. Box 552, Eilat; Tel.: 07/335067

Ägypten

(Internationale Vorwahl: 0020, erste Null der Ortsvorwahl weglassen!)

Nuweiba

Diving Camp Nuweiba
Sylvia Max & Hartmut Janssen
Nuweiba, Sinai
Tel.: 62/500403;
Fax: 62/500225

Dahab

Inmo Divers Home
P.O. Box 15, Dahab, Sinai
Tel.: 062/640371;
Fax: 062/640372

Jugo Riepl
P.O. Box 17, Dahab, Sinai
Tel.: 062/640093;
Fax: 062/640093

Nesima Diving Center
Dahab
Tel.: 062/640320;
Fax: 062/640321

Sinai Dive Club
Dahab Branch: PLM-AZUR Village, Sinai
Tel.: 062/640301, 02/776736;
Fax: 062/640303

Na'ama Bay

Anemone Dive Center
P.O. Box 73, Na'ama Bay,
Sharm El Sheikh, Sinai
Tel.: 062/600276;
Fax: 062/600995

Aquamarine Diving Center
Na'ama Bay, Sharm El Sheikh, Sinai
Tel.: 062/600276;
Fax: 062/600176

New Tiran – The Crab
Na'ama Bay, Sharm El Sheikh, Sinai
Tel.: 062/600225;
Fax: 062/600220
Oonas Dive Club
Na'ama Bay, Sharm El Sheikh, Sinai

Ägypten

Tel.: 062/600581;
Fax: 062/600582

Red Sea Diving Club
P.O. Box 35, Na'ama Bay,
Sharm El Sheikh, Sinai
Tel.: 062/600343;
Fax: 062/600342

Red Sea Diving College
Na'ama Bay,
Sharm El Sheikh, Sinai
Tel.: 062/600145, 600245;
Fax: 062/600144

Sharm El Sheikh

African Divers
Ras Um Sid, Sharm El Sheikh, Sinai
Tel./Fax: 062/600307

Aquanaute Diving Center
Sharm El Sheikh, Sinai
Tel.: 062/600187;
Fax: 062/600619

Camel Dive Club
P.O. Box 10,
Sharm El Sheikh, Sinai
Tel.: 062/600700;
Fax: 062/600601

Colona Dive Club
Kanabesh Village,
Sharm El Sheikh, Sinai
Tel.: 062/600184-6;
Fax: 062/600240

Discover Scuba
Hilton Residence,
Sharm El Sheikh, Sinai
Divers Den Dive Club

Sanafir Hotel, P.O. Box 22,
Sharm El Sheikh, Sinai
Tel.: 062/600197-8;
Fax: 062/600196

Divers Lodge
Kahramana Hotel,
Sharm El Sheikh, Sinai
Tel.: 062/601255;
Fax: 062/601255

Diving World
Sharm El Moya de El Kheima,
Sinai
Tel.: 062/601255;
Fax: 062/600166

Embarak Diving Resorts
Shark Bay,
Sharm El Sheikh, Sinai
Tel.: 062/600942;
Fax: 062/600944

Sanafir
Sharm El Sheikh, Sinai
Tel.: 062/600197-8;
Fax: 062/600196

Sinai Divers
c/o Ghazala Hotel,
Sharm El Sheikh, Sinai
Tel.: 062/600150-4;
Fax: 062/600155-158

Sinai Dive Club
Hilton Branch,
Sharm El Sheikh, Sinai
Tel.: 062/600140;
Fax: 02/5781215

SUBEX Diving Center
Mövenpick Hotel,
Sharm El Sheikh, Sinai

Allgemeine Informationen

Tel.: 062/600100;
Fax: 062/600111
Tentoria Diving Center
Sharm El Sheikh, Sinai
Tel.: 062/600350;
Fax: 062/600334

Tiran Dive Club
P.O. Box 21, Sharm El Sheikh, Sinai
Tel.: 062/600285;
Fax: 062/600285, 600220

Hurghada

Aquanaut Diving Center
Shadwan Hotel, Hurghada

Tauchbasis el Samaka
El Samaka Village, Hurghada
Tel.: 0020/65442665;
Fax: 0020/65442227

Baracuda Diving Center
(James und Mac)
Giftun Village, Hurghada
Tel.: 0020/65442665;
Fax: 0020/65442666

Jasmin Diving Center
Jasmin Village, Hurghada
Tel.: 0020/654424429;
Fax: 0020/65442441

Nautico Diving Center
Arabia Beach Hotel, Hurghada
Tel.: 0020/65448710;
Fax: 0020/65448792

Orca Diving Center
Hurghada Beach Hotel, Hurghada
Tel.: 0020/65443710;
Fax: 0020/65442603

Rudi Kneip
Taucherhaus, Hurghada

Sindbad Beach Resort
P.O. Box 97, Hurghada
Tel.: 06/443261-6;
Fax: 065/443267

SUBEX Clubhaus
Aldahar, Hurghada
Tel.: 0020/65447593;
Fax: 0020/65447471

Safaga

Baracuda Diving Center
Menaville Hotel, Safaga
Tel.: 0020/65451761;
Fax: 0020/65411764

Baracuda Diving Center
Lotus Bay Hotel, Safaga
Tel.: 0020/65451040-1;
Fax: 0020/65451042

Shams Diving Center
Shams Hotel, Safaga
Tel.: 0020/65451781;
Fax: 0020/65451780

El Qusier

Daly Dive Resort
El Hamrawein, El Quisier
Tel.: 0020/65430039

MS Pensee
Utopia Floating Hotels,
El Quisier
SUBEX Diving Center
Mövenpick Hotel, El Quisier

Tauchreiseveranstalter

Air Aqua
Rüttenscheider-Str. 14,
45128 Essen
Tel.: 0201/674355;
Fax: 0201/780750

Aquanaut
Grafenstraße 26,
64283 Darmstadt
Tel.: 06151/99470;
Fax: 06151/24676

Barakuda Touristik
Rüttenscheider Straße 14,
45128 Essen
Tel.: 0201/790079;
Fax: 0201/780760

Dive Bubbles
Dorfstraße 15,
CH – 8630 Rüti
Tel.: 055/317778;
Fax: 055/313785

Extratour
Bühlstraße 18,
37073 Göttingen
Tel.: 0551/42664;
Fax: 0551/44077

Feria Sub Aqua Reisen
Frankfurter Ring 243,
80807 München
Tel.: 089/32379888;
Fax: 089/32379611

Liberty Tours
Kaiser-Friedrich-Straße 5,
10585 Berlin
Tel.: 030/342041;
Fax: 030/3422520

Magic Tours
Lobkowitzplatz 1,
A – 1010 Wien
Tel.: 0222/5122262;
Fax: 0222/1222629

Moneypenny GmbH
Außenstraße 6-8,
90453 Nürnberg
Tel.: 0911/832463;
Fax: 0911/6328312

Nautico
Wandsberger
Königstraße 11,
22041 Hamburg
Tel.: 040/682811;
Fax: 040/6828110

Nautilus
Tauchreisen
Feilitzschstr. 24,
80802 München
Tel.: 089/333083;
Fax: 089/399930

ORCA Tauchreisen
Frühlingstraße 22,
83022 Rosenheim
Tel.: 08031/14995;
Fax: 08031/380464

Rudi Direkt
Maria-Theresia-Straße 12,
79761 Waldshut
Tel.: 07751/7974;
Fax: 07751/70331

Spiro Sub
Rolandseckstraße 9a,
81375 München
Tel.: 089/7243917;
Fax: 089/7193688

Allgemeine Informationen

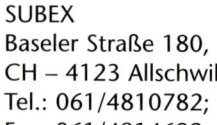

SUBEX
Baseler Straße 180,
CH – 4123 Allschwil
Tel.: 061/4810782;
Fax: 061/4814692

Tauchreisen Roscher
Aachener Straße 695a,
50226 Frechen
Tel./Fax: 02234/691198

Oft Reisen
Siemensstraße 6,
71254 Ditzingen
Tel.: 07156/16110;
Fax: 07156/161150

Literaturverzeichnis

Amsler, Kurt; Ghisotti, Andrea: »Wracks im Roten Meer«, Jahr Verlag, 1996

Atiya, Farid S.: »Das Rote Meer in Ägypten«, Bd I Fische, Bd. II Wirbellose Tiere, 1. Auflage 1990, City, Giza, Kairo, Ägypten

Cohen, Shlomo & Roni: »Red Sea Diver's Guide«, 1. Auflage 1994, Seapen Books, Ramat Hasharon, Israel

Debelius, Helmut: »Unterwasserführer Rotes Meer«, 2. Auflage 1990, Verlag Stephanie Nagelschmidt, Stuttgart

Debelius, Helmut: »Fischführer – Indischer Ozean« (auch als CD-Rom lieferbar), IKAN Unterwasserarchiv, Frankfurt

Doubilet, David; Ghisotti, Andrea: »Rotes Meer« – Enzyklopädie der Unterwasserwelt, Jahr Verlag, 1993, Hamburg

Ghisotti, Andrea; Carletti, Alessandro; Colombek, Hanan: »Tauchführer Rotes Meer«, 1. Auflage 1994, Jahr-Verlag GmbH & Co KG, Hamburg, Germany

Hanauer, Eric: »The Egyptian Red Sea«, Watersport Publishing Inc., 1st. Edition 1988, San Diego, California, USA

James, Schulz, Eppers: »Rotes Meer« – Sharm el Sheikh – Von Tiran bis Ras Mohamed, BLV-Tauchreiseführer 1994, BLV-Verlagsgesellschaft mbH, München

Kirschner, Manuela; Bergbauer, Matthias; Göbel, Holger: »Tauchreiseführer Rotes Meer«, Ägyptische Festlandsküste, 1. Auflage 1995, Delius Klasing, Edition Naglschmid, Stuttgart

Mietz, Christian: Tropische Meeresfische, Naturbuch Verlag

Ritter, H.; Debelius, H.: »Rotes Meer«, 1. Auflage 1988, Stürtz-Verlag, Würzburg

Schmidt, Norbert: Richtig Reisen – »Sinai und das Rote Meer«, Dumont Buchverlag, Köln

Stoll, Claus-Peter; Kefrig, Udo: »Versunken, Verschollen & Vergessen« – Wracks im Roten Meer, Bd. 1 »Der Norden«, 1. Auflage 1996, Edition UWF, Nürnberg, Germany

Vine, Peter & Schmid, Hagen: »Red Sea Exploreres«, 1st. Edition 1987, Immel Publishing, London W1X 3RB, England

Danksagung

Ein Buch wie dieses zu schreiben, kann nur in Zusammenarbeit mit vielen Helfern und Freunden gelingen. Besonders möchten wir uns daher an dieser Stelle bei Volker Clausen von Orca Red Sea und seiner charmanten Partnerin Karin bedanken. Ohne deren Hilfe und Engagement wäre z. B. kein Beitrag über die Wracks im Roten Meer entstanden, würde manche Information fehlen und kaum eine Information über den Sudan mit seinen Traumtauchplätzen vorliegen. Dank gilt auch dem Team von Orca Reisen in Rosenheim, die es ermöglichten, daß wir viele unvergessliche Plätze betauchen konnten.

Ebenso hilfreich waren Rudi Kneip aus Hurghada, das »taucherische Urgestein« der Region, sowie Monika Wiget und ihre Tauchlehrer von der Tauchbasis Jasmin Village. Dank auch an das Team der Sub Aqua Basis »Utopia« südlich von El Quisier, die eine Fülle an Infos aus der südlichen Region beitrugen. Gleiches gilt auch für James und Mac vom Barakuda Club Giftun Village und für Johann Vifian vom Subex Tauchzentrum in Hurghada. Großer Dank auch an Manfred Balzer und seine Frau Ruth von Air Aqua Reisen bzw. dem Barakuda Club in Essen, die uns immer mit Informationen unterstützt haben.

Besonderen Dank richten wir an das Sub Aqua Team, München, allen voran Heyke Hargassner und Robert Brylla, die uns stets zuverlässig mit den aktuellsten Neuigkeiten versorgten.

Sehr kooperativ waren Rolf Schmidt und seine Partnerin Petra Röglin von den Sinai Divers aus Sharm el Sheikh, die uns mit Rat und Tat zur Seite standen. Mit zahllosen Faxen und Telefonaten »nervten« wir sie, bis auch die letzte Information niedergeschrieben werden konnte. Genauso kooperativ waren Sylvia Max und ihr Partner Helmut Janssen vom Diving Camp Nuweiba.

Wir möchten uns aber auch bei den vielen Tauchern bedanken, die uns auf zahlreichen Reisen ins Rote Meer begleiteten. Sie gaben uns oft Anregungen und Tips, einige lieferten uns detaillierte Skizzen oder schrieben anhand ihrer Aufzeichnungen wertvolle Beiträge.

Besonderer Dank geht an dieser Stelle an Dr. Klaus Becker, der uns mit seinen biologischen Beiträgen zu einem Streifzug durch die Natur an Land verhalf. Weiterhin gebührt großer Dank unserem Tauchfreund und Rotmeer-Spezialisten Wolfgang Ippen, der uns mit sachkundigem Rat zur Seite stand. Den zahlreichen Bildautoren möchten wir ebenfalls für deren Kooperationsbereitschaft einen herzlichen Dank aussprechen.

Nicht vergessen sollten wir auch die vielen ungenannten Helfer, die mit dieser oder jener Information zusätzliche Details beibrachten. Großen Dank schulden wir auch unseren Frauen, Monika, Vera und Birgit, die uns oft lange Zeit nicht sahen. Und wenn wir wiederkamen, dann fanden sie uns nur am Computer oder am Leuchtpult vor.

Ein Buch wie dieses kann nur das Resultat des Engagements vieler sein, wenn es gut recherchiert und informativ sein Allen noch einmal ein Dankeschön!

Register

Abu Galawa 187 f.
Abu Haschisch 136, 160 f.
Abu Kafan 162, 176 f.
Abu Nugar 136, 140
Abu Nuhas 136
Abu Ramada 136, 156
Abu Ramada Cave 157
Al Akawein 181
All Habus 138
Amphoras 100, 102
Anemone City 107 f.
Angelerlaubnis 196
Angelfish Goach 77
Angeln 26, 100
Aqaba 8, 67, 69, 71, 84, 86, 71, 111, 199
Aqaba, Golf von 8 f., 27ff., 33, 68, 71, 84, 91, 113, 122
Arabia Beach Hotel 149
Arabien 14, 16
Arabische Halbinsel 7, 14, 16, 30, 32, 42 ff., 91
Arava-Tal 8
Areg (Sandwüste) 22
Arpha Bank 173
Arzt, deutschsprachiger 198
Aschrafi-Inseln 121
Asmara 196
Assuan 25

Bab el Mandeb 8
Bakschisch 199
Balzer, Manfred 163
Barrakuda-Club 163
Baumwolle 35 f
Bawaki 78
Beacon Point 116
Beduinen 8, 16, 125
Bekleidung 198
Berenice 184
Bewässerungssysteme 35
Blei 26, 195
Blue Belt 193
Blue Hole/Dahab 83 f., 92
Bluff Point 120
Botschaften 199
Brothers Islands 181, 184, 192

Camp David 11, 72, 92
Camping 26, 138
Cannon Reef 162
Canyon (Ras Nasrani) 95
Canyon Dahab 82f.
Carless Riff 61, 136 f., 141, 146, 148
Carlson's Corner 136
Carnatic 118, 124 ff., 129f., 133
Cedar Pride 67 ff.
Chrisoula K. 125, 133 f.
Clark, Eugenie 11
Claude 179
Coral Beach 75
Coral Island 71
Coral World, Eilat 72

Daedalus Reef 188, 192
Dahab 11, 81, 200
Dahab Canyon 82f.
Dahab Lighthouse 82
Dahlab 196
Dahlak Inseln 196
Dahlak Kebir 196
Dahna-Wüste 32
Datteln 33 f.
Daya (Tonwüste) 23
Dekompressionskammer 68, 183, 197
Delphinarium 72
Difnein Inseln 196
Dinai 84
Djidda 30, 32, 133
Dolphin Reef 72 f., 150
Dora Oldendorf 125, 133
Dorfa el Fannus 136, 149 f.
Dorfet Albuha 138 f.
Dornsavanne 29, 50
drift dives 87, 121, 161, 190
Dromedare 50 ff.
Dunraven 111, 116, 118, 126

Echsen 19
Eel Garden 108
Eilat 8, 71 ff., 200
Einreiseformalitäten 197

Eisenbahnwrack 182
El Fanadir 136, 148 f.
El Maagana 75, 77
El Qusir 202
El Saghir 154 f.
Elphinstone Riff 184 f.
Enterprise-Passage 87
Ephemeren 30, 32
Erg (Sandwüste) 20, 22, 140, 175, 187 f.
Erg Camel 136, 157
Erg Giftun 154
Erg Gota Marsa Alam 185
Erg Somaya 136
Eritrea 13, 16, 50, 196

Fahrgenehmigung 105
Far Garden 96
Fiasko Riff 103
Fisherman's Wall 100
Flaschenwrack 125, 129
Fleckenriff 28
Fliesenfrachter 125, 133
Fury Schoals 188

Galeriewälder 29, 31
Gamul Kebir 162, 171
Gamul Soraya 162, 170
Gaza 33
Giannis D. 123, 125 f., 128 f.
Giftun 136 f., 141, 149 ff., 157
Giftun Express 154 f.
Giftun Ham Ham 136, 155
Giftun Island, Little 152, 154 ff.
Giftun Soraya 136, 154 f.
Giftun Stone Beach 136, 151
Gordon Reef 84 ff.
Grafton-Passage 86
Gubal Island 118, 120 f.
Gubal Island, Little 120 f.
Gubal, Straße von 9, 28, 118, 121 f., 124 138

Hai Observatorium 107
Haie, schlafende 85, 177

Halbwüste 29, 32, 44, 47, 50 f.
Halök Abu Ramadan 157
Hamada (Steinwüste) 21
Hamda 151
Hass, Hans 10, 137, 141 f., 192
Hedschas-Hochland 30
HEPCA 138
Heyerdahl, Thor 37
Hijaz-Hochland 30
Hodeidah 125
Höhlentauchgänge 95, 105 f., 108
Holzfrachter 125
Hormuz, Straße von 30
Hurghada 11 f., 28, 91, 128, 135, 137 f., 141, 148, 156, 161, 163, 197, 202

Individualreisende 197
Irak 68
Israel 44, 71 f., 138, 159, 200

Jackfish Alley 105 f.
Jackson Reef 84, 86, 88 ff.
Jacques Yves Cousteau 11, 192, 196
Japanische Gärten 74
Jemen (siehe auch: Nordjemen und Südjemen) 8, 14, 16, 23, 30, 125
Jolanda Reef 108, 110 f.
Jordanien 22, 67 f., 71, 199
Jungpaläolithikum 71

Kabelleger 118, 121
Kairo 14, 24, 29 f.
Kap der Christen siehe: Ras Nasrani
Katar, Halbinsel von 31
Keisum-Inseln 121
Kieswüste 22 f., 30
Kimon M. 124 f., 134 f.
Kitchener-Island 25
Kohlenfrachter 122
Kompaß 87, 98
Kraftfahrzeuge 26
Krankenhäuser 197
Kulturpflanzen 25, 33 ff.
Kuwait 32

La Siren 78
Laguna 93
Lara 86, 89, 91
Lauckner, Gerhardt 11
Lesseps, Ferdinand de 72
Libyen 13
Lighthouse Dahab 81 f.
Linsenfrachter 125
Lockergehölz, tropisches 29
Loullia 84, 86
Luftfeuchtigkeit 9, 30

Makrelen Allee siehe: Jackfish Alley
Manta Point 139 f.
Marsa Alam 138, 184 f.
Marsa Arakiyai 193
Massaua 196
Meer, Arabisches 8
MFO-Riff 78, 81
Middle Garden 96 f.
Middle Reef 162, 174 ff.
Minensucher 159
Minija 123, 159 f.
Mittelmeer 9, 14, 16, 24, 29, 31 f.
Mittleres Reich 17
Mojeidi 196
Mosesfelsen 73 f.
Mount Sinai 15
Myrrhe 38

Na'ama Bay 91, 93, 96 ff., 104, 200
Nachttauchgänge 75, 78, 98, 105, 140, 171, 174, 180, 183, 185 ff.
Nationalparks 26, 138
Nationalpark Ras Mohammed 111, 138
Naturschutzgebiete 26
Nazario Sauro 196
Near Garden 96 f.
Nefud-Wüste 32
Negev-Wüste 14, 21
Neptuna 191
Neues Reich 17
Nil 22, 24, 194
Nildelta 13, 37
Niltal 16, 33, 35, 37
No Name Riff 187
Nordjemen 30, 32 f.
North Passage 116

Nutzpflanzen 25
Nuweiba 11, 75, 77 f., 82, 91, 200
Nuweiba Diving Camp 78

Oase 24 f., 33 f., 46
Oman, Golf von 30
Orca Red Sea 163
Ostafrika 17
Oued (Wadi) 23
Out of Maagana 77
Ozean, indischer 7 ff., 53

Panorama Riff 10, 162, 171 ff., 176
Paradise 102 f.
Patrouillenboot 143 f.
Persischer Golf 32, 34
Pinky's Wall 100, 102
Plankton 8, 58, 62, 77, 88, 94, 139
Plateau 136
Platte, Arabische 30
Platte, Asiatische 30
Platte, Somalische 7
Port Sudan 8, 11, 192 f., 195 f.
Precontinent II 11, 194 f.
Preßluftgeräte 10
Putzerstationen 75, 78

Rafah 33
Ramadan 198
Ras Abu Galum 26
Ras Abu Ramada 157 f.
Ras Abu Soma 162, 164 f.
Ras Gezira 162, 181
Ras Mohammed 7, 11, 26, 91 f., 108, 111 ff., 116, 118
Ras Nasrani 26, 84, 93 ff.
Ras Sheitani 77
Ras Umm Sid 92, 103 ff.
Reiseapotheke 197
Reisepaß 197
Rocky Island 190 ff.
Rosalie Moller 9, 119, 122 ff.
Royal Aqaba Diving Club 68
Royal Jordan Diving Center 67
Rub-al-Khali 30

Safaga   10, 91, 138, 162 ff., 169, 171, 173, 179, 181, 184, 202
Safaga Island   163, 171, 181
Safarischiffe   120, 143, 192
Sahara   14, 16 f., 30, 43, 45, 47, 51
Sahelzone   30
Salem Express   178 f.
Salomons Wadi   72
Salzwüste   23
San Bruno   70
Sandwüste   22, 30, 45
Sandy Island   162 f., 167 f.
Sanganeb   194 f.
Sarah H.   118, 120, 126
Saudi Arabien   9, 32, 35, 47, 71, 81, 133
Sauerstoffkreislaufgeräte   10
Saumriff   27 f., 72, 112, 190, 192
Schelfsockel   8
Schild, Arabischer   30
Schraubenwrack   118
Sea Breeze   120
Seastar Wrack   135
Sebkha (Salzwüste)   23 f.
Sechs-Tage-Krieg   11, 72, 159
Seenotsignalmittel   87, 89, 184
Senafir   26
Serir (Kieswüste)   22
Sha'ab Abu Dabbab   184
Sha'ab Abu Nigara   140 f.
Sha'ab Abu Nuhas   118, 124 f., 129 f., 133 f., 138
Sha'ab Abu Ramada   136 f., 157 f.
Sha'ab Ali   118 f., 122
Sha'ab Claude   162, 177 f.
Sha'ab Danaba   118
Sha'ab Discha   136
Sha'ab Dorfa   136, 152 f.
Sha'ab el Dekajek   118
Sha'ab el Erg   136 f., 139
Sha'ab el Fanadir   140, 148
Sha'ab Estha   136
Sha'ab Jean-Francois   177 ff.
Sha'ab Mahmud   26, 116
Sha'ab Marsa Alam   185
Sha'ab Masur   188
Sha'ab Nuhas   122

Sha'ab Pytra   136
Sha'ab Quais   136, 162, 175
Sha'ab Rumi   11, 195
Sha'ab Rur   136, 143 f., 146
Sha'ab Sabina   136, 152 ff.
Sha'ab Saidi   177 ff.
Sha'ab Saiman   162, 164
Sha'ab Samadai   187
Sha'ab Sataiha   188
Sha'ab Sharm   187
Sha'ab Sheer   162, 177, 179 f.
Sha'ab Sheraton   136
Sha'ab Su'adi   193
Sha'ab Tifany   136
Sha'ab Umm Kamar   136, 141, 144
Sha'ab Wadi Lahami   187
Shadwan   118, 122, 125, 136 ff., 141
Shag Rock   118, 122
Shark Observatory   105, 107
Shark Reef   107 f., 110 f.
Sharm   28
Sharm el Moya   104
Sharm el Naga   164
Sharm el Sheikh   9, 26, 84, 86, 91 f., 96, 99, 102 f., 105, 159, 201
Shoyo Maru   129
Sinai   11 f., 16, 36, 71, 75, 82, 91 f., 96, 101 f., 105, 111 ff., 119, 159
Sinai-Gebirge   14 f.
Sinai-Halbinsel   7, 14, 33, 72, 83, 92
Small Passage   116
Somalia   8, 38
South Beach, Eilat   72
Speerfischen   26
SS Dunraven siehe: Dunraven
SS Thistlegorm siehe: Thistlegorm
Steinwüste   21 ff., 45, 50
Stromspannung   198
Suarkin   193
Sudan   13, 16, 29, 35 f., 47, 192, 196
Südjemen   23
Suez   9, 30, 84, 135, 197
Suez, Golf von   7, 28, 91, 113, 121, 138

Suezkanal   33, 72, 129, 159
Syrien   8, 37

Taba   72 f.
Tauchausrüstung   26, 72, 83
Tauchtourismus   11 f., 25 ff., 92, 135, 138
Tawila (Insel)   121
Tempel   103, 105
Thermalquellen   108, 114
Thistlegorm   118 f.
Thomas Reef   84, 86 f.
Tih-Wüste   33
Tiran   26, 89, 92, 93
Tiran, Straße von   8, 84, 86 f., 91, 94, 122
Tobia Arba   162, 166 f.
Tobia Hamra   162, 167 f.
Tobia Kebir   162, 168 ff.
Tobia Soraya   162, 169 f.
Tonwüste   23
Totes Meer   8, 48
Tower   99, 102
Tropeninstitut   197
Turtle Bay   100, 102

Umbria   194, 196
Umm Kamar   136, 137, 141 ff.
Umweltschutz   25, 164
Unterwasserobservatorium   73

Visaantrag   197
Vollwüste   29

Wadi (allgemein)   23, 28, 32, 47, 108
Wadi Doan   23
Wadi Natrum   23 f.
Wadi Rum   22
Wechselkurs   197
Weinfrachter   129, 133
Weinwrack   125
Wirbellose   61 ff.
Woodhouse Reef   84, 88 f.
Wracktauchen   69, 152

Yom-Kippur-Krieg   11, 72, 159

Zabargad Island   190 ff.
Zeitverschiebung   198